KB082014

MBA 마케팅 필독서 45

SEKAI NO ERITO GA MANANDEIRU
MBA MARKETING HITSUDOKUSHO 50SATSU WO 1SATSU NI MATOMETEMITA
©Takahisa Nagai 2020
First published in Japan in 2020 by KADOKAWA CORPORATION, Tokyo.
Korean translation rights arranged with KADOKAWA CORPORATION, Tokyo
through ENTERS KOREA CO., LTD.

이 책의 한국어판 저작권은 ㈜엔터스코리아를 통해 저작권자와 독점 계약한 센시오에 있습니다.
저작권법에 의하여 한국 내에서 보호를 받는 저작물이므로 무단전재와 무단복제를 금합니다.

CEO의 서재 · 32

기본부터 최신 이론까지, 마케팅 필독서 45권을 한 권에

STRATEGY

BRAND&PRICE

MARKETING
COMMUNICATION

MBA
마케팅 필독서

45

CHANNELS
&SALES

SERVICES &
MARKETING

Markets & Customers

MUST-READ
MBA Marketing 45

나가이 다카히사 지음 | 김정환 옮김

센시오

마케팅은 아이언맨 슈트다
어떤 시장에서도 싸워 이길 수 있다

마케팅 능력이 있느냐 없느냐가 커다란 격차를 만들어 내는 시대가 됐다. 그런데 아직 많은 기업이 맨손으로 아이언맨 슈트를 입은 상대와 맞서 싸우려 하고 있다.

30대 중반까지 나는 '대량의 업무를 최대한 빠른 속도로 해내면 승리할 수 있다.'라고 생각했다. 그래서 현장에서 제조 기획과 영업에 힘을 쏟았다. 그러나 아무리 열심히 노력해도 이렇다 할 성과를 낼 수가 없었다. 그러던 중에 내가 일하던 IBM에서 글로벌 마케팅 전문 과정을 만들었다. 나는 그곳에서 1기생으로 마케팅 연수를 받았다. 그 뒤로 생각이 크게 달라졌다. 승리하기 위해서는 어떻게 싸워야 할지를 알게 됐다.

그때까지 내게는 마케팅 전략이랄 게 없었다. 업무 처리 속도는 빨랐지만, 상쇄되는 업무가 많았기 때문에 지극히 효율이 낮았다. 그러나 마케팅 지식이 있으면 시장을 높은 곳에서 넓은 시야로 내려다볼 수 있다. 그렇게 핵심을 발견한 뒤 그에 맞춰 전략을 세우고 장거리 무기를 올바르게 사용하면 언제든지 여유롭게 승리할 수 있다. 마케팅 지식이 있으면 쓸데없는 일은 하지 않고 정말로 해야 할 일을 결정할 수 있다.

마케팅 전략을 세우고 그 전략을 이용해 싸울 수 있게 된 나는 사업 전략 입안과 실시를 담당해 큰 성과를 올렸다. 물론 회사도 성장했다. 회사에서 독립한 뒤에는 다양한 업계의 사람들에게 마케팅을 가르치게 됐다. 경쟁에서 승리하는 방법을 내게 배운 사람들이 잇달아 성과를 내고 있다.

구글, 애플, 페이스북, 아마존도 이 책에 담긴 마케팅 이론을 공부한다

마케팅 능력이 뛰어난 서양과 중국의 기업들은 아이언맨 슈트(마케팅 전략)를 자유자재로 다룬다. GAFA(구글, 애플, 페이스북, 아마존), 테슬라, 넷플릭스 같은 초우량 기업들도 이 책에서 소개하고 있는 여러 가지 최신 마케팅 이론을 활용한다.

마케팅을 공부하지 않은 기업은 여전히 현장 제일주의에서 벗어나지 못하고 있다. 맨손으로만 싸우면서 무기의 차이를 깨닫지 못하고 있다. 그러나 현장 경험과 감이 있다면, 아이언맨 슈트를 사용할 수 있게 되는 순간 글로벌 기업에 결코 뒤떨어지지 않는 전략을 펼칠 수 있다. 마케팅을 공부하고 일상 업무에서 꾸준히 사용해 나간다면 누구나 아이언맨 슈트를 다룰 수 있다. 그런 좋은 무기를 사용하지 않는다면 너무나 아깝지 않은가?

현재 커리어 측면에서도 마케팅의 가치가 급상승하고 있다. 얼마 전, 훼미리마트 최고 마케팅 책임자 취임 소식이 언론에서 사장 취임 수준으로 보도됐다. 유니버설 스튜디오 재팬의 부활도 모리오카 쓰요시 마케팅 전략에 힘입은 바가 컸다. 앞으로 마케팅은 경영 간부 등용의 필수 조건이 될 것이다.

마케팅 정수가 담긴 이 책만 읽으면 누구와도 마케팅을 이야기할 수 있다

마케팅은 주로 미국 비즈니스 스쿨(경영대학원, MBA)에서 진화해 왔다. 100년 전, '비즈니스에 성공하려면 간부가 이론을 공부하게 해야 한다.'라고 생각한 사람이 MBA를 만들었다. 내가 IBM에서 마케팅 연수를 했을 때 배운 것도 MBA 마케팅이었다. 마케팅 능력을 키우는 지름길은 이 MBA 마케팅을 공부하는 것이다. 바둑 실력을 키우는 지름길은 이기기 위한 '정석'을 배우는 것이다. 마케팅도 MBA 마케팅 기본 정석을 배워야 한다.

다만 주의할 점이 있다. 마케팅은 변화무쌍한 까닭에 10년 전에는 정석이었지만 지금은 통하지 않는 이론도 있다. 그래서 최신 마케팅 이론을 공부하려 해도 이를 실행하기가 어렵다. 어떤 책을 읽어야 할지 헷갈릴 수밖에 없고, 애당초 바쁜 우리에게는 책을 수십 권씩 읽을 시간 자체가 없다.

그런 책들을 한 권에 정리하고자 한 것이 바로 이 책이다. 이 책에는 고전부터 최신까지 MBA 마케팅 지침서의 정수가 담겨 있다. 세계적으로 정평이 나 있는 마케팅 양서 수십 권 중에서 고전과 최신 이론을 적절히 분배해 45권을 엄선했다. 45권의 내용을 알면 현대의 마케팅에는 일단 대응이 가능하다. 바꿔 말하면 적어도 이 45권의 내용은 이해하고 있어야 마케팅에 관해 이야기할 수 있다는 의미다.

이 45권 중에는 난해하고 두꺼운 책이 많다. 그런 책을 보고 있자면, 이런 생각이 들 수가 있다. '이 책이 업무에 어떻게 도움이 되는가?' 그래서 대기업은 물론 중소기업 사장과 마케팅 실무진을 위해 '업무에 어떻게 활용할 수 있는가?', '이해하기 쉬움', '재미'라는 세 가지를 중시하며 내용을 정리했다.

한 권당 5분만 투자하면 정수를 파악할 수 있도록 45권의 본질을 정리했으며, 친근한 사례와 업무에 활용하기 위한 지침도 추가했다. 그리고 45권 사이에서 서로 관련이 있는 부분을 참조해 마케팅에 대한 이해를 돕도록 구성했다.

어디부터 읽어도 상관없다. 소개한 45권 중, 흥미를 느낀 책부터 읽어 보기 바란다. 이해가 안 되는 부분은 건너뛰어도 무방하다. 그래도 지금 업무에 도움이 되는 많은 이론을 배울 수 있을 것이다. 그리고 관심이 생겼다면 원서에도 도전해 보기 바란다.

배운 이론을 업무 속에서 실천해 나간다면 여러분에게도 크게 활약할 수 있는 날이 찾아올 것이다.

Contents

Chpater 1
전략 Strategy

Chpater 2

브랜드와 가격 Brand and Price

Chpater 3

서비스 마케팅 Service Marketing

Chpater 4

마케팅 커뮤니케이션
Marketing Communication

Chpater 6

시장과 고객 Market and Customers

Chapter 1

전략
Strategy

마케팅 전략은 변화해 왔지만 그 출발점은 단 한 번도 변하지 않았다. 마케팅은 언제나 고객으로부터 출발한다. 고객의 선택을 받기 위한 시책을 궁리하는 것이 전략이다. 시대와 함께 진화를 거듭하며 유행(流行)과 불역(不易)이 혼재하는 마케팅 전략의 세계를 간파해야 제대로 마케팅할 수 있다. '불역'의 세계를 가르쳐 주는 고전과 '유행'의 세계를 가르쳐 주는 신서 11권은 제1장에서 소개한다.

BOOK. 1

테드 레빗의 마케팅

60년이라는 시간이
흘렀지만 변하지 않는
마케팅의 본질

《Ted Levitt on Marketing》

테드 레빗
Ted Levitt

하버드 비즈니스 스쿨 명예교수. 1925년에 독일에서 태어났으나 나치가 발흥하자 가족과 함께 미국으로 이주했다. 1951년에 오하이오주립대학교에서 경제학 박사 학위를 받았고, 노스다코타대학교에서 처음으로 교편을 잡은 이래 1990년에 퇴직하기까지 줄곧 교직에 몸담았다. 1959년부터는 하버드 비즈니스 스쿨에서 학생들을 가르쳤으며 《하버드 비즈니스 리뷰》의 편집장도 겸임했다. 2006년에 영면했다.

"마케팅의 본질을 이해하는 데 도움이 될 만한 책은 없을까요?" 나는 이런 질문을 받을 때면 마케팅의 대가 테드 레빗이 1960년에 발표한 33쪽 분량의 논문 〈마케팅 근시안〉을 가장 먼저 추천한다. 레빗의 이름을 세상에 알린 이 논문은 마케팅 세계에 실로 막대한 영향을 미쳤으며 현대 마케팅 사상에 크게 공헌했다.

그의 저서인 《테드 레빗의 마케팅》에는 《하버드 비즈니스 리뷰》에 게재됐던 그의 논문 전부가 수록돼 있는데 여기에서는 〈마케팅 근시안〉을 중심으로 그의 마케팅 철학을 소개한다.

마케팅 본질 1
모든 상품은 반드시 진부해진다

우리 집 근처에 있는 한 세탁소에 얼마 전, 폐업 예정이라는 문구가 붙었다. 세탁소 주인은 내게 이런 말을 했다.

"더는 버틸 방법이 없네요. 요즘은 섬유유연제나 세제가 너무나 잘 나오니 꼭 드라이클리닝을 맡기지 않아도 집에서 어느 정도 세탁을 할 수 있잖아요. 세미캐주얼이란 게 나오면서 드레스셔츠를 입는 직장인들도 줄어들었죠. 예전에 비하면 손님이 절반에도 못 미칩니다. 저희 세탁소만 그러는 게 아니에요. 이 업계 자체가 망하고 있어요."

드라이클리닝은 한때 크게 성장하는 사업 아이템이었다. 울소재 의류가 크게 유행하던 때가 있었는데 옷을 손상시키지 않으면서 세탁할 수 있는 거의 유일한 방법이 드라이클리닝이었기 때문이다. 이처럼 어떤 산업이든 한때는 성장 산업이었다. 예외는 없다. 현대에 부진을 겪고 있는 의류, 가전제품, 백화점 어떤 것을 떠올려도 마찬가지다. 처음 등장했을 때는 분명 성장 산업 그 자체였거나 성장 산업의 일부였다.

하지만 또 한 가지, 예외 없는 원리가 있다. 상품은 그대로 두면 반드시 진부화(陳腐化, Obsolescence)된다. 현대에 부진을 겪고 있는 아이템이 있다면 그 부진의 원인은 시장의 쇠퇴가 아니다. 경영의 실패다.

나는 온갖 업계의 수많은 사업가와 대화한다. 이들로부터 내가 가장 많이 들은 문장을 딱 하나 꼽자면 단연 이거다. "시장이 좋지 않아서 정말 힘듭니다." 하지만 힘든 건 시장 탓이 아니다. 마케팅 능력 부족 때문이다. 그러니 그 문장은 마케팅 책임을 간단히 시장에 전가하고 싶어 하는 마음의 표현일 따름이다. 세탁소도 마찬가지다. 당면한 상황을 타개할 방법은 분명히 있다. 찾아내야 한다. 예를 들어 보자. 드라이클리닝을 이제 예전만큼은 자주 맡기지 않는 사람들은 세탁 자체에 대한 니즈(Needs)가 사라진 게 아니다. 색다른 니즈가 분명하게 구체화됐을 뿐이다. "한번 입었던 옷을 깔끔하게 다시 입을 수 있는 상태로 되돌리는 일을 좀 더 간편하게 하고 싶다."라는 니즈가 커지고 있다. 우선 나는 옷에 달려 있던 단추가 떨어지면 집 근처 수선집에 들러 수선을 부탁한다. 수선집은 아직도 동네에 속속들이 파고들어 있다. 수선집이 프랜차이즈라면 어떨까? 셀프 빨래방, 동전 빨래방의 점포 숫자는 최근 10년 사이에 크게 늘었다.

드라이클리닝 세탁소는 드라이클리닝업(業)이라는 제품 중심 관점에 매몰되지 말고 고객 중심 관점에서 자신의 업을 '의류 재생업'으로 여긴다면 새로운 길을 열 수 있다. 세탁소에서 겨울옷 의류 보관 유료 서비스를 체계적으로 런칭하면 어떨까?

회사원 A씨는 고민에 빠졌다. 아이가 다니는 초등학교에서 바느질로 가방 만들기 숙제를 내 줬기 때문이다. A씨는 바느질을 전혀 할 줄 모르기 때문에 눈앞이 캄캄했다. 그때 회사 근처 세탁소 벽에서 이런 문구를 발견했다. "유치원, 초등학교 어린이용 물건 만들어 드립니다. 가방은 5만 원부터."

의류를 수선할 때 나오는 자투리 천을 사용해서 제작한 가방 사진도 옆에 붙어 있었다. A씨가 바느질을 좀 할 줄 안다면 딱 저런 가방이 나올 것 같았다.

'음, 사실 이 가격이면 브랜드 가방을 살 수 있을 텐데. 하지만 지금 나는 어쩔 수 없지.'

A씨는 그 자리에서 돈을 쓰기로 결정했다. 고객이 어떤 고민을 가지고 있는지를 파고들면 성장의 씨앗을 발견할 수 있다.

마케팅 본질 2
'포화 상태'라던 편의점은 4배나 성장했다

편의점 시장은 이미 수년 전부터 "포화 상태다."라는 이야기가 계속 나왔다. 하지만 이런 '편의점 포화론' 속에서도 편의점 업계는 성장 중이다. 편의점이 단순 소매업에 안주하지 않았기 때문이다.

편의점은 1990년대부터 이미 변화에 탄력적이었다. 은행 ATM 설치, 공공요금 수납, 택배 화물 접수, 저렴한 고품질 식품 상품 개발 및 유치, 저렴하고 맛이 괜찮은 커피 판매 등 편의점은 고객에게 좀 더 매력적인 장소가 되기 위한 변화를 멈추지 않았다. 편의점의 진화야말로 모든 업계가 본받아야 할 모범적인 모습이다.

'편의점 포화론'은 지금도 유효한 얘기다. 점포 수가 크게 늘어서 경쟁은 격해지고 각 점포의 매출이 과소화된다는 문제는 표면화된 지 오래고 편의점의 바람직한 형태에 대한 논의가 계속 진행되고 있다. 그러나 소비자의 불만을 찾아내 '좀 더 편의성 높은 존재가 되려는' 노력을 계속한다면 편의점 업계는 앞으로도 분명 성장을 거듭할 것이다. 하지만 편의점 업계가 이런 노력을 그만두는 바로 그 순간 편의점 포화 상태의 문제가 업계를 덮칠 것이다. 소비자 불만은 어딘가에 반드시 존재한다. 그러니 소비자 불만을 직접 찾아내려 노력하고 성공의 요인은 자신의 손으로 직접 만들어야 한다.

그렇다면 무엇을 어떻게 해야 할까? 시장조사라는 단어가 떠올랐을 것이다. 대부분 기업에서 시장조사를 하자는 데 뜻을 모으겠지만 이건 그다지 탁월한 방법이 아니다.

조명 기구 제조사에서 일하는 B씨는 시장조사 자료를 보면서 어떤 신상품을 기획해야 할지 고민하고 있었다.

'시장은 마이너스 성장이고, 상품 트렌드가 백열등에서 LED로 바뀌었으니 앞으로는 모두가 LED에 집중하겠군. 가격 경쟁은 피할 수 없겠어. 이거 참 괴롭네.'

말이 길지만 한 문장으로 줄이면 또 이거다. "시장이 좋지 않아서 정말 힘듭니다."

2018년에 가전제품 제조사인 발뮤다를 시장에서 굉장히 높게 평가받게 한 제품이 하나 있다. 조명 상품인 '발뮤다 더 라이트'다. 50만 원 상당으로 전혀 저렴하지 않은 이 상품은 아이들이 그림을 그리거나 글씨를 쓸 때 얼굴을 책상에 가까이 가져가는 모습을 본 발뮤다의 사장이 '저러다 눈이 나빠지지 않을까?'라는 부모의 즉각적이고도 반복적인 걱정을 어떻게 해소해 줄 수 있을지를 고민한 결과로 개발됐다.

개발진은 세상에서 제일 물건이 잘 보여야 하는 현장은 어디일지를 궁리했고 수술실을 떠올렸다. 그리고 수술용 등에 주목했다. 수술용 등의 기술을 이용해 그들은 그림자가 생기는 일반적인 조명과 달리 그림자가 생기지 않는 조명을 만들어 냈다. 통상적으로 LED 조명은 블루라이트가 눈에 강한 자극을 주지만 이 조명은 태양광 LED여서 눈도 피로하지 않다.

이런 제품은 시장조사로는 탄생하지 않는다. 시장조사로 고객의 선호는 파악할 수 있지만 이 세상에 아직 존재하지 않는 제품의 원츠(Wants)는 파악할 수 없다. 획기적으로 잘 팔리는 제품은 고객의 원츠에 초점을 맞춰서 탄생한다. 원츠는 '이런 것이 있었으면 좋겠다.'라는 마음이다. 원츠를 파악하는 능력이야말로 마케터가 갖춰야 하는 특유의 통찰력이다.

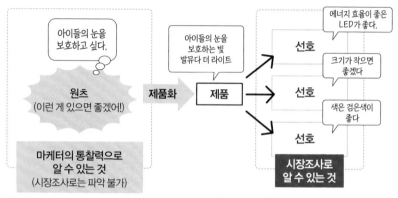

시장조사로 '선호'는 알 수 있지만,
존재하지 않는 제품의 '원츠'는 알 수 없다

※ 《테드 레빗의 마케팅》을 바탕으로 필자가 작성

마케팅 본질 3
'마케팅'과 '판매'는 반대다

기업에 필요한 건 무엇인가? 마케팅이다. 판매라고 대답할 수 있겠지만 판매와 마케팅은 정반대의 개념이다. 판매라는 개념은 출발점이 판매자의 니즈다. '제품을 현금으로 바꾸고 싶다.'라는 판매자의 니즈 말이다. 하지만 마케팅이라는 개념은 출발점이 구매자의 니즈다.

판매를 중시하는 회사들이 있다. 이런 회사들은 "팔고 팔고 또 팔아라."라고 말한다. 이 말에는 구매자의 니즈에 대한 생각이 빠져 있다. 한편 마케팅을 중시하는 회사에서는 "고객을 위해 온 힘을 다하라."라고 말한다. "무슨 소리야? 판매를 중시하는 사람들도 고객을 생각한다고!"라고 말하고 싶다면 다시 한번 생각하자. 정말 그럴까?

[Book 33]으로 소개한 《샘 월튼 불황 없는 소비를 창조하라》의 저자이며 세계 최대의 소매 회사 월마트의 창업자인 샘 월튼이 회사를 창업했을 무렵에 있었던 일이라고 한다. 어떤 사원이 정가 1달러 98센트, 매입가 50센트인 상품을 "파격 할인가로 1달러 25센트에 팔면 어떨까요?"라고 제안했다. 샘 월튼은 이렇게 대답했다.

"매입가에 30퍼센트를 얹어서 65센트에 팝시다. 수익을 고객에게 환원하죠."

월마트가 늘 진지하게 궁리한 것은 고객이 원하는 최저가라는 가치에 제대로 부합하는 방법이었다. 단기적인 이익을 줄이더라도 구매자의 욕구에 확실하게 부합하고자 최선을 다했기 때문에 성장했다.

어떤 기업이든 기업이라면 해내야 하는 사명이 있다. 고객 창조와 고객 만족이다. 제품 제조는 수단에 불과하다. 그런데 수단에 불과한 것을 중심에 두는 기업이 너무나도 많다. 안타깝다. 테드 레빗의 논문 〈마케팅 근시안〉이 발표된 지 60년이 지난 지금도 이런 기업들이 여전히 존재한다.

이 논문은 60년 전에 발표된 짧은 글이지만 지금도 통용되는 깊은 통찰로 가득하다. 나도 기회가 있을 때마다 다시 읽으며 마케팅 본질을 상기하고 반성한다.

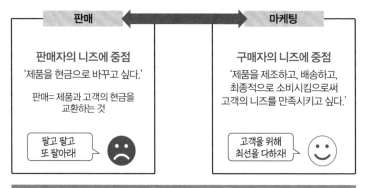

판매와 마케팅은 정반대의 개념

판매	마케팅
판매자의 니즈에 중점	**구매자의 니즈에 중점**
'제품을 현금으로 바꾸고 싶다.'	'제품을 제조하고, 배송하고, 최종적으로 소비시킴으로써 고객의 니즈를 만족시키고 싶다.'
판매＝제품과 고객의 현금을 교환하는 것	
팔고 팔고 또 팔아라!	고객을 위해 최선을 다하자!

필요한 것은 판매가 아니다. 마케팅이다

※ 《테드 레빗의 마케팅》을 바탕으로 필자가 작성

POINT

팔고 싶다면 제품에 집중하지 마라. 고객을 만들어내고 고객을 만족시키는 데에 집중하라. 판매자의 니즈를 중시하는 판매 중심적 사고를 버려야 한다. 구매자의 니즈에 집중하고 구매자의 원츠를 간파해라.

Book. 2

코틀러의
마케팅 원리

전략은
STP→4P의 순서로
생각한다

《Principles of Marketing》

필립 코틀러
Philip Kotler

미국의 경영학자. 노스웨스턴대학교 켈로그 경영대학원 특별 교수. 포브스가 주목한 세계에서 가장 영향력 있는 비즈니스 사상가 10인 중 한 명이다. 시카고대학교에서 경제학 석사 학위를 받았고 매사추세츠공과대학교에서 경제학 박사 학위를 취득했으며, 세계의 수많은 대학에서 명예 학위와 상과 다수 받았다. 수십 권에 이르는 명저를 저술했고 주요 학술지에 기고한 논문만 100편이 넘는다. 이 책은 게리 암스트롱(Gary Armstrong)과의 공저다.

코틀러는 마케팅에 관한 수많은 명저를 집필하여 '마케팅의 아버지'라 불리는 경제학자다. 그가 마케팅의 개념들을 폭넓게 망라해 소개한 책이 바로 이 책이다.

마케팅의 첫 번째 단계는 단연 전략계획 결정이다. 이 단계는 ① 기업의 미션의 정의, ② 기업의 목적과 목표의 설정, ③ 사업 포트폴리오의 설계, ④ 마케팅 전략의 책정이라는 순서로 진행한다. 이렇게만 말하면 이해가 잘 안 될지도 모르니 일본에서 주목을 모으고 있는 호시노 리조트를 예로 들면서 설명하겠다.

'호시노 리조트'의 전략 계획 책정

호시노 리조트가 운영하는 '호시노야 가루이자와'에 묵었을 때였다. 프런트에서 체크인을 하자 프런트의 여성 직원이 싱글싱글 웃으면서 방으로 안내해 줬다. 그런데 저녁 식사 시간이 되자 같은 여성이 레스토랑에서 식사 시중을 들었고, 다음날 외출할 때도 역시 같은 여성이 자동차를 운전하며 안내해 줬다. 그리고 오후에 방으로 돌아오니 그 여성이 침대를 깔끔하게 정리해 놓았다.

일반적인 호텔의 경우 프런트 담당은 프런트만을, 객실 담당은 객실만을 담당한다. 그러나 호시노야에서는 한 명이 여러 가지 역할을 담당한다. 이 시스템은 호시노 리조트의 전략에 기반한 것이다.

호시노 리조트의 대표인 호시노 요시하루는 1991년에 이 회사의 제4대 대표로 취임했는데, 이때 '리조트 운영의 달인이 된다.'라는 장기 비전을 세웠다. 일본에서는 프린스 호텔을 소유·운영하는 세이부 그룹처럼 호텔 소유자와 운영자가 같은 경우가 많다. 그러나 본래 호텔 소유는 부동산업이며 호텔 운영은 서비스업이다. 노하우가 전혀 다르다. 그런 까닭에 '소유한 호텔의 운영을 다른 곳에 맡기고 싶다.'고 생각하는 회사도 있다.

그래서 호시노 대표는 운영에 특화한 사업 회사로 이행한다는 결단을 내렸다. 그리고 자사 소유를 포기한 덕분에 자산이 간소해져서 새로운 리조트를 차례차례 운영할 수 있었다. 전략론의 대가인 마이클 포터는 "전략이란 무엇을 하지 않을 것인지를 결정하는 것이다."라고 말했는데, 호시노 리조트는 '호텔의 자사 소유'를 하지 않기로 결정한 것이다.

'리조트 운영의 달인이 된다.'는 것은 우수한 운영 회사가 된다는 의미다. 이를 위해서는 오너에게 만족을 주는 '이익'과 미래 이익의 선행 지표인 '고객 만족'을 양립시켜야 한다. 그러나 이익을 낳으려면 효율화가 필요하다. 이익과 고객 만족의 양립은 참으로 어려운 과제다.

그래서 호시노 리조트는 한 사람이 다양한 역할을 수행하는 멀티태스킹 시스템을 만들었다. 대부분 호텔이 상식처럼 생각하는 분업제는 효율이 나쁘다. 한 명이 여러 가지 역할을 겸임한다면 효율은 상승한다. 다만 서비스의 품질이 떨어지면 고객은 이탈하기 때문에 고객 만족도를 철저히 파악해 사원과 공유한다. 목표치를 정하고 노하우를 수치화해 관리하면 노하우는 확실히 진화하며, 이에 따라 고객 만족도가 높아져 결국 미래의 이익으로 이어진다. 또한 각각의 숙박시설에서 따로따로 예약을 받지 않고 종합 예약 사이트로 이행한 덕분에 고객에 대한 대응이 신속해졌으며 수고도 크게 줄었다.

아울러 호텔별로 세세한 마케팅 전략을 입안하게 했다.

호시노 리조트에는 현재 4개의 브랜드가 있다.

[호시노야] 호시노 리조트의 메인 브랜드. 해외에서도 일본식 온천 여관을
　　　　　운영하고 있다.

[가이]　　지역화를 철저히 함으로써 일본 온천 여관의 프랜차이즈
　　　　　체인화를 꾀하고 있다.

[리조나레] 12세 이하의 자녀를 동반한 가족 고객을 타깃으로 삼고 있다.

[OMO]　　도시 관광을 주제로 역 주변의 심층 문화 관광을 제공한다.

다음의 그림은 호시노 리조트의 전략을 '전략 계획 책정 단계'

전략 계획 책정의 단계
호시노 리조트의 경우

일관되게 고객의 관점에서 생각한다

[기업의 미션의 정의]
리조트 운영의 달인이 된다

⬇

[기업의 목적과 목표의 설정]
우수한 운영 회사가 된다. 이익과 고객 만족의 양립

⬇

[사업 포트폴리오의 설계]

| 호시노야 | 가이 | 리조나레 | OMO |

[마케팅 전략의 책정]
- 멀티태스킹 시스템. 고객 만족도의 철저히 파악하고 사원과 공유한다
- 예약 대응은 여관에서 종합 예약 사이트로 이행한다
- 호텔별로 세세한 마케팅 전략을 입안한다

※ 《코틀러의 마케팅 원리》을 바탕으로 필자가 작성

에 맞춰 정리한 것이다. 이와 같이 모든 요소를 일관되게 고객의 관점에서 생각하는 것이 중요하다. 다만 이것은 어디까지나 전체의 전략 계획이며, 각각의 마케팅 전략으로 구체화해 전개할 필요가 있다.

코틀러 원리 2
OMO 마케팅 전략

이번에는 호시노 리조트의 브랜드 중 하나인 OMO를 예로 들면서 마케팅 전략을 생각해 보도록 하겠다.

OMO는 아주 우연한 계기를 통해 탄생했다. 호시노 리조트는 나가노현 마쓰모토시에서 '가이 마쓰모토'를 운영했는데, 숙박 시설의 가동률은 좋았지만 온천 마을에서는 숙박객이 감소하고 있었다. 온천을 찾는 손님들이 어째서인지 숙박은 마쓰모토 시내에 있는 비즈니스호텔을 이용하고 있었던 것이다. 그래서 전국의 비즈니스호텔을 조사해 보니 숙박객의 60퍼센트가 비즈니스 목적이 아닌 관광 목적으로 호텔을 이용하고 있었는데, 그들은 설비나 요금에 불만은 없지만 비즈니스호텔 특유의 무신경함에 '흥이 깨진다.'고 느끼고 있다는 사실을 알게 됐다.

이에 호시노 요시하루 대표는 '이것은 새로운 광맥이 아닐까?'라고 생각했다. 그래서 '도시형 호텔은 어떻게 바뀌어야 할

까?'를 사내에서 논의한 뒤, '잠만 자고 끝이 아닌, 여행의 흥을
돋우는 도시 관광호텔'이라는 콘셉트를 만들어 냈다. 이것이
OMO가 탄생하게 된 계기였던 것이다.

이렇게 해서 탄생한 'OMO5 도쿄 오쓰카'의 콘셉트는 "오쓰
카를 더욱 깊게 즐긴다."이다. 도쿄 오쓰카에는 그 지역에 사는
사람들이 아니면 모르는 술집, 즉석 구이집, 대중목욕탕 같은 가
게가 많다. 그래서 오쓰카의 거리를 안내하는 'OMO레인저'를
결성해 숙박객들에게 그런 가게에서 특별한 경험을 할 수 있도
록 돕는다. 객실은 작지만 기능적으로 만들었다.

OMO의 마케팅 전략은 다음의 그림과 같다. 전략은 먼
저 STP, 그다음 4P의 순서로 생각한다. STP는 전략을 책정
하는 단계다. '시장의 세분화(Segmentation)→표적 고객 선정
(Targeting)→자사의 포지셔닝(Positioning)'을 실시한다. STP는
각각의 머리글자를 딴 것이다. 그리고 전략을 책정한 뒤에는 마
케팅의 4요소[제품(Product) 전략, 가격(Price) 전략, 프로모션
(Promotion) 전략, 채널(Place) 전략]로 나눠서 전개한다. 이것은
각 요소의 머리글자를 따서 4P 혹은 마케팅 믹스라고 부른다.

OMO는 먼저 숙박 시장을 세분화해, '비즈니스호텔에 묵으면
여행의 흥이 깨진다.'라는 부분(세그먼트)을 끌라냈다. 그리고 '노
시형 관광객을 노린다.'라고 타깃을 정한 뒤, OMO를 '여행의
흥을 돋우는 도시 관광호텔'로 포지셔닝했다. 이것이 STP에 따

른 전략 책정이다.

　다음에는 4P에 입각해 전략을 전개했다. 제품 전략으로 OMO레인저를 결성해 지역의 알려지지 않은 좋은 가게를 발굴하고, 작지만 기능적인 객실에 여러 명이 숙박할 수 있게 했다. 가격 전략은 1인 7만 원이며, 저비용으로 효율적인 운영을 꾀했다. 프로모션 전략은 광고를 사용하지 않고 홍보와 입소문으로 화제성을 높여 고객을 유치했다. 그리고 채널 전략으로는 종합 콜센터를 활용해 주로 자사 직판으로 운영하고 있다.

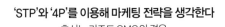

'STP'와 '4P'를 이용해 마케팅 전략을 생각한다
호시노 리조트 OMO의 경우

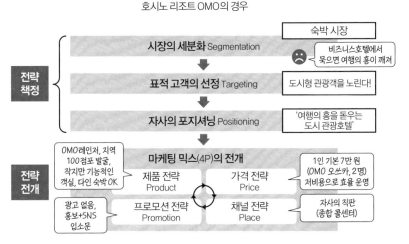

※ 《코틀러의 마케팅 원리》을 바탕으로 필자가 작성

'STP-4P'가 일관성 있게 이어졌을 뿐만 아니라 4P도 각각의 요소가 서로를 보완하고 있다. 이와 같이 마케팅 전략에서는 일관성이 그 무엇보다도 중요하다. 각 요소의 세세한 부분이 정확히 맞물리면 전체에 상승효과를 가져와 커다란 성과를 가져다 주는 것이다.

호시노 리조트의 제품 라이프사이클

호시노 리조트는 새로운 브랜드 'BEB'도 탄생시켰다. 2019년에 문을 연 'BEB5 가루이자와'의 콘셉트는 '시간을 잊고 동료와 느긋한 한때를 보내는 호텔'이다. 35세 이하는 1실 1박 15만 원의의 고정 가격인데, 3인 숙박이므로 1인당 5만 원이다. 술집에서 시간을 보내는 비용으로 동료와 함께 여유로운 시간을 공유할 수 있다.

그런데 왜 호시노 리조트는 '호시노야', '가이', '리조나레'에 그치지 않고 'OMO'와 'BEB' 같은 새로운 브랜드를 계속 만들어 내는 것일까? 제품 라이프사이클을 생각하면 그 이유를 알 수 있다. 제품 라이프사이클은 사람의 일생과 마찬가지로 제품에도 도입기, 성장기, 성숙기, 쇠퇴기가 있으며, 각각의 시기에 맞는 과제와 전략이 있다는 발상이다.

도입기에는 매출이 저조해 이익이 마이너스다. 구입 고객은 얼리 어답터보다 더 혁신적인 성향을 지닌 이노베이터 중심이며, 경쟁자는 아직 없다.

성장기에는 매출과 이익이 증가하기 시작하며, 얼리어답터가 구입한다. 시장에 경쟁자가 뛰어들기 시작한다.

성숙기에는 매출이 정점을 찍어 이익이 높은 수준을 보이며, 다수 수용자가 구입한다. 경쟁은 안정되며 경쟁자가 감소하기 시작한다.

쇠퇴기에는 매출도 이익도 경쟁자도 감소한다.

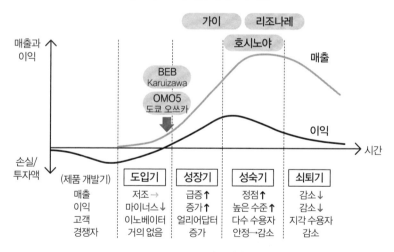

호시노 리조트의 제품 라이프사이클

(제품 개발기)	도입기	성장기	성숙기	쇠퇴기
매출	저조→	급증↑	정점↑	감소↓
이익	마이너스↓	증가↑	높은 수준↑	감소↓
고객	이노베이터	얼리어답터	다수 수용자	지각 수용자
경쟁자	거의 없음	증가	안정→감소	감소

※ 《코틀러의 마케팅 원리》을 바탕으로 필자가 작성

성숙기에 접어든 '호시노야', '가이', '리조나레'는 언젠가 쇠퇴기로 이행할 것이다. 호시노 리조트가 장래에도 계속 발전하려면 끊임없이 새로운 브랜드를 투입해야 한다. 그래서 호시노 리조트는 'OMO'나 'BEB' 같은 새로운 브랜드에 투자하고 있는 것이다.

기업이 계속 고객의 선택을 받기 위해서는 숨겨진 고객 니즈를 끊임없이 발굴해 지속적으로 새로운 상품을 투입할 필요가 있다.

POINT

'STP'부터 '4P'까지 모든 전략은 일관성 있게 구상해야 한다. 제품의 라이프 사이클을 생각하며 새로운 상품을 투입하자.

Book 3

포지셔닝

소비자의 뇌 속에 '특별한 장소'를 확보하라

《Positioning: The Battle for Your Mind》

알 리스 · 잭 트라우트
Al Ries · Jack Trout

두 저자는 이 책에서 '포지셔닝'이라는 새로운 개념을 만들어 마케팅의 세계에 일대 선풍을 불러일으킨 이래 세계 굴지의 마케팅 전략가로 활약하고 있다. 또 다른 공저로 《마케팅 전쟁》, 《마케팅 불변의 법칙》 등이 있다. 알 리스는 리스&리스사를 경영하고 있으며 저서로 《경영 불변의 법칙》이 있으며, 딸과의 공저로 《브랜딩 불변의 법칙》, 《마케팅 반란》 등이 있다. 잭 트라우트는 트라우트 앤 파트너스의 사장이었다.

포지셔닝(Positioning)은 상품을 돋보이게 하기 위한 열쇠로, 두 저자가 1969년에 발표한 개념이다. 이 책은 2001년에 20주년 기념 개정판이 나왔으며 현재에도 동서양을 막론하고 마케팅 관계자들에게 필독서로 통한다.

두 저자는 포지셔닝이란, 상품을 소비자의 뇌 속 특별한 장소에 자리매김하게 만드는 것이라고 정의했다. 스타벅스는 소비자의 뇌 속에 '집도 직장도 아닌 제3의 장소'라는 포지션을 구축했기에 성공했다. 즉 포지셔닝을 이해하기 위해서는 고객의 뇌 속을 이해해야 한다.

포지셔닝 전략 1
최초 선점을 노려야 한다

최근에 본 광고들 가운데 기억하고 있는 게 몇 개나 되는지 생각해 보자. 아마 세 개를 넘지 않을 것이다. 특별히 기억 나는 게 전혀 없을 수도 있다. 놀랍지 않은가. 우리는 길을 걸을 때에도 대중교통을 이용할 때에도 인터넷을 할 때에도 정말 쉴 새 없이 방대한 양의 광고에 노출되어 있다. 하지만 광고 소비자로서 우리는 그 대부분을 무시하고 있다. 그럼 우리의 제품을 광고한다고 생각해 보자. 단순 노출 전략만으로는 오히려 소비자에게 무시당할 기회만 늘어나는 셈이다.

인간이 받아들이는 것은 무엇일까? 흥미를 느끼면서도 이해가 가는 대상에 한정된다. 상대방의 뇌 속에 어떤 포지션을 확보하기 위해서는 노출할 정보를 엄선해야 한다. 상대방의 뇌 속에 가장 확실하게 각인될 수 있는 정보들로 말이다. 그렇다면 어떻게 해야 하는지 생각해 보자. 일단 다음의 간단한 퀴즈를 풀어 보자.

[문제 1] 세계 최초로 착륙 없이 북대서양 단독 횡단 비행에 성공한 사람은 누구일까? 두 번째로 성공한 사람은 누구일까?

[문제 2] 대한민국에서 가장 높은 산은 어디일까? 두 번째로 높은 산은 어디일까?

36

문제 1에서 첫 번째 질문 답은 찰스 린드버그, 두 번째 질문 답은 클래런스 체임벌린이다. 문제 2의 답은 한라산(해발 1,947미터)이 가장 높은 산이며 두 번째로 높은 산은 지리산(해발 1,915미터)이다. 사람들에게 물어보면 최초, 첫 번째에 대한 답은 알고 있는 사람이 간혹 있었다. 하지만 두 번째는 거의 모든 사람이 답하지 못했다.

여기서 알 수 있는 건 뭘까? 상대의 뇌 속을 최초 선점하면 포지션을 확보할 수 있다. 최초 선점에 성공하면 뇌 속에 포지션이 각인된다. 그리고 이렇게 최초 각인된 포지션은 당신의 라이벌에 의해 절대 허물어지지 않는다. 새끼 오리가 갓 태어나면 처음 본 움직이는 물체를 어미로 인식하는 각인 효과와 유사하다.

소비자의 뇌 속을 최초 선점하는 것이 열쇠다. 아직 승부가 결정되지 않은 시장의 초기 단계, 누구도 우위를 차지하지 못하고 있는 타이밍에 소비자의 뇌 속을 최초 선점하기 위해 온 힘을 기울여야 한다. 최초 선점에 성공해 리더가 된다면 "우리가 넘버원이다."라고 굳이 말하지 않아도 시장에서 그렇게 인지되며 어떤 경쟁자도 그 인식을 뒤집지 못한다. 반대로 시장이 확립된 뒤에 '이 시장은 확실히 돈이 되는구나.'라고 생각하며 어슬렁어슬렁 진입해서는 최초 선점에 성공한 강력한 리더를 이길 수 없다.

이렇게 확립된 포지션은 절대 바뀌지 않는다. P&G는 상품별로 소비자의 뇌 속에 포지션을 구축하고 있다. 기술이나 소비자의 취향이 변하더라도 포지션은 결코 바뀌지 않는다. P&G는 일단 확립된 포지션은 움직이기가 어렵다는 사실을 잘 알고 있다. 포지션에 손을 대기보다는 새로운 상품을 내놓는다. 그러는 편이 장기적으로 저비용이고 효과적이다.

신상품은 기성 상품에 대항하는 형태로 포지셔닝을 시도해야 한다. 자동차라는 상품이 처음 등장했을 때 자동차는 '말 없는 마차'로 불렸다. 그 덕분에 당시의 사람들은 주된 이동 수단이었던 마차의 대체품으로 자동차라는 개념을 이해했다. 인간의 뇌는 많은 정보를 단순화시켜서 처리하는데 이때 기존의 것과 관련지어 이해하길 원한다.

2위 기업은 '1위 기업보다 높은 품질의 유사품을 내놓으면 돼.'라고 생각한다. 하지만 그런 상품은 거의 실패로 끝난다. 김치냉장고 브랜드 딤채는 1994년에 제품을 출시했는데 2018년에도 브랜드평판에서 1위를 차지했다. 소비자의 뇌 속에 '김치냉장고 = 딤채'가 각인되어 있는 까닭에 다른 브랜드가 딤채를 이기기 어려운 것이다.

2위 기업은 아직 아무도 차지하지 않았던 구멍을 찾아내야 한다. 의도적으로 청개구리가 되어야 한다는 것이다. 과거에 미국의 자동차 시장은 '더 길고, 더 낮은 차'로 가득했다. 그런데 폭스바겐에서 짧고 땅딸막한 비틀을 내놓으며 히트를 기록했다. 폭스바겐이 찾아낸 구멍은 '크기'였다. 비틀은 폭스바겐 역사상 가장 큰 효과를 본 광고를 기반 삼아 확실한 포지션을 획득했다.

"작게 생각합시다(Think small)."

이 광고는 소비자의 뇌 속에 비어 있던 구멍을 메웠다. '큰 차가 좋다.'라는 미국인의 상식을 뒤엎음으로써 대단한 효과를 발휘했다.

무능한 기업은 구멍을 소비자의 머릿속이 아니라 회사의 내부에서 찾는다. 대형차와 소형차 분야에서 강세를 보이던 포드

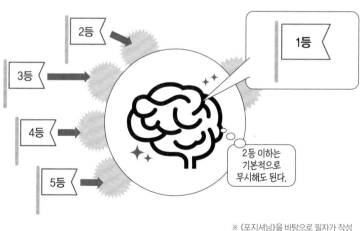

상대의 뇌 속을 최초 선점하면
뇌 속에 각인되어 포지션을 확보할 수 있다.

2등

3등

1등

4등

2등 이하는
기본적으로
무시해도 된다.

5등

※ 《포지셔닝》을 바탕으로 필자가 작성

는 중형차라는 내부의 구멍을 메우고자 에드셀을 만들었다. 그러나 이미 경쟁이 심했던 중형차 시장의 상품들에 대해서는 소비자의 머릿속에 비어 있는 구멍이 전혀 없었다. 비어 있는 포지션이 전무했기 때문에 에드셀은 역사적인 대실패로 끝나고 말았다.

포지셔닝 전략 2
라인 확대는 대부분 실패한다는 걸 기억하라

브랜드명이 보통 명사로 쓰이기 시작했다면 포지셔닝이 대성공한 것이다. 그런데 이때 보이지 않는 유혹이 생긴다.

'이 브랜드는 유명하니까, 이 브랜드로 신상품을 내면 틀림없이 성공할 거야.'

이렇게 생각해서 이미 널리 인지된 상품명을 신상품에 가져다 쓰는 것을 라인 확대라 칭한다. 그러나 대부분 라인 확대는 실패로 끝난다. 소비자 머릿속에 각인되어 있던 포지션이 모호해져 버리기 때문이다. 이건 제품 중심적 발상 때문에 두게 되는 패착이다.

근육통이 있을 때 약국에 가서 소염 진통제 로션을 달라는 말을 사람들은 "멘소래담 주세요."라고 말한다. 소비자들에게 멘소래담이 곧 소염 진통제 로션이다. 그 외는 진짜가 아닌 것으로 여겨진다.

사실 멘소래담은 회사명이다. 그런데 '소염 진통 로션 = 멘소래담'이라고 믿고 있는 소비자들에게 '멘소래담 스킨로션', '멘소래담 소화제'처럼 멘소래담이라는 이름을 붙인 다른 제품들을 팔기 시작한다면 어떨까. 이는 "멘소래담은 소염 진통 로션이 아니라 그저 회사명일 뿐입니다!"라는 말을 굳이 스스로 밝히는 셈이다. 그래서 실제로 멘소래담사는 화장품을 출시하면서는 아크네스라는 별도의 브랜드명을 붙였다.

라인 확대는 대부분 실패한다. 하지만 실패를 피하는 길이 전혀 없는 건 아니다. 가령 '존슨즈 베이비 샴푸'는 상품과 패키지를 일체 바꾸지 않고 '아기에게 사용한다. = 피부에 순하다.'라는 공식을 그대로 가져다 성인에게 어필해 성공했다. 상품의 용도만 확장한 예다. 만약 아예 상품의 라인을 확대해서 '존슨즈 어덜트 샴푸' 같은 것을 판매했다면 실패했을 것이다.

신상품으로 성공하려면 포지셔닝을 궁리해야 한다. 폭스바겐은 '현명하고 현실적인 라이프스타일을 가진 사람이 타는 자동차'라는 포지션을 구축했다. '부유한 사람이 타는 차'와 정반대 포지션이다. 폭스바겐은 대형 고급 자동차 분야에서 실패했고, 이에 중형 고급 자동차인 아우디를 만들어 성공을 거뒀다.

가진 걸 버려야 한다

포지셔닝이라는 작업의 골자는 심플한 콘셉트를 심플한 말로 표현하고 이것이 히트로 이어지는 것이다. 그런 까닭에 필연적으로 해결해야 하는 과정이 있다. 트레이드오프다. 두 마리 토끼를 잡으려 해서는 한 마리도 못 잡는다. 대부분 마케팅 전략은 넓은 시장을 노리지만 한 가지에 집중하지 않고 이것저것에 발을 걸쳐서는 독자적인 포지션은 절대 구축하지 못한다.

포지셔닝 작업에서는 작은 규모의 시장을 달콤하게 받아들여야 한다. 만인에게 받아들여질 것을 목표로 하면 큰 시장을 경쟁사들과 나누어 먹게 될 뿐이다. 강력한 포지션을 갖고 싶다면 타깃 시장을 좁혀서 독점하는 게 옳다.

한편 최근에는 [Book 6]《브랜드는 어떻게 성장하는가: 신규 시장편》에서 바이런 샤프가 말했듯 "강력한 브랜드 포지션을 구축하기보다 다수의 CEP(카테고리 엔트리 포인트)와 연결하는 게 좋다."라는 발상도 생겨나고 있다. 자세한 내용은 [Book 6]을 참조하기 바란다.

포지션을 확립했다면 이를 지켜 나가는 데 집중해야 한다. 하지만 포지션 유지에 실패하는 경우도 많다. '기린 라거 맥주'는 오랜 기간 시장 점유율 1위를 자랑했지만 생맥주인 '아사히 슈퍼드라이'에 추월을 당했다. 그래서 1996년에 생맥주로 변경을 했는데, 그러자 라거 애호가들이 하나둘 떨어져 나갔다. 기린은 라거 맥주의 포지셔닝을 고객의 시점이 아니라 '생인가, 열처리인가?'라는 제품의 시점에서 생각한 결과 시장 점유율을 빼앗긴 것이다.

마케팅을 잘 아는 대기업 중에도 포지셔닝 기본을 이해하지 못한 것 같은 실패 사례가 많다. 이 책은 마케팅 분야의 고전이 됐지만 아직도 생생한 효용을 지닌 책이다.

POINT

소비자의 머릿속에 확실한 이미지를 각인시키기 위해서는 우선 최초 선점이 가능한 '구멍'을 찾자. 그리고 일단 어느 정도 포지셔닝 되었다면 섣불리 라인 확대는 하지 말자. 라인 확대는 기존의 포지셔닝을 흐트러뜨린다.

Book. 4

에스키모에게 얼음을 팔아라

약소 구단의 매출이
마케팅 전략으로
급성장한 이유

《Ice to the Eskimos: How to
Market a Product Nobody
Wants》

존 스포엘스트라
Jon Spoelstra

1968년에 노터데임대학교를 졸업하고 1978년에 NBA의 구단인 포틀랜드 트레일블레이저스의 부사장. 1989년에 댄버 너게츠의 사장 겸 CEO가 되었다. 1991년에는 NBA에서 동원 관객 수 최하위였던 당시 뉴저지 네츠의 사장 겸 CEO가 되었고 독자적인 마케팅 전략으로 NBA의 27개 구단 중 입장권 판매 수입 성장률 1위를 달성했다. 한때 스포츠 마케팅 회사인 SRO파트너스를 설립했고, 현재는 만달레이 스포츠 엔터테인먼트의 사장이다.

마케팅 전략 개념을 소개하고 있지만, 사실 현실 비즈니스는 또 다른 문제다. 그런 면에서 이 책은 현장에서 마케팅 전략을 세우고 전개하는 법에 대해 공부할 때 최고의 교과서라 말할 수 있다.

1991년에 뉴저지 네츠는 미국의 프로 농구 리그인 NBA의 27개 구단 가운데 입장료 수입 5년 연속 최하위를 기록하고 있었다. 성적 또한 최하위에서 두 번째였다. 미래가 보이지 않는 약소 구단 그 자체였다. 저자는 그런 팀에 사장으로 취임했고 팀의 실적을 극적으로 회복시켰다. 이 책은 그 과정을 소개한 책이다. 다만 드라마나 영화에서처럼 팀의 뭉클한 성장기에 대한 내

용은 아니다. 저자는 어디까지나 마케팅 전략만으로 커다란 성
과를 거뒀다.

약소 구단 전복 전략 1
상대 팀의 스타 선수를 자사의 상품으로 판매한다

누구든 1991년의 뉴저지 네츠 같은 팀을 맡았다면 대부분은 이
렇게 생각했을 것이다.

'팀이 많이 이기면 팬들이 경기를 보러 올 거야. 그러니 우선
팀의 전력을 강화하자.'
'연고지 팬들의 애정에 호소해야 해.'

하지만 네츠는 이런 방법을 선택하지 않았다. 팀을 강화하는
데는 사람, 물자가 들어간다. 즉 돈과 시간이 들어간다. 하지만
이런 투입으로 팀의 전략이 강해지더라도 팬들이 경기장을 찾
아온다는 보장은 없다. 그건 또 다른 문제다. 결승전, 준결승전
이지만 관객이 제대로 차지 않은 경기장을 어렵지 않게 볼 수 있
다. 팀의 전략이 강해지면 팬이 찾아올 것이라는 건 '좋은 상품
을 만들면 고객은 반드시 사 줄 것이다.'라는 제품 지향의 사고
방식과 마찬가지로 큰 착각이다.

네츠는 허드슨강 너머로 대도시 뉴욕이 보이는 뉴저지라는 지역에 연고를 두고 있는 팀이다. 주민들은 뉴욕의 텔레비전을 보고 라디오를 들으며, 뉴저지보다도 뉴욕에 애착을 품고 산다. 이건 연고지 팬들에게 우리 지역 팀을 응원하자고 호소하더라도 효과를 기대하기 어렵다는 말이 된다. 그런 상황에서, 지역 주민들이 지역의 경기장으로 찾아오게 만들어야 한다.

어떻게 해야 할까? 모든 선입견을 제거한 뒤 '연고지인 뉴저지의 주민에게 네츠의 상품력은 무엇인가?'라는 고객의 시점에서 생각하면 전혀 다른 세계가 보인다. 네츠의 상품력은 네츠의 선수만이 아니다. 연고지에서 열리는 네츠의 경기에는 상대 팀이 온다. 그리고 상대 팀에는 마이클 조던 같은 스타플레이어가 있다. 연고지의 주민들에게 그들은 한 번만이라도 직접 보고 싶은 슈퍼스타다. 다시 말해 상대 팀의 선수들도 네츠의 훌륭한 상품이 된다. 그래서 저자는 이렇게 생각했다.

'연고지 팬들에게 마이클 조던 같은 상대 팀 스타플레이어를 상품으로 활용하자.'

연고지 주민들에게 네츠의 상품을 사 달라고 어필하는 대신, 그들이 원하는 상대 팀 스타플레이어를 상품으로 제공한 것이다. 이것이야말로 고객 지향의 발상에 따른 선택이다.

이 전략을 실천한 결과, 네 시즌 만에 관객 수는 최하위인 27위에서 12위가 됐다. 연고지 스폰서 수입은 4년 사이에 4억 원에서 70억 원으로, 입장권 수입은 50억 원에서 170억 원으로 크게 상승했다.

마케팅 전략으로 성공하려면 먼저 자신의 현실을 정확하게 파악해야 한다. 실체가 없음에도 불구하고 자신을 과장해서 꾸미는 것이 마케팅이라고 생각하는 것은 굉장한 착각이다. 현실을 정확히 파악한 뒤 고객의 시점에서 가치에 대해 궁리해야 한다.

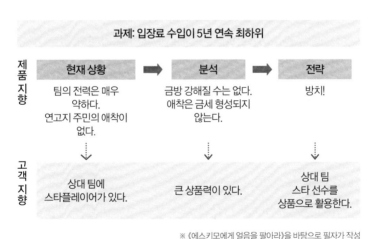

뉴저지 네츠는 과제와 자신들의 현실을 바탕으로
즉효성 있고 현실적인 전략을 세웠다.

과제: 입장료 수입이 5년 연속 최하위		
제품 지향		
현재 상황 ➡	분석 ➡	전략
팀의 전력은 매우 약하다. 연고지 주민의 애착이 없다.	금방 강해질 수는 없다. 애착은 금세 형성되지 않는다.	방치!
고객 지향		
상대 팀에 스타플레이어가 있다.	큰 상품력이 있다.	상대 팀 스타 선수를 상품으로 활용한다.

※ 《에스키모에게 얼음을 팔아라》을 바탕으로 필자가 작성

흥미를 보인 사람들만 목록으로 관리해라

고객이 누구인지 알면 고객을 늘리지 않고도 매출액을 끌어올릴 수 있다. 고객 1인당 구매 빈도를 높이면 된다. 네츠는 사내에 파묻혀 있었던 고객 정보를 긁어모았다.

- 시즌권을 갱신하지 않은 고객(매년 고객의 30퍼센트가 나름의 이유로 갱신을 하지 않았다.)
- 경기 일정표가 필요하다며 전화를 건 수천 명의 팬
- 입장권을 구입할 때 '티켓 마스터'라는 시스템에 고객이 입력한 이름과 주소
- 아이들이 선수에게 보낸 팬레터

이들 모두는 어떤 형태로든 네츠에 흥미를 가지고 있는 사람들이다. 이들을 목록으로 만들어 보니 7만 5,000명의 고객 목록이 작성됐다. 네츠는 이 목록을 수년 동안 유용하게 활용했다. 2,000만 원을 들여서 여덟 쪽 분량의 입장권 소개 브로슈어를 만들어 이들에게 우편 발송을 했는데 그에 따른 매출이 3억 원에 달했다.

자, 여러분 회사에도 파묻혀 있는 고객 정보가 분명 있을 것이다. 여러분 회사에 흥미를 갖고 있는, 혹은 흥미를 가졌던 고객

들의 정보를 긁어모아라. 프로모션의 화력이 강력해질 것이다.

네츠는 시즌권 소유자 800명에게도 개개인 맞춤형 프로모션을 실시했다. 네츠의 홈구장에서 열린 41경기 가운데 다섯 경기는 마이클 조던 등의 슈퍼스타를 보유한 팀과의 소위 '몬스터 게임'이었는데, 시즌권 소유자는 가족, 동료, 친구와 함께 몬스터 게임에 추가 금액을 지불할 게 분명해 보였다. 그래서 네츠는 시즌권 소유자 한정으로 다섯 경기에 대해 '몬스터 게임 티켓 패키지'를 구성해서 한 세트 20만 원에 판매했다. 이 패키지는 날개 달린 듯 팔렸다. 당연히 다섯 경기 모두 매진됐다. 1년 전까지만 해도 네츠 홈구장에서 입장권이 매진된 적은 단 한 번도 없었다. 하지만 이 해를 기점으로 매진은 잦아졌다.

매진은 그 자체로 프로 스포츠에서 최고 마케팅 도구다. 고객은 입장권이 필요해도 좌석이 충분히 남아 있으면 구매를 차일피일 미루는 경향이 있다. 하지만 입장권이 다 팔려 버릴 수 있다는 생각이 들면 경기 몇 달 전이라도 입장권을 미리 사 둔다. 네츠가 만든 건 단 한 경기의 매진이 아니라, 바로 이런 선순환의 시발점이었다.

핵심은 자사 상품에 관심이 있다는 게 확실한 사람들의 목록을 만드는 일이다. 외부 리서치 업체에서 고객 목록을 판매하러 오는 걸 본 적 있을 것이다. 이들의 목록에 돈을 쓰는 건 시간 낭비다. 그 목록에는 당신 물건에 관심 있는 고객이 없다.

약소 구단 전복 전략 3
고객을 현장에서 경험해라

저자는 항상 팀의 경기를 임원 전용석이 아니라 저렴한 좌석에서 관람했다. 팬들의 생생한 반응을 현장에서 보기 위해서였다. 콜센터에서 난폭한 말을 내뱉는 고객이 있으면 자신에게 연결하게 했다. 언뜻 보면 그저 골치 아픈 사람들에 불과하지만 달리 보면 팬들에게 즐거움을 주려면 무얼 어떻게 해야 할지를 솔직하게 알려 주는 귀중한 정보원이라고 여겼다.

그는 경기 전에 출입구에 서서 팬들에게 경기에 대한 브로슈어를 나눠 주기도 했는데, 이를 통해 팬들이 12쪽 분량의 무료 브로슈어를 매우 마음에 들어 한다는 사실을 느꼈다고 한다. 그는 입장권 판매소에서 입장권을 팔기도 하고 핫도그를 조리해 팔기도 하면서 이름도 얼굴도 모르던 수많은 고객의 전체적인 이미지를 명확히 파악했다고 한다.

현장에서 실제로 경험해야 알 수 있는 것은 매우 많다. 사무실에 앉아 숫자만 들여다봐서는 절대 알 수 없는 것들 말이다. 뉴저지 네츠가 하는 일은 사실 서비스 비즈니스다. 서비스 비즈니스는 고객에게 서비스를 제공하는 순간 가치가 만들어지기 때문에 현장을 이해하는 일이 상당히 중요하다. 서비스 비즈니스에 관해서는 3장에서 자세히 소개했다.

저자는 모두 17장으로 구성돼 있는 이 책을 통해 자신의 마케팅 방법론을 아낌없이 소개했다. 언뜻 기발해 보이지만, 현장의 시선으로 고객을 확실히 파악하고 고객이 원하는 것을 제공한다는 마케팅 원칙의 핵심을 확실히 파악한 방법론이다. 따라서 다른 수많은 업계에서도 이 책에 소개된 방법을 활용할 수 있을 것이다.

이 책의 제목은 "이 방법을 사용하면 에스키모에게 얼음을 팔 수도 있을 것이다."라는 저자의 말에서 유래한 것이다. 하지만 책에는 얼음을 파는 법은 적혀 있지 않다. 독자들은 책을 끝까지 읽었다면 이제 각자가 팔고 있는 얼음 판매법을 궁리해야 한다.

POINT

상황에 대해 불평하지 말자. 어떤 상황에서 무엇이든 그걸 팔 방법은 도출하기 나름이다. 당신의 상품과 타사의 상품 매출이 결합돼 있다면 타사 상품도 홍보해라. 그리고 당신의 상품에 관심을 보인 사람들에 대한 기록은 절대 소홀히 다루지 말고 목록화한 뒤 맞춤형 상품을 공급해라. 고객을 현장에서 직접 느끼고 그들의 전체적인 이미지를 분명하게 파악해라.

브랜딩의 과학

지금까지의 마케팅 이론은
완전히 잘못되었다

《How Brands Grow: What
Marketers Don't Know》

바이런 샤프

Byron Sharp

사우스오스트레일리아대학교 교수. 동(同) 대학 에
렌버그-바스 연구소의 마케팅과학 연구소장도 맡
고 있다. 에렌버그-바스 연구소에서는 코카콜라,
크래프트, 켈로그, 영국항공, P&G 등 전 세계의 수
많은 유명 기업과 협업하며 연구 자금 지원을 받고
있다. 학술지 수종의 편집위원을 맡고 있으며 학술
논문을 100편 이상 발표했다.

이 책은 그간의 마케팅론을 전부 뒤
엎어 버린 책이다. 최신 마케팅 이
론을 이해하는 데 아주 중요한 책이
다. 이 책에서 저자는 데이터를 통
해 소비자 행동을 세밀하게 검증한
뒤 새로운 전략을 입안하고 브랜딩
하는 방법을 제시했다.

오스트레일리아에 있는 에렌버그-바스 연구소에서 저자는
마케팅과학 연구소장을 맡고 있고, 앤드류 에렌버그 교수와 제
럴드 굿하트 교수가 이곳에서 50년 간에 시직한 연구가 이 책의
바탕이다.

브랜드 성장 비법 1

무슨 수를 써서든 고객 수를 늘려라

다음 그림을 보기 바란다. 자사 제품의 점유율이 라이벌 절반 수
준이다. 충성 고객, 그러니까 높은 구매 빈도를 보이는 고객도
라이벌의 절반이다. 당장이라도 다른 브랜드로 갈아탈 수 있는
브랜드 스위처가 전체 고객의 3분의 2를 차지하고 있다. 라이벌
과 품질 차이가 없는데, 고객은 다르게 생각한다. 당신이 라이벌
보다 낮은 품질의 제품을 팔고 있는 것 같다는 인상을 주고 있는
것이다. 이런 데이터가 있을 때 어떤 생각을 하고 어떤 결정을

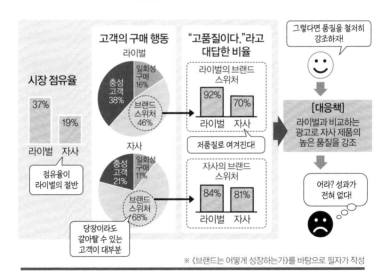

왜 팔리지 않을까? 어떤 대책을 세워야 할까?

※《브랜드는 어떻게 성장하는가》를 바탕으로 필자가 작성

내려야 할까? '품질이 좋다는 점을 강조해서 충성 고객을 늘리자.'라고 생각해 라이벌사와 자사의 제품을 비교하는 광고를 내보내는 경우가 많다. 하지만 이런 대책으로는 판매량이 늘지 않는다. 왜일까. 고객의 행동을 오해했기 때문이다.

매출은 판매가에 '고객의 수와 구매 빈도'를 곱한 값이다. 고객 수가 라이벌의 절반이더라도 충성 고객의 구매 빈도를 두 배로 늘리면 매출을 따라잡을 수 있을 것이라고 생각하는 경향이 있는데, 실제로는 그렇게 되지 않는다.

영국의 세제 시장 사례를 생각해 보자. 이 시장에서 점유율 1위 브랜드인 퍼실(22퍼센트)과 점유율 5위를 차지하고 있는 서프(8퍼센트)를 비교해 보자. 연간 시장 침투율(기존 세제 소비자 중 구매자 비율)은 퍼실이 41퍼센트, 서프가 17퍼센트, 연간 구매 빈도는 퍼실이 3.9회, 서프가 3.4회다.

시장 점유율이 높은 퍼실은 시장 침투율, 즉 고객 수도 많고 구매 빈도도 높다. 점유율이 낮은 서프는 고객의 수도 적고 구매 빈도도 낮다.

157개 브랜드를 조사했던 연구의 결과에서도 마찬가지였다. 고객의 수가 적으면 구매 빈도도 낮은 패턴은 다양한 분야에서 관찰되며, 이것은 '더블 제퍼디(Double jeopardy, 이중저벌)의 법칙'이라고 한다. 브랜드 성공의 열쇠는 무슨 수를 써서든 고객의 수를 늘리는 것이라는 말이다.

기존 고객 유지 < 신규 고객 획득

전작《사장을 위한 MBA 필독서 50》의 [Book 11]《로열티 경영》에서 저자인 프레더릭 F. 라이히헬드는 "기존 고객을 소중히 여겨야 한다. 신규 고객을 획득하기 위해서는 기존 고객을 유지하기 위한 비용의 다섯 배가 필요하다."라고 주장했다.

그러나 이 책의 저자는 "라이히헬드는 틀렸다."라고 지적했다. 56쪽 그림처럼 단순화시켜 가정해 보자. 시장에 A사와 B사만 있고 100명의 고객이 있다. 고객의 수가 A사는 80명(점유율 80퍼센트), B사는 20명(20퍼센트)일 때, 고객 10명이 갈아탄다면 고객 이탈률은 A사가 12.5퍼센트, B사가 50퍼센트다. 시장 점유율이 높을수록 고객 이탈률 부담은 낮아진다.

실제 데이터로 검증을 해 보면 1989년부터 1991년 사이에 미국 자동차 시장의 고객 이탈률은 1위인 폰티악(점유율 9퍼센트)이 58퍼센트, 9위인 혼다(4퍼센트)가 71퍼센트였다. 이런 경향은 영국에서도 프랑스에서도 마찬가지였다.

이는 판매 방식을 바꾸면 거대한 기회를 만들어낼 수 있다는 의미다. 간단하게 설명해 보겠다. 미국의 자동차 매출은 신규 고객이 절반이고 기존 고객이 나머지 절반을 차지한다. 고객 이탈률이 50퍼센트라고 가정했을 때, 점유율이 2퍼센트인 회사가 열심히 노력해서 기존 고객의 이탈을 0으로 만든다면 신규 고객이 기존 고객으로 그대로 유입되니 이제 기존 고객의 매출은 이전의 두 배가 된다. 그리고 새로운 신규 고객이 들어오니 전체 매출은 이전의 1.5배가 된다. 하지만 이렇게 해도 시장 점유율은 2퍼센트에서 3퍼센트로 단 1퍼센트 차이가 있을 뿐이다. 미미하다.

한편 시장 전체를 살펴보면 전혀 달라진다. 전체 구매자 중 절반이 다른 회사로 갈아탈 수 있으므로 최대 50퍼센트의 점유율 획득이 가능하다. 변화 가능성이 50배로 커진다. 1퍼센트 차이를 기대하는 것과 50퍼센트 차이를 기대하는 것. 엄청난 차이다.

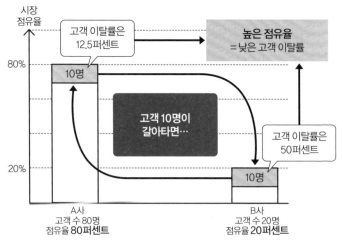

점유율이 높을수록 고객 이탈률은 낮아진다

시장
점유율

고객 이탈률은
12.5퍼센트

높은 점유율
= 낮은 고객 이탈률

80%

10명

고객 10명이
갈아타면…

고객 이탈률은
50퍼센트

20%

10명

A사
고객 수 80명
점유율 80퍼센트

B사
고객 수 20명
점유율 20퍼센트

※ 《브랜드는 어떻게 성장하는가》를 바탕으로 필자가 작성

매출 신장의 가능성은 고객 이탈의 방지보다 신규 고객 획득에 힘쓸 때 압도적으로 높아진다. 게다가 고객 이탈률을 낮추는 것은 현실적으로 매우 어려운 일이다. 실제로 미국에서 고객 이탈률이 25퍼센트 이하인 브랜드는 단 한 곳도 없다. 성장의 열쇠는 신규 고객 획득이다.

브랜드 성장 비법 3
가장 중요한 고객은 '라이트 유저'다

이 책의 하이라이트는 이거다. 코틀러는 "매스마케팅은 시대착오다."라고 주장했지만, 소비자의 구매 행동을 연구해 보면 매스마케팅의 중요성은 막대하다.

여러분은 코카콜라를 1년에 얼마나 마시는가? 2년에 한 번 정도 마시는 사람들이 있다. 그들은 '코카콜라가 광고에 큰돈을 들여서 매스마케팅을 하고 있는데, 돈을 들인 효과가 나에겐 없는 것 같다.'라고 생각할 수도 있을 것이다. 그런데 사실 코카콜라가 노리는 전형적인 구매자는 바로 그런 사람들이다.

다음 그림은 코카콜라 구매자를 분석한 것이다. 연간 구매 횟수별로 분류되어 있는데, 1년에 0~2회를 마시는 사람이 과반을 차지하고 있다. 그중에서도 1회 이하인 구매자가 약 50퍼센트다. 요컨대 코카콜라 구매자 대부분은 라이트 유저다. "코크는 2

년에 한 번 정도밖에 안 마셔."라는 여러분이야말로 유저의 전형이다.

코카콜라의 헤비 유저는 1년에 3회, 즉 4개월에 1회 이상 마시는 사람이다. 파레토 법칙에서는 "상위 10퍼센트의 구매자가 매출 80퍼센트를 차지한다."라고 하지만, 이 사례를 보면 매출의 50퍼센트만을 차지한다. 다시 말해, 매출의 나머지 50퍼센트는 아주 가끔 구매하는 라이트 유저다. 그들은 일단 구매 빈도가 낮으며 타사 브랜드도 구매한다. 이것은 서비스업도 마찬가지다. 은행 고객 절반은 주거래 은행이 다른 은행인 사람들이다.

또한 소비자를 장기간 조사해 보면 헤비 유저가 라이트 유저로 바뀌거나 반대로 라이트 유저가 헤비 유저로 변신하는 경우도 많다. 온갖 브랜드를 이용하다가 평균 상태로 회귀하는 구매 행동 적정화의 법칙이 일어나고 있음을 알게 된다.

다음 그림의 구매 빈도는 '음이항분포(NBD, Negative Binomial Distribution)'라는 분포를 보이고 있다. 온갖 상품의 구매 빈도는 이 'NBD 디리클레 모델'이라는 이름으로 표현할 수 있다. 시장 점유율이 증가하거나 감소할 때는 이 분포의 형태를 유지한 채 전체가 증감하며, 이 분포 속에서 사용자가 교체된다. 그래서 특정 헤비 유저를 공략한들 매출이 증가하지 않는 것이다. 그러면 어떻게 해야 매출이 증가할까? 유저에서 헤비 유저까지 폭넓게 공략해야 성공의 가능성이 커진다.

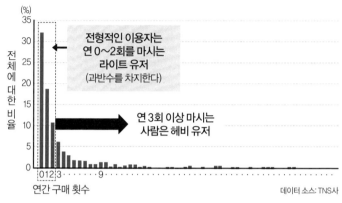

코카콜라의 전형적인 이용자는 '1년에 한 번 마시는 사람'

영국의 콜라 구매자 가운데 코카콜라를 사는 사람의 비율과 구매 횟수(2005년)

전형적인 이용자는
연 0~2회를 마시는
라이트 유저
(과반수를 차지한다)

연 3회 이상 마시는
사람은 헤비 유저

전체에 대한 비율

연간 구매 횟수

데이터 소스: TNS사

※《브랜드는 어떻게 성장하는가》을 바탕으로 필자가 작성

브랜드 성장 비법 4
비슷한 자사 상품을 똑같은 고객에게 열심히 팔아라

흔히 "차별화해서 특정 세그먼트 고객층을 타깃으로 노려라."라고 말하지만, 이것은 잘못된 생각이다.

　다이어트 음료 광고는 주로 여성을 대상으로 삼지만, 일반 음료와 다이어트 음료를 분석해 보면 같은 고객층에게 팔리고 있다. 남녀 비율도 거의 같다. 카테고리의 폭을 좀 더 넓혀서 조사해 보면, 경쟁 브랜드도 똑같은 유형의 소비자가 구매한다. 가령 포드(대중적)와 쉐보레(젊은 층이 타깃)의 소유자는 완전히 똑같은 유형이었다. 또한 바닐라맛 아이스크림을 사는 소비자와 초코맛 아이스크림을 사는 소비자도 똑같은 사람이다. 같은 사람이 바닐라맛도 사고 초코맛도 산다. 이 말을 듣고 '그건 당연하잖아?'라고 생각하는 독자도 있겠지만, 여러분의 회사는 두 상품의 타깃 고객을 나눠서 생각하고 있을지 모른다.

코카콜라는 콜라, 환타, 스프라이트 등 많은 다양한 브랜드를 팔고 있다. 이것은 소비자의 다양한 니즈에 부응하기 위해서가 아니다. 모든 음료 브랜드는 가장 잘 팔리는 콜라와 고객 기반 70퍼센트를 공유하고 있다. 코카콜라와 각 음료 브랜드의 고객 기반이 같은 것이다. 어떤 제품 카테고리든 모든 브랜드는 최대 점유율을 가진 브랜드와 고객 기반 대부분을 공유한다. 이것을 구매 중복의 법칙이라고 한다.

그렇다면 코카콜라는 수많은 자사 브랜드를 같은 고객 기반에 팔아도 문제가 없는 것일까? 반사적으로 '브랜드 중복은 절대 좋지 않아.'라고 생각하기 쉽지만, 사실은 전혀 문제가 없다. 결국 어떤 브랜드든 소비자에게 선택을 받으면 된다. 중요한 것은 시장에서 브랜드가 소비자의 눈에 띄는 것이다.

만약 새로운 소프트 드링크 회사가 등장해 자사에서 판매할 브랜드를 자유롭게 두 개 선택할 수 있다면, 그 회사가 선택해야 할 브랜드는 무엇일까? 한 가지는 코카콜라일 것이다. 다른 하나는 뭘까? 환타가 아니다. 세계에서 가장 잘 팔리고 있는 코카콜라와 펩시콜라를 선택해야 한다.

브랜드 애호가보다, 브랜드에 흥미가 없는 사람에게 주목하라

애플과 할리데이비슨은 열광적인 고객이 많다는 이미지가 있다. 그러나 사실은 그렇지 않다. 개인용 컴퓨터의 반복 구매율(같은 브랜드를 재구매하는 비율)을 보면, 점유율 1위인 델이 71퍼센트, HP가 52퍼센트, 애플이 55퍼센트다. 시장 점유율을 고려하면 애플이 꽤 선전하고 있는 것처럼 보이는데 이는 맥북이 타사의 개인용 컴퓨터와 호환성이 없다는 점으로 설명 가능하다. 열광적 고객의 영향은 보이지 않는다.

그러면 이번에는 할리데이비슨의 소유자를 분석해 보자. 열광적인 할리 라이더는 전체의 10퍼센트에 불과하며, 이들이 가져다주는 매출은 전체의 3.5퍼센트에 머물고 있다. 소득이 충분하지 않은 데다가 돈을 부품에 쏟아부을 뿐 바이크 자체를 바꾸지 않기 때문에 매출 공헌도는 낮다.

대형 바이크 애호가의 매출액은 전체의 10퍼센트 이하다. 이들은 할리데이비슨의 장식 부품은 사지 않으며, 가장 소형 모델을 구입한다. 실제로는 할리데이비슨 소유자 중 40퍼센트가 제품에 만족하지 못해 바이크를 차고에 처박아 두고 있었다. 할리 데이비슨 소유자의 반복 구매율은 33퍼센트로, 이는 아주 평균적인 고객 로열티 지수다.

할리데이비슨이든 애플이든 열광적 신자는 소수파다. 사실 가장 중요한 존재는 브랜드에 대해 그다지 깊게 생각하지 않은 상태로 구입을 하는 사람들이다. 이들이야말로 매출에 공헌도가 막대한 사람들이다.

브랜드 성장 비법 6
차별화가 아니라 독자성을 추구하라

마케팅 세계에서는 "브랜드를 차별화하고 소비자에게 알기 쉽게 제시하라."라고 말한다. 이처럼 차별화는 브랜드에 꼭 필요한 것으로 생각되고 있지만, 실제로 조사를 해 보면 소비자는 기업이 시도하는 차별화에 그다지 신경 쓰지 않는다. 차별화라고 하면 제일 먼저 떠오르는 애플의 경우도 사용자의 77퍼센트는 '애플은 다른 브랜드와 다르다.', '유일무이하다.'라고까지는 인식하고 있지 않았다. 맥은 독자적인 시스템이지만, 대부분의 사용자는 기술에 대한 지식이 많지 않다. 다시의 PC로 자신의 작업에 부족함이 없는데 맥을 사는 것이다. 대성공을 거둔 애플조차도 실제로는 차별화에 성공하지 못한 것이다.

이는 소비자에게 제품의 차이를 이해시킬 필요가 없다는 뜻이다. 힘을 쏟아야 할 것은 소비자의 구매를 촉진하는 시스템 만들기다. 브랜딩에 힘써야 한다. 차별화는 오래 지속되지 않지만, 독자성 있는 브랜딩은 일단 구축해 놓으면 오래 지속된다. 브랜드 로열티를 키우려면 소비자가 브랜드를 금방 알아챌 수 있도록 눈에 잘 띄게 만들어야 한다. 예를 들어 맥도날드의 금색 아치, 코카콜라의 빨간색, 나이키의 "Just do it.", 애플의 사과 마크는 타사 브랜드와의 차별성을 한눈에 전달한다.

현대의 소비자는 정보 과잉 상태에 빠져 있다. 브랜드가 독자성을 지녀서 한눈에 알아볼 수 있다면 상품에 관해 이것저것 생각하거나 찾아다닐 필요가 없어진다. 소비자의 소비 생활이 쾌적해진다.

브랜드 성장 비법 7
강한 브랜드는 즉시 연상되고 구매가 용이한 브랜드다

브랜딩에서 고객을 획득하기 위해 무엇보다 중요한 것은 정신적 가용성(Mental Availability)과 물리적 가용성(Physical Availability)이다.

정신적 가용성이란 구매할 때 머릿속에 브랜드가 떠오르기 쉬운 정도다. '김밥천국'이라는 말을 들으면 '김밥', '점심식사', '싸다, 빠르다, 맛이 적당하다.' 등을 떠올릴 것이다. 이것을 브랜드 연상이라고 한다. 거리에서 김밥천국을 발견하고 들어가서 참치김밥에 라볶이를 곁들여 먹는 그 경험에서 브랜드 연상은 구축되고 강화된다. 외출을 나갔던 한 소비자가 '점심을 먹어야겠는데.'라는 생각이 들었을 때 다른 가게와 함께 김밥천국을 떠올린다면 김밥천국의 상품은 곧 팔려나가게 된다. 이 정신적 가용성은 [Book 7]《확률 사고의 전략론》에서 소개하는 '선호(Preference)'와 같은 의미다.

물리적 가용성은 소비자가 브랜드를 발견해 구입하기 쉬운 정도다. 가령 김밥천국은 식사를 해야 할 때 혹은 간식으로 무언가를 먹고 싶다는 생각이 들었을 때 즉시 근처에서 어렵지 않게 점포를 발견할 수 있다. 물리적 가용성은《확률 사고의 전략론》에 나오는 진열과 같은 의미다.

시장 점유율이 높은 브랜드는 이 정신적 가용성과 물리적 가용성이 모두 높다. 그 밖의 브랜드 특성은 매출에 거의 영향을 끼치지 못한다.

이 책은 데이터라는 확실한 근거에 입각해 기존 마케팅 이론에 정면으로 도전했다. 앞으로 이 책에 등장하는 발상의 응용 범위가 확대된다면 수많은 마케터에게 무기가 되어 줄 것이 분명하다. 실제로 [Book 7]《확률 사고의 전략론》은 이 책의 발상을 유니버설 스튜디오 재팬에서 실천한 사례다. 한편 최근에는 고객과 직접 연결되어서 고객을 가시화하고 장기적인 관계를 구축하려 하는 구독 모델(Book 39)이나 이탈 최소화를 지향하는 고객 성공(Book 40)이라는 발상도 탄생했다. 스타벅스도 고객과의 유대를 중시한다.

마케팅은 끊임없이 진화하고 있다. 그런 의미에서 이 책의 내용을 꼭 파악해 두기 바란다.

POINT

기존 고객을 관리하지 말라는 말이 아니다. 하지만 기존 고객 유지보다 신규 고객 유치에 집중하고 헤비 유저보다 라이트 유저를 확실히 관리해야 하며 브랜드 애호가보다 브랜드에 아직 무심한 고객을 공략해야 한다.

브랜드는 어떻게 성장하는가 : 신규 시장편

강력한 포지셔닝은
필요 없다

《How Brands Grow Part 2:
Emerging Markets, Services,
Durables, New and Luxury Brands》

바이런 샤프·제니 로마니우크

Byron Sharp·Jenni Romaniuk

바이런 샤프는 사우스오스트레일리아대학교의 교
수이며 에렌버그–바스 연구소의 마케팅과학 연구
소장을 맡고 있다. 전작《브랜드는 어떻게 성장하는
가》는《애드에이지》독자 선정 올해의 마케팅 서적
으로 꼽혔다. 제니 로마니우크는 에렌버그–바스 연
구소의 연구 교수 겸 국제 연구소장이다. 전문 분야
는 브랜드 자산 등이며, 정신적 가용성의 측정과 평
가 기준 분야의 개척자다.

[Book 5]《브랜드는 어떻게 성장
하는가》를 읽고 나서 이런 생각을
하는 사람이 많은 듯하다. '지금까
지의 상식을 뒤집는 생각이 담겨 있
군. 하지만 우리 시장은 좀 특별해
서…….' 실제로 모든 시장은 특수하
다. 다만 근간에 있어서는 똑같은 일이 일어나고 있다. 그러니 그
근간을 이해한 마케터는 어떤 분야에서든 활약할 수 있게 된다.

이 책은 [Book 5]의 속편으로서 그 책에 담겨 있는 이론이 수
많은 분야에서 범용적으로 사용 가능함을 보여 주기 위해 바이
런 샤프와 제니 로마니우크가 더욱 방대한 데이터에 입각해 다
양한 사례를 설명한 책이다.

배우들의 CEP를 참고하라

기존의 상식은 이렇다. "강력한 브랜드는 강력한 포지셔닝을 확립하고 있다. 사람들이 '이 브랜드라고 하면 ○ ○ ○'이라고 생각하게 만들자."였다. 그러나 이 책의 저자들은 그 상식이 틀렸다고 말한다.

핵심은 CEP(Category Entry Point, 카테고리 엔트리 포인트)라는 개념이다. 예를 들어 보겠다. 더운 날이나 목이 마를 때 우리는 '차가운 음료수를 마시고 싶어.'라고 생각한다. CEP는 이와 같이 구매의 필요를 느껴서 구매 대상 상품을 압축시켜 나가는 이유나 상황을 의미한다. '차가운 음료수를 마시고 싶어.'라고 생각했을 때 콜라를 떠올린다면 콜라를 산다. 이것은 [Book 5]에서 소개한 정신적 가용성이다. 사람들이 더 많은 CEP로 콜라를 떠올린다면 콜라는 더 많이 팔린다. 이 책은 "강력한 브랜드란 많은 CEP와 연결되어 있는 브랜드를 의미한다."라고 말한다.

현재 국민적인 스타인 배우 차태현 씨는 1995년에 데뷔하여 오래 사랑을 받아 왔는데 특히 2001년 영화 〈엽기적인 그녀〉로 대스타가 되었다. 그로부터 20년이 지나 그는 한 TV 프로그램에 출연하여 10여 년 동안 유사한 캐릭터만 연기하게 됐다는 고충에 대해 털어놓으며 이젠 그 캐릭터에 대한 전문성을 인정받을 수도 있겠다고 긍정적으로 생각한다는 말을 들려주었다. 그의 고민은 자신의 제한적 CEP에 대한 고민이라고 볼 수 있다.

다양한 CEP를 가지게 된 배우들도 있다. 가령 배우 이지은 씨는 인기 가수 아이유로 활동하다가 배우 경력을 병행하며 쌓아 나가기 시작했는데 드라마 〈프로듀사〉에서는 인기 가수로 호화로운 삶을 살지만 예민하고 외로운 불안한 20대를 연기했고 〈달의 연인〉에서는 슬픈 멜로 사극의 주인공을, 〈나의 아저씨〉에서는 주위의 도움을 받아들이면서 일상을 회복해 나가는 애틋한 성장형 주인공을 연기했고, 〈호텔 델루나〉에서는 까칠하고 과격하지만 코믹하고 순수한 호텔 경영자를 연기하며 스펙트럼을 넓혀 나갔다. 다행히 각 작품이 인기를 얻어 이지은 씨는 '내성적이고 까칠하지만 내면은 다정한 20대 여성 캐릭터'로 대표적으로 손꼽힐 수 있는 배우이며 '야무지고 일 처리 분명한 젊은 여성'으로도 인지돼 있으니 CEP를 확대해 나가고 있는 배우라 볼 수 있다.

브랜드의 신규 시장 개척법 2
코카콜라 독점의 힌트는 CEP 점령에 있다

모든 위기 상품은 실제로 다양한 CEP에서 인지된다. 이 책에는 터키의 소프트 드링크 시장의 예가 소개돼 있다. 이 시장은 코카콜라가 독점하고 있다. 콜라 투르카라는 로컬 브랜드는 점유율이 코카콜라의 8분의 1에 불과하다.

저자들은 소프트 드링크를 구입할 때의 CEP에서 소비자가 이 두 상품을 얼마나 떠올리는지 조사했다. 먼저, 터키에는 소프트 드링크의 CEP로 '따뜻한 날에', '조금 건강에 좋은 것', '식사와 함께', '자신에게 주는 작은 상' 등 여덟 가지가 있음을 특정했다. 그리고 이 여덟 가지 CEP에서 소비자가 코카콜라와 콜라 투르카를 얼마나 떠올리는지 조사했는데 그 결과는 다음 그림과 같았다.

콜라 투르카의 구매자 중 67퍼센트는 여덟 가지 CEP 중 어떤 CEP에서도 콜라 투르카를 떠올리지 않았다. 한편 코카콜라의 구매자는 많은 CEP에서 코카콜라를 떠올렸다. 코카콜라는 소프트 드링크를 구매하고자 하는 CEP에서 인식될 기회가 많았던 까닭에 매출이 콜라 투르카의 여덟 배나 되었던 것이다. 콜라 투르카가 성장하기 위해서는 더 많은 구매자의 정신적 가용성을 제대로 획득할 CEP를 늘릴 필요가 있다.

이처럼 현대의 강력한 브랜드에는 '이 브랜드라고 하면 ○○○'이라는 식의 강력한 포지셔닝이 필요하지 않다. 소비자가 물건을 구매하는 다양한 상황인 CEP 순간에 당신의 브랜드를 떠올릴 수 있도록 정신적 가용성을 확고하게 구축하는 것. 이것이 필요하다.

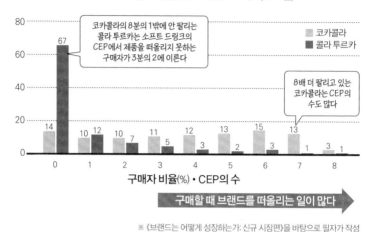

사람들은 CEP에서 인기 상품을 더 떠올린다

터키에서 코카콜라와 콜라 투르카의 CEP 비교(2014년)

코카콜라의 8분의 1밖에 안 팔리는 콜라 투르카는 소프트 드링크의 CEP에서 제품을 떠올리지 못하는 구매자가 3분의 2에 이른다

코카콜라
콜라 투르카

8배 더 팔리고 있는 코카콜라는 CEP의 수도 많다

구매자 비율(%) · CEP의 수

구매할 때 브랜드를 떠올리는 일이 많다

※ 《브랜드는 어떻게 성장하는가: 신규 시장편》을 바탕으로 필자가 작성

브랜드의 신규 시장 개척법 3

타깃 마케팅의 함정에 빠지지 마라

타깃 마케팅은 한마디로 '시장의 특정 부분으로 표적을 좁힌다.' 라는 것이다. 여기에는 함정이 숨어 있다. [Book 5] 《브랜드는 어떻게 성장하는가》에서 소개했듯이 현실에서는 자사의 브랜드와 경쟁사의 브랜드가 비슷한 고객 집단에 팔려 나가고 있다. 이런 상황에서 고객의 범위를 좁히는 것은 먹힐 가능성이 있는 시장을 필요 이상으로 포기하는 부주의한 일일 뿐이다.

백화점은 입점 매장 선정, 층별 구성, 인테리어 등 전반적인 면에 있어서 여성을 고객으로 한정하고 있었다. 그런데 요즘 백화점은 고객의 범위를 여성으로 한정하지 않는다. 남성에게 명품은 구두나 넥타이에 그친다는 인식은 구식의 사고방식이라 보고 파우치, 지갑, 가방, 팔찌 등의 각종 액세서리를 판매하는 남성 전문 편집숍을 유치하고 있으며 한 층 전체를 남성 명품 전문관으로 운영하기도 한다. 이는 현명한 판단이다. 타깃을 여성에 한정하지 않고 남녀 모두를 표적으로 하는 편이 시장이 훨씬 크다. 모두의 니즈에 부합하는 상품들을 공간 내에 진열해 두겠다는 전략은 더 많은 판매 기회를 만들어낸다.

[Book 7] 《확률 사고의 전략론》의 저자가 유니버설 스튜디오 재팬의 부활에 나섰을 때, 부진에 빠져 있었던 이 기업의 포지셔닝은 '영화의 테마파크'였다. 타깃 고객을 지나치게 좁힌 나머지 부진에 빠져 버린 것이었다. 그래서 모리오카는 '세계 최고의 엔터테인먼트를 모은 셀렉트숍'으로 포지셔닝을 바꾸고 고객의 CEP에 세세하게 대응하여 정신적 가용성을 구축했는데, 이것도 이 책과 같은 발상이다.

타기팅이 무조건 나쁜 건 아니다. 타깃을 심하게 좁히지 말고 요리에서 소금을 살짝 쓰는 느낌으로 아주 조금만 타게팅을 하면 된다.

고객 머릿속에서 CEP와 연결되는 게 핵심이다

새로운 브랜드가 런칭될 때 자주 보이는 패턴이 있다. ① 먼저 소비자의 편익을 명확히 한다. → ② 차별화 메시지를 결정한다. → ③ "○○이 새로 발매되었습니다."라는 설득력 있는 광고를 낸다. 하지만 대부분의 신규 브랜드 상품들은 팔리지 않고 끝나 버린다.

혹시 여러분은 최근 1년 안에 새로 출시된 치약 브랜드의 이름을 말할 수 있나? 업계 사람이 아닌 이상 모를 것이다. 소비자는 바쁘기 때문에 차별화 메시지를 보내면서 신상품임을 알려도 제대로 기억하지도, 눈치채지도 못한다. 우선 우리가 인식해야 할 것은 이거다. '기존 브랜드와 새 브랜드의 차이를 알지 못한 채 상품을 사는 사람이 많다.'라는 사실이다.

[Book 5]《브랜드는 어떻게 성장하는가》에서 소개했듯이 공략해야 할 대상은 라이트 유저와 비(非)유저다. 처음으로 구매하는 사람의 머릿속에 정신적 가용성을 구축하기 위해서는 어떻게 해야 할까? 두 단계로 생각해야 한다.

1단계에서는 광고를 통해서 라이트 유저와 비유저에게 폭넓게 접근해 신상품을 사도록 유도한다. 다만 예산은 전부 사용하지 말고 2단계를 위해 남겨 놓는다.

2단계에는 라이트 유저가 상품을 지속적으로 구매하도록 계속 광고 메시지를 발신한다. 광고는 조금이라도 더 눈에 띄며 CEP와의 연결을 만들어 내는 것이어야 한다. 연결이 많을수록 잘 팔린다.

은행 등 거대 기업이 광고에 톱스타를 서너 명 이상 총동원시키고 고가의 광고를 계속 내보내는 것도 이런 이유다. 다양한 이미지를 점유하고 있는 스타들을 동원해 라이트 유저와 비유저가 다양한 CEP에서 자신의 제품을 떠올리게 하려는 것이다.

CEP가 여럿이라면 고객의 머릿속에서 가장 잘 연결될 것 같은 CEP를 우선해서 밀어 보자. 해당 CEP에서 당신의 제품이 경쟁사의 제품보다 돋보이도록 강조해 고객 머릿속에서 타사의 제품으로 연결돼 있던 CEP를 갱신하는 것이다.

브랜드의 신규 시장 개척법 5
명품 브랜드가 큰돈을 들여서 대중 광고를 내보내는 이유

고급 브랜드, 소위 명품은 상황이 좀 다르다고 생각하는 사람들이 있다. 명품은 구매자에게 '나 말고 누구도 가지고 있지 못할 것'이라는 우월감을 유지시켜 주는 게 중요하니 이 경우에는 대중을 대상으로 한 CEP 연결이 별 의미가 없겠다는 생각이다. 하지만 고급 브랜드에 있어서도 CEP 연결은 결정적이다.

애초에 고급 브랜드의 구매자 중 대부분은 부유층이 아니다.

라이트 유저인 중산 계급, 즉 일반 회사원이다. 중산 계급의 인구는 부유층에 비해 압도적으로 많다. 롤렉스를 한 개밖에 못 사는 중산 계급의 라이트 유저가 고급 시계 브랜드 고객의 전형이라는 말이다.

이 책의 저자들이 조사한 결과, 특정 명품을 소유한 사람이 많아져도 그 명품 브랜드에 대한 소유욕은 변함이 없다. 그리고 잘 팔린다. 롤렉스를 가진 사람이 많아져도 사람들은 롤렉스를 가지고 싶어 한다. 많은 소비자는 '내게는 명품의 진짜 가치를 알아보는 눈이 없어.'라고 생각한다. 그래서 브랜드의 인기나 평판이 그 명품을 살 것이냐 사지 않을 것이냐를 판단하는 데 영향을 끼친다. 이것이 바로 명품 브랜드가 굳이 돈을 들여서 일반 대중에게 광고를 내보내는 이유다. 인지도를 높이고 그럼으로써 소유자를 늘리기 위함이다.

POINT

브랜드로 신규 시장을 개척하고자 한다면 CEP 개념을 절대적으로 기억하자. 고객이 유사 상품을 사려고 하는 핵심 상황인 CEP가 무엇인지 파악하고 분석하자. 그리고 CEP 몇 개와 브랜드를 확실하게 연결하는 데 집중하자. 이는 생필품부터 명품까지 신규 브랜드라면 모두에게 유효한 원칙이다. 섣부른 타깃 마케팅은 시장 가능성을 좁히는 부주의한 시도가 될 수 있으니 절대 유의하도록 하자.

Book 7

확률 사고의 전략론

유니버설 스튜디오의
전략: 감정을 배제하고
숫자와 논리만 본다

《確率思考の 戦略論》

모리오카 쓰요시 · 이마니시 세이키
森岡毅 · 今西聖貴

모리오카 쓰요시는 고베대학교 경영학부를 졸업
하고 1996년에 P&G에 입사해 일본 비달사순의
브랜드 매니저 등을 역임했다. 이후 2010년에 유
니버설 스튜디오 재팬(USJ)에 입사해, 혁신적인
아이디어를 잇달아 투입함으로써 궁지에 몰렸던
USJ의 실적을 극적으로 회복시키는 데 성공했
다. 저서로는 《USJ를 극적으로 바꾼 단 하나의
철학》 등이 있다. 이마니시 세이키는 친구 모리
오카 쓰요시의 초빙으로 USJ에 입사했으며 현
재는 주식회사 가타나에서 부사장으로 활약 중이
다.

마케팅은 감성의 영역이라 단정
하는 사람들도 적지 않지만 이 책
의 저자들은 단언한다. "비즈니스
의 성패는 확률이 결정하며 그 확
률은 어느 정도 조작이 가능하다."

수학 마케팅을 제창한 저자 모
리오카 쓰요시는 P&G 출신으로, 유니버설 스튜디오 재팬의 극
적인 회복을 끌어낸 주역이다. 공저자 이마니시 세이키는 P&G
에서 모리오카의 동료로서 20년 이상 수요 예측 모델과 예측 분
석을 담당했으며, 그 후에는 모리오카의 삼고초려로 USJ에 입
사해 USJ 부활을 뒷받침한 조사 스페셜리스트다.

이 책은 숫자로 논리를 만들고 마케팅 전략을 세우는 방법론을 배울 수 있는 책이다. "수학은 자신이 없어서……"라는 사람도 걱정할 필요 없다. 이 책에는 투명성을 담보하기 위해 자세한 수식이 실려 있기는 하지만, 건너뛰어도 이해할 수 있도록 구성되어 있다.

시장 구조의 본질은 선호(Preference)다. 이것은 [Book 5]《브랜드는 어떻게 성장하는가》에서 소개한 정신적 가용성과 같은 의미다. 가령 맥주의 경우 "나는 블랑 아니면 코젤만 마셔.", "나는 카스 라이트만 마셔."처럼 사람마다 취향이 갈린다. 이 취향이 바로 선호다. 그리고 맥주처럼 소비자가 같은 목적으로 사용하며 소비자에게 같은 편익을 제공하는 상품이나 서비스의 집합을 카테고리라고 한다. 소비자의 뇌 속에는 카테고리별로 선호가 존재한다. '블랑이나 코젤, 가끔 카스 라이트' 같은 식으로 말이다. 이와 같은 선호의 조합이 바로 '고려 상품군(Evoked Set)'이다.

고려 상품군은 소비자의 과거 구매 경험에 입각해 머릿속에 무의식중에 형성되며, 소비자는 이 고려 상품군 중에서 자신이 구매할 상품을 무작위로 선택한다. 다음의 그림처럼 맥주를 살 확률이 '블랑 50퍼센트, 코젤 40퍼센트, 카스 라이트 10퍼센트'인 사람은 머릿속에서 고려 상품군을 두고 추첨을 돌린 뒤 낙첨된 상품을 산다. 이 사람이 맥주를 열 번 산다면 평균적으로 블랑이 5회 선택된다.

소비자는 상품을 구입할 때마다
고려 상품군을 대상으로 추첨을 돌린다.

카테고리
맥주

고려 상품군

블랑
코젤 코젤
블랑 블랑 코젤
코젤 블랑 블랑
코젤 블랑 SD

추첨!

이번에는
블랑이다!

블랑

추첨용 공의 비율
= 선호

• 블랑 50퍼센트
• 코젤 40퍼센트
• 카스 라이트 10퍼센트

※ 《확률 사고의 전략론》을 바탕으로 필자가 작성

모든 소비자가 추첨기를 돌린 결과의 집계가 시장 점유율이다.
이것은 시장의 선호 평균값이다. 기업은 시장에서 소비자의 선호
를 뺏기 위해 싸우며 그 결과가 점유율로 나타난다. 요컨대 소비
자의 선호를 높이는 데 경영 자원을 집중해야 하는 것이다.

확률 사고의 전략 1
선호를 결정하는 세 가지 요소

선호는 ① 브랜드 자산, ② 제품 성능, ③ 가격에 따라 결정된다.

① 브랜드 자산은 브랜드가 지닌 보이지 않는 자산을 의미한다. 브랜드 자산은 선호를 지배하는 가장 중요한 요소다. 도쿄에 있는 디즈니 리조트는 '꿈과 마법의 왕국'이라는 압도적으로 강력한 브랜드 자산을 보유하고 있다.

② 제품 성능의 중요도는 카테고리에 따라 다르다. 기능 중시형 상품(가전제품)이나 문제 해결형 상품(약)은 제품 성능이 높으면 선호가 높아진다. 소비자는 실패하고 싶지 않기 때문에 일단 어떤 브랜드를 신뢰하면 다른 브랜드로 갈아타지 않는다. 따라서 성능에 만족하면 추후 고려 상품군에 포함시킬 가능성이 크다. 그러나 차이가 미묘한 카테고리의 제품, 예를 들어 맛의 차이가 미묘한 생수는 제품 성능보다 브랜드 자산을 강화하는 편이 선호를 높일 수 있다.

③ 가격을 올리면 단기적으로 선호가 하락한다. 그러나 소비자를 지속적으로 만족시키기 위한 밑천을 얻으려면 가격을 인상할 필요가 있기에 중장기적으로는 가격을 인상하는 것이 옳다.

처음에 USJ의 입장권 가격은 약 6만 원 정도였는데 이는 구매력 평가를 기반으로 비교하면 세계 평균 절반 수준이었다. 해외에서는 10만 원 이상이 당연시된다. 그러나 일본의 테마파크는 품질이 높고 인건비와 건설비, 토지 가격 등의 비용도 높음에도 요금이 저렴하다. USJ는 이를 일본 테마파크 업계 자체의 성장을 저해하는 요인이라 손꼽았다. USJ는 가격 인상을 매년 소폭으로 진행했다. 결국 8만 원 수준까지 입장권 가격을 높였다. 이전에 비해 입장객 수도 늘어 있었다. 우선 브랜드의 가치를 높임으로써 가격 인상을 가능케 했던 것이다.

확률 사고의 전략 2
전략의 본질은 선호를 높여서 구매 확률을 높이는 것이다

마케팅의 기본이 갖춰져 있는 회사에서는 경영 자원을 다음의 세 곳에 배분한다. 자사 브랜드에 대한 ① 선호, ② 인지, ③ 유통.

① 선호(Preference)

시장에서 자사 브랜드의 선호를 높이려면 더 많은 고객을 개척해야 한다. 이때 중요한 점은 고객을 타게팅할 때 경쟁자와 차별화를 꾀하면서도 고객의 선호를 좁히지 않는 것이다. 목적은 어디까지나 시장의 선호 증가다.

부진했던 시기에 USJ의 포지셔닝은 '영화 테마파크'였다. 팬층은 독신의 성인 여성에 아주 집중되어 있었다. USJ는 시장 전체로 보면 도쿄 디즈니랜드에 비해 선호가 훨씬 약했던 것이다. 실전 경험이 일천한 마케터는 특정 소비자 계층에서만 선호를 늘리려 하는 경향이 있다.

그래서 USJ는 포지셔닝을 바꾸고 타깃을 발굴했다. '세계 최고의 엔터테인먼트를 모아 놓은 셀렉트숍'으로 포지셔닝을 바꾸고 가족, 핼로윈 고객, 개별 브랜드의 팬(해리포터나 마리오), 스릴감을 원하는 스릴시커(역방향 제트코스터) 등의 타깃을 발굴했다.

② 인지(Awareness)

몇 퍼센트의 소비자가 상품을 알고 있느냐가 인지다. 인지율 50퍼센트를 1.2배 향상시켜서 60퍼센트로 만들면 매출도 20퍼센트 증가한다. 또한 인지의 질도 중요하다. '다이슨'이라는 상품명밖에 모르는 사람보다 '흡입력이 떨어지지 않는 단 하나의 청소기'라는 캐치프레이즈를 알고 있는 사람이 다이슨의 청소기를 살 가능성이 높다.

③ 유통(Distribution)

상품을 사려고 마음먹은 소비자 중 몇 퍼센트가 상품을 살 수 있는지를 결정하는 건 유통이다. 구체적으로는 소매점의 앞쪽에서 살 수 있는 상태로 만드는 게 유통의 핵심이다. 유통률 50퍼센트를 1.2배 향상시켜서 60퍼센트로 만들면 매출도 20퍼센트 증가한다. 유통률은 취급 점을 늘리면 높아진다.

또한 매장에 방문한 고객의 선호에 최적화시키면 유통의 질을 높일 수 있다. 샴푸의 경우, 고급 주택가의 편의점이나 슈퍼마켓에서는 고가의 샴푸를 앞쪽에 주로 진열하고 교외의 홈센터에서는 가족을 타깃으로 친숙한 브랜드의 저렴한 대용량 상품을 앞쪽에 진열한다.

브랜드의 연간 매출은 82쪽 그림의 일곱 요소에 따라서 결정된다. 경쟁자에 비해 상대적 선호를 높여 '유통률', '과거 구매율', '고려 상품군에 포함되는 비율'을 높인다. 그리고 광고로 '인지율'을, 상품 선택지를 늘려서 '구매 금액'을 높인다. 그러면 세제의 연간 매출액을 계산해 보자.

[전체 세대 중 세제의 연간 구매자 비율]

= 인지율×유통률×과거 구매율×고려 상품군에 포함되는 비율×1년 동안의 구매율

= 75퍼센트×80퍼센트×60퍼센트×60퍼센트×60퍼센트

= 13퍼센트

[세제의 연간 매출액]

= 총 세대 수×구매자 비율×평균 구매 횟수×평균 구매액

= 5,000만 세대×13퍼센트×1.3회×4,200원= 350억 원

이 식은 역산으로 사용할 때가 많다. 연간 매출 등의 목표를 달성하는 데 필요한 인지율이나 유통률을 역산해서 어떤 요소

에 경영 자원을 투자할지 결정하는 것이다.

매출을 결정하는 7가지 기본적 요소

	매출의 기본 요소	컨트롤	주요인①	주요인②	주요인③
1	인지율	◎	인지 드라이버(TV CF/웹 광고 등)	광고량	점두 활동
2	유통률	○~△	선호*	점두 상황	거래 조건
3	과거의 구매율(누적 시험 구매율)	○	선호*	카테고리 구매 횟수	유통률
4	고려 상품군에 포함되는 비율	○	선호*	포트폴리오 속의 상품 수	유통률
5	1년 동안의 구매율	×	카테고리 구매 횟수	선호*	유통률
6	1년 평균 구매 횟수	×	카테고리 구매 횟수	선호*	유통률
7	평균 구매 금액	◎	사이즈 선택지·가격	사이즈의 선호	사이즈별 유통률

◎ 우리가 대부분 컨트롤할 수 있다 / ○ 어느 정도 할 수 있다 / △ 조금은 가능하다 / × 거의 불가능하다 /
* 종합 브랜드에 대한 해당 브랜드의 브랜드 자산, 제품의 성능, 가격   ※《확률 사고의 전략론》에서 발췌

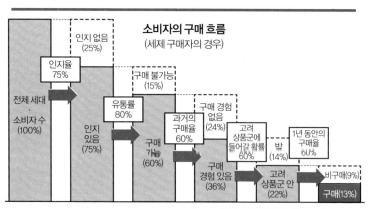

소비자의 구매 흐름
(세제 구매자의 경우)

※《확률 사고의 전략론》을 바탕으로 필자가 작성

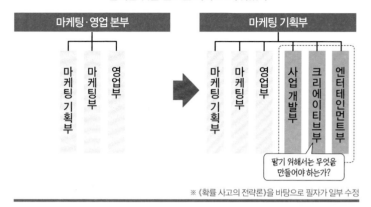

USJ는 '만든 것을 파는 회사'에서
'팔리는 것을 만드는 회사'로 바뀌었다

마케팅·영업 본부

마케팅 기획부
마케팅부
영업부

마케팅 기획부

마케팅 기획부
마케팅부
영업부
사업 개발부
크리에이티브부
엔터테인먼트부

팔기 위해서는 무엇을 만들어야 하는가?

※ 《확률 사고의 전략론》을 바탕으로 필자가 일부 수정

확률 사고의 전략 3

마케팅이 제대로 돌아가게 하려면 조직이 필요하다

기업이 우선적으로 해야 할 일은 마케팅을 기능하게 할 회사 조직을 만드는 일이다. "마케팅을 강화하고 싶습니다."라고 말하는 경영자들을 보면 '우수한 마케터를 한 명 고용하면 되겠지.'라고 생각하는 경향이 있는데, 마케팅은 개인기가 아니다. 조직을 만들지 않는 한 기능하지 못한다.

우수한 마케터일수록 경영의 의사 결정에 당연하다는 듯 개입한다. 또한 경영자는 '마케터는 소비자의 대리인'이라는 생각으로 마케터에게 회사의 의사 결정을 맡길 각오가 필요하다. 모리오카 쓰요시는 수평적이고 철저히 소비자의 관점에서 생각하

는 조직을 만듦으로써 USJ를 '만든 것을 파는 회사'에서 '팔리는 것을 만드는 회사'로 변혁시켰다.

감정적으로 의사 결정을 하는 조직과 합리적으로 의사 결정을 하는 조직이 싸우면 후자가 이긴다. 감정은 전략적 의사 결정을 할 때 방해 요소로 작용한다. 이 책은 전략에 대해 합리적으로 사고할 수 있도록 도와준다.

저자인 모리오카 쓰요시는 이 책을 출판한 뒤 USJ를 떠나 마케팅 회사 '가타나'를 창업했다. "마케팅으로 일본에 활기를 불어넣는다."라는 이념 아래 정예 마케터를 모아서 투자사 역할 및 경영 지원을 제공하며 각종 사업의 설립 및 재건 활동에 매진하고 있다. [Book 5] 《브랜드는 어떻게 성장하는가》와 함께 읽으면 이 책을 더욱 빠르게 이해할 수 있을 것이다.

POINT

소비자의 선호(Preference)를 높여 소비자 비즈니스를 제패하자. 마케팅을 감성의 문제가 아니라 숫자와 확률의 문제로 인식해 보자. 소비자가 구매상황을 머릿속에 떠올리는 선택지에 당신의 상품을 올릴 수 있도록 고객의 선호를 높여야 한다. 즉 마케팅 전략의 핵심은 선호를 높여서 구매 확률을 높이는 것이다.

Book 8

리드 앤 디스 럽트

기존 사업에서
이노베이션을 만들어
내기 위한 '작법'

《Lead and Disrupt: How
to Solve the Innovator's
Dilemma》

찰스 오라일리 · 마이클 투시먼

Charles A. O'Reilly III · Michael L. Tushman

오라일리는 스탠퍼드대학교 경영대학원 교수로, 캘리포니아대학교 버클리캠퍼스에서 정보 시스템학 석사 학위와 조직 행동학 박사 학위를 취득했다. 전공은 리더십, 조직 문화, 인사 매니지먼트다. 투시먼은 하버드 비즈니스 스쿨 교수로, 코넬대학교에서 과학 석사 학위를, 매사추세츠공과대학교에서 조직 행동론 박사 학위를 취득했다. 전공은 기술 경영, 리더십이다. 두 사람은 보스턴의 컨설팅 회사인 체인지로직의 공동 창업자다.

현대의 시장 변화는 격렬하다. 그런 시대이기에 변화하느냐 변화하지 못하느냐가 기업의 운명을 가른다. 2002년, 미국 최대의 DVD 대여점이었던 블록버스터의 매출액은 6조 원에 이르렀다. 한편 넷플릭스의 매출은 고작 3억 원 정도에 불과했다. 그러나 블록버스터가 그 뒤로 축소되는 DVD 대여 사업에 집착하다 8년 후 파산한 데 비해 넷플릭스는 동영상 스트리밍 서비스의 최강자로 성장해 2019년에 20조 원이라는 매출액을 기록했다.

블록버스터처럼 시장의 변화에 대응하지 못하고 소멸하는 기업이 있는 반면에, 넷플릭스처럼 변화의 파도에 올라타 성장하는 기업도 있다. 이 책은 시장의 변화에 맞춰 기업을 지속적으로 성장시키기 위한 현실적인 처방전을 제시한다. 이노베이션 연구의 일인자인 두 저자는 컨설턴트로서 기업에 들어가 수많은 사례를 분석했다. 실제로 이 책을 보면 엄청난 수의 기업 사례에 압도되고 만다.

'탐색'과 '심화'의 양립

긴 역사 속에서 신규 사업으로 변신을 거듭하면서 성장해 온 기업은 많다. 1889년에 창업한 닌텐도는 화투와 트럼프 카드(플레잉 카드)를 만들던 회사였고, 1911년에 창업한 IBM은 정육점용 저울을 만들던 회사였다.

그러나 신규 사업과 기존 사업은 방식이 다르다. 신규 사업의 경우는 미지의 신분야에 대한 탐색이 필요하다. 한편 기존 사업의 경우는 효율을 추구하며 조직 능력을 활용하는 심화가 필요하다.

전통 깊은 기업에는 탐색과 심화를 양립하는 양손잡이 경영이 가능한 리더가 있었다. 탐색과 심화를 양립하는 것은 현실적으로 매우 어려운 일이다. 탐색은 리스크가 크기 때문에 시행착오를 통해 실패로부터 배울 필요가 있다. 한편 심화는 확실히 효율을 추구할 필요가 있다. 단기적으로는 심화가 좀 더 확실하기에 성공한 기업일수록 심화에만 몰두하는 경향이 있는데, 그러다 변화에 직면한 순간 붕괴된다. 이것이 '성공의 덫(Success Trap)'이다. 그렇다면 어떻게 해야 성공의 덫을 회피할 수 있을까?

파괴적 이노베이션을 제창한 경영학자 클레이튼 크리스텐슨은 "기업은 탐색과 심화를 동시에 할 수 없다. 신규 사업을 스핀아웃(사내의 부문을 별개의 기업으로 독립시키는 것-옮긴이)해야 한다."라고 말했다. 그러나 HP의 스캐너 부문이 이 조언을 따라서 스핀아웃했던 휴대용 스캐너 부문은 HP가 지닌 강점을 활용하지 못해 고전하다 실패하고 말았다. 실제로 기업은 기존 사업에서

'지(知)의 탐색'과 '지의 심화'는 양립하기 어렵다

지의 탐색
신규 사업의 창조

미지의탐색리스크는 높다.
효율은 나쁘다.
시행착오·실패에서 배움.

지의 심화
기존 사업의 확대

기존 자산·조직 능력의 활용
확실. 효율의 철저 추구
실패는 철저히 회피

심화에 중점 투자하면 변화에
직면한 순간 붕괴된다.
→ **성공의 덫**

[딜레마] 탐색과 심화는 정반대
→그래서 '양손잡이 경영'이 필요하다

출처: 《리드 앤 디스럽트》를 참고로 저자가 작성

수많은 강점을 보유하고 있다. 기껏 보유한 자사의 강점을 신규 사업에서 활용하지 않는 것은 매우 아까운 일인 것이다.

기존 사업의 강점을 활용함으로써 부활에 성공한 후지필름

사진 필름의 최강자였던 코닥은 '필름 시장에서 경쟁하는 자는 모두 적이다.'라는 생각을 바꾸지 않아 파산했다. 한편 후지필름은 '사진 필름을 통해서 키운 강점을 신규 사업에 활용하자.'라고 생각해 사진 필름의 핵심 기술을 다양한 신사업에 응용해 성공을 거듭하고 있다.

성공의 덫에 빠지지 않고 성공하려면 다음의 그림과 같은 조직의 진화를 이해해야 한다. 코닥은 대성공을 거뒀던 사진 필름 사업의 유지에 집착해 다양화를 게을리했다. 후지필름은 성공한 사진 사업을 유지하는 가운데 신규 사업을 통한 다양화를 탐색했다. 당시 후지필름의 사내에서는 "브레이크를 밟으면서 가속 페달을 밟고 있다."라는 말이 나왔다고 한다.

과거에는 이 '다양화 → 선택 → 유지'라는 변화가 서서히 일어났다. 그러나 지금은 그 속도가 크게 빨라졌다. 전화는 세대 보급률이 50퍼센트가 되는 데 50년이 걸렸지만, 인터넷은 불과 10년밖에 걸리지 않았다. 궤도 수정에 수십 년이 걸렸던 것은

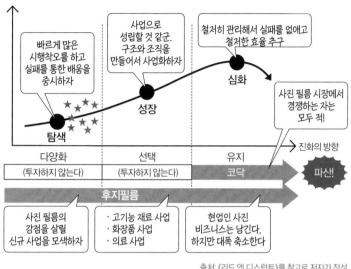

조직의 진화를 이해하고 이질적인 경영을 공존시킨다

빠르게 많은 시행착오를 하고 실패를 통한 배움을 중시하자

사업으로 성립할 것 같군. 구조와 조직을 만들어서 사업화하자

철저히 관리해서 실패를 없애고 철저한 효율 추구

심화

사진 필름 시장에서 경쟁하는 자는 모두 적!

성장

탐색

진화의 방향

다양화	선택	유지
(투자하지 않는다)	(투자하지 않는다)	코닥

파산!

후지필름

사진 필름의 강점을 살릴 신규 사업을 모색하자

· 고기능 재료 사업
· 화장품 사업
· 의료 사업

현업인 사진 비즈니스는 남긴다. 하지만 대폭 축소한다

출처: 《리드 앤 디스럽트》를 참고로 저자가 작성

과거 이야기다. 지금은 벼랑 끝에 몰리기까지 몇 년밖에 걸리지 않는다. 격변하는 시장에서 살아남으려면 변화에 적응하는 수밖에 없다. 강한 자가 살아남는 것이 아니라 변화할 수 있는 자가 살아남는 것이다.

리더는 강점을 심화해 수익을 확보하면서 신사업을 탐색해 미래에 대비해야 한다. 그리고 이때 리더십과 매니지먼트의 차이를 이해할 필요가 있다. 리더십은 "저 산을 목표로 삼자."라며 사람들에게 동기를 부여해 산을 오르게 하는 것이다. 한편 매니지먼트는 오를 산을 결정한 뒤에 확실히 준비를 시키고 안전한 등반을 관리하는 것이다.

탐색에서는 리더십이, 심화에서는 매니지먼트가 필요하다. 후지필름은 고모리 시게타카 사장(당시)이 '우리 회사의 자원을 활용해 성장할 수 있는 분야는 어디일까?'를 파악하고, 연구 개발을 집약해 신기술에 집중했으며, 새로운 문화와 발상을 확대하고, "Value from Innovation(이노베이션에서 가치를 만들어라)."라는 슬로건을 내걸며 신규 사업을 지속적으로 추구했다. 또한 기존 사업에도 계속 힘쓰면서 신규 사업에 필요한 조직 능력도 키워 나갔다.

양손잡이 경영에서는 뛰어난 매니저와 함께 우수한 리더가 필요한 것이다.

기존 사업의 성공을 심화시키면서 동시에 기존 사업의 강점을 살려 신규 시장을 탐색하는 양손잡이 경영을 할 때 비로소 회사가 장기적으로 존속할 수 있게 된다.

성패의 분수령은 '조직의 이해'

미국의 신문사인 USA 투데이는 온라인 사업을 설립했다. 그러나 종이 신문 사업은 온라인 사업을 경쟁자로 생각해 협력하지 않았다. 가령 특종을 노리는 종이 신문 사업의 기자는 웹에 속보를 내는 것을 싫어했다. 이에 최고 경영자는 '신문이 아니라 네트워크가 된다.'라는 방침을 명확히 하고 사업부장을 교체했다. 동의하지 않는 간부를 사직시키고, 부문 간에 인재를 이동시켰으며, 콘텐츠 공유의 적극성을 승진·보수의 기준으로 삼았다.

신규 사업과 기존 사업의 사이에서 반드시 일어나는 대립은 최고 경영자만이 해결할 수 있다. 아울러 효율과 관리를 중시하는 기존 사업은 실패로부터 유연하게 배우는 것을 중시하는 신규 사업과 공손하지 못하는 경우도 많다. 그래서 신규 사업을 기존 조직으로부터 분리시킨다. 다만 신규 사업을 스핀아웃해 버리면 자사의 강점을 활용할 수가 없다. 조직의 강점을 활용하면서 기존 사업의 영향을 받지 않게 하기 위한 궁리가 필요하다.

양손잡이 경영이 성공하느냐는 실패하느냐는 최고 경영자에게 달려 있다. 그렇다면 최고 경영자는 무엇을 해야 할까? 양손잡이 경영을 할 때의 과제와 해결책을 살펴보자.

기존 사업에만 힘을 쏟으면 단기적으로는 매출이 상승한다. 양손잡이 경영은 본질적으로 효율이 떨어진다. 그리고 여기에 양손잡이 경영의 어려움이 있다.

포인트는 네 가지다.

[포인트 ①] '탐색과 심화가 동시에 필요하다.'라는 전략적 의도를 명확히 한다

양손잡이 경영은 효율이 떨어지기에 반대도 많다. 그러므로 수긍할 수 있는 근거를 사내에 제시해야 한다. 이때는 신규 사업을 '전략적 중요성', '원래 사업이 지닌 자산 활용'이라는 두 가지 시점에서 정리해 생각한다.

[포인트 ②] 경영진이 신규 사업의 육성과 자금 공급에 관여하고, 감독하며, 기존 부문으로부터 보호한다

신규 사업은 경영진이 적극적으로 관여하지 않으면 기존 사업으로부터 '돈 먹는 하마', '우리의 적'으로 간주되기 때문에 자사의 강점을 활용하지 못한 채 실패하고 만다. 반대자를 배제하고 교체할 각오도 필요하다.

[포인트 ③] 신규 사업을 기존 사업에서 떨어뜨리면서 기업의 강점을 살릴 수 있는 조직 구조를 만든다

신규 사업과 기존 사업의 조직을 분리시키면서 조직 능력을 활용할 수 있게 한다.

[포인트 ④] 공통의 비전·가치관·문화를 만들어서 전원이 동료라는 의식을 부여한다

'서로의 협력이 필요하다.'고 진심으로 수긍할 수 있는 회사 차원의 공통 목표가 없으면 신규 사업과 기존 사업은 초기의 〈USA

투데이〉처럼 서로를 라이벌로 간주하고 싸우기 시작한다.

리더십의 5가지 원칙

양손잡이 경영을 하는 리더는 바늘방석에 앉아 있는 것과 같은 상태다. 언뜻 모순되는 전략이나 리더십이 필요하기 때문에 괴로운 처지에 놓이는 것이다. 그렇기에 다음의 원칙을 실천해야 한다.

[원칙 ①] 전략적 포부를 제시하고, 간부진을 끌어들인다

끊임없이 감정에 호소하며 열정적으로 이야기할 때 비로소 사람을 움직일 수 있다. 단순히 최고 경영자 한 명만 계속 포부를 이야기하는 것이 아니라 경영 간부 한 명, 한 명이 리더로서 스스로 수긍하고 움직일 필요가 있다.

[원칙 ②] 긴장 관계를 어디에 부여할지 선택한다

신규 사업과 기존 사업 사이에서는 반드시 갈등이 일어나 긴장 관계가 만들어진다. 누가 이 긴장 관계와 맞설지 결정한다. 최고 경영자 자신이 모든 책임을 지고 맞서는 것도 한 가지 방법이고, 간부진이 서로 속마음을 털어놓으며 회사 전체의 시점에서 열린 자세로 문제를 논의하는 방법도 있다. 후자의 경우는 사업부 리더가 열쇠가 된다. 어떤 방법을 사용할지 결정한다.

[원칙 ③] 간부진 사이의 대립과 정면으로 마주하며 사업 간의 균형을 잡는다

양손잡이 경영을 성공시키려면 대립에서 생겨나는 다양한 갈등과 정면으로 마주할 필요가 있다. 갈등을 흐지부지 덮어 버리고 진행하면 힘이 있는 기존 사업이 이겨 버리기 때문에 신규 사업은 실패할 수밖에 없다.

[원칙 ④] 일관되게 '모순되는' 리더십 행동을 실천한다

양손잡이 경영을 하는 리더는 옆에서 봤을 때 이중적이다. 기존 사업에는 이익·규율·확실한 전략을 요구한다. 한편 신규 사업에는 시행착오를 통해 실패에서 배울 것을 장려하며, 성숙 시장에서 자사 사업과의 카니발리제이션(자사 시장 잠식)을 추구하게 한다. 이것은 탐색과 심화라는 정반대의 사고가 요구되기 때문인데, 원칙 ①의 전략적 포부를 명확히 하면 사원들도 이해하게 된다.

[원칙 ⑤] 토론이나 의사 결정의 실천에 시간을 할애한다

간부 팀이 별도의 시간을 마련해서 신규 사업과 기존 사업의 비즈니스 모델에 관해 토론해 전체상을 파악하고 자신이 힘을 쏟아야 할 부분이 무엇인지 알도록 만들 필요가 있다.

최근 30년 사이, 일본 기업은 제조업을 중심으로 파괴적 이노베이션의 거대한 파도에 참패를 거듭해 왔다. 그러나 조직적인 강점을 지닌 일본 기업은 아직 많다. 문제는 기업이 지닌 강점을 이노베이션에 활용하지 못하고 있다는 것이다. 진짜 과제는 물건을 만드는 힘이 아니라 양손잡이 경영을 실천하기 위한 리더십과 조직 만들기다.

이 책은 이노베이션을 일으켜 기회를 잡고자 하는 기업에 힌트를 제공할 것이다.

POINT

모순을 감수하는 '양손잡이 경영'을 실천해 이노베이션을 일으켜라. 이를 갈등 없이 진행하기 위해서는 리더십에 원칙이 있어야 한다.

Book 9

오픈 이노베이션 오리지널

이노베이션은 사내에서
만들 수 없다

《Open Innovation : The New
Imperative for Creating And
Profiting from Technology》

헨리 체스브로

Henry W. Chesbrough

캘리포니아대학교 버클리캠퍼스 하스 경영 대학원
의 객원 교수. 바르셀로나의 ESADE 비즈니스 스쿨
의 정보 시스템학 객원 교수이기도 하다. 예일대학
교를 졸업하고 스탠퍼드대학교에서 MBA를 취득
했다. 이노베이션에 관한 세계적 권위자로, 이노베
이션에 관해 다수의 저서가 있지만 특히 오픈 이노
베이션이라는 개념을 널리 퍼뜨린 것으로 유명하
다. 《오픈 서비스 이노베이션》을 집필하는 등 서비
스 분야에도 관심을 쏟고 있다.

나는 대기업의 연구 개발 엔지니어
들과 만나는 일이 많은데, 그럴 때
마다 걱정이 되는 점이 있다. 그들
이 회사 안에 틀어박혀 외부 사람
들과 만나려 하지 않는다는 것이다.
이야기를 잘 들어 보면 그들은 훌륭
한 기술을 가지고 있지만 이것이 회사 외부에는 전혀 알려져 있
지 않다. 보물을 회사 내부에서 썩히고 있는 셈이니 참으로 아쉬
울 따름이다.

사내에서만 이노베이션을 진행하는 방법을 '클로즈드 이노베
이션'이라고 부르는데 자급자족만으로 이노베이션을 성공시키
기는 매우 어렵다. 현대에는 아이디어를 세상에 공개하면서 이

노베이션을 진행하는 '오픈 이노베이션'이 더 성공 확률이 높다. 실리콘밸리에서는 공개적으로 아이디어를 흡수해서 이노베이션을 만들어 내는 것을 당연시하고 있다.

오픈 이노베이션은 하버드 비즈니스 스쿨의 교수였던 저자 체스브로가 제창한 개념이다. 저자는 수많은 벤처 기업과 벤처 캐피탈(VC)에서 연구와 고문 활동을 펼치고 있다. 실리콘밸리의 벤처 기업에서 일한 경험도 있다. 먼저 클로즈드 이노베이션과 오픈 이노베이션의 차이를 살펴보자.

오픈 이노베이션의 핵심
클로즈드 이노베이션은 낭비가 많다

제록스의 PARC(Palo Alto Research Center, 팰로앨토 연구소)는 마우스, 고속 통신인 이더넷, 아름다운 글꼴인 포스트스크립트 등 수많은 기술을 만들어냈다. 그러나 이런 기술들은 제록스의 비즈니스에 공헌하지 못했고 오히려 다른 회사에서 상품화되었는데 그 원인은 제록스의 이노베이션 방법에 있었다.

복사기가 주체인 제록스의 기존 사업에서는 PARC가 낳은 기술을 활용할 수가 없었다. 그래서 제록스는 회사에 채용되지 못한 연구의 담당자가 연구를 계속하고 싶을 경우 프로젝트와 함께 회사를 떠나는 것을 허용했고, 그 결과 수많은 연구자가 이직

혹은 창업을 했다. 애플로 회사를 옮겨 매킨토시를 개발한 연구자도 있었다. 그렇게 제록스에서 스핀아웃한 기업들은 2001년에 상위 10개 회사의 시가 총액 합계가 제록스의 시가 총액의 2배가 될 만큼 성장했다. 본래 PARC는 오픈 이노베이션에서 가치를 발휘하는 조직이었는데 클로즈드 이노베이션의 방법으로 관리되고 있었던 것이다.

과거에는 클로즈드 이노베이션이 승리의 방정식이었던 시기가 있었다. 기업이 연구소에서 극비리에 다른 기업에는 없는 기술을 개발해서 제품을 내놓으면 막대한 이익을 낼 수 있었다. 이직이 어려운 시대였기에 아이디어가 사내에서 채용되지 않더라도 사원은 그만두지 않았다. 그러나 지금은 상황이 완전히 다르다. 우수한 기술자는 자유롭게 이직하거나 창업을 한다. 그 결과 선택되지 않은 아이디어는 사외로 유출되며, 다른 기업이 그 아이디어를 선택해 상품화한다.

한편 오픈 이노베이션에서는 사내에서 만들어진 아이디어를 최대한으로 활용한다. 쓰지 않는 아이디어는 적극적으로 외부에 공개해 수익을 내며, 사내에서 아이디어가 부족할 경우는 외부의 아이디어를 탐욕스럽게 흡수한다. 연구 개발도 변화하고 있다. 온갖 수단으로 사외의 기술을 평가하고, 사외에 없는 지식은 사내에서 개발한다. 지금은 지식의 보급 속도가 빠르며 쉽게 모방된다. 기업이 지식을 독점하고 있기는 불가능하다. 그렇다면 오픈 이노베이션으로 지식이 진부화되는 속도를 높여야 한다. 네트워크 기기를 만드는 시스코 시스템즈는 스스로 연구 개발을 하지 않고 이런 방법으로 급성장을 이뤘다.

오픈 이노베이션에서는 102쪽 그림의 ③처럼 시스템이 상호 의존형인지 모듈러형인지를 파악하는 것이 중요하다. 제품(시스템)을 구성하는 부품 A, B, C가 서로 영향을 끼친다면 상호 의존형 시스템이고, 반대로 영향을 끼치지 않는다면 모듈러형 시스템이다.

개인용 컴퓨터는 오픈 이노베이션으로 극적인 진화를 이루었다. 컴퓨터 부품을 따로 구입해 조립하면 작동하므로 판매점에서 자신에게 최선의 부품을 자유롭게 선택할 수 있다. 오픈 이노베이션을 위해서는 이 모듈러형 시스템의 구조를 올바르게 이해하는 것도 중요하다. 오픈 이노베이션으로 성장을 꾀하려면 두 가지 방법이 있다.

기존 사업의 성장

그림 ④의 아래와 같이 자사에 부족한 기술을 획득해서 성장을 꾀하는 것이다. 과거에 IBM에는 "모든 것을 자사가 개발한다."라는 철학이 있었다. 그러나 경영 위기에 빠지면서 "고객이 원하는 것을 제공한다."로 철학을 바꿨고, 외부의 훌륭한 기술을 받아들여 고객에게 해결책을 제시함으로써 부활했다.

신규 사업의 성장

사내에서 채용되지 않은 아이디어가 사외에 유출되어 타사에서 상품화되는 것은 참으로 아까운 일이다. 그래서 그림의 ④와 같이 타사가 사용하도록 적극적으로 유도해 신규 사업으로 연결시킨다.

과거에 하드디스크를 제조 판매했던 IBM은 경쟁자에게도 핵심 기술(MR 헤드)을 제공했다. 클로즈드 이노베이션의 발상에서는 있을 수 없는 일이지만 지금은 기술의 진부화가 빠르며 기술의 장기적 독점은 무리인 시대다. 오히려 기술을 단숨에 확산시켜 신속하게 투자를 회수해야 한다.

여담이지만 현재 PARC는 제록스의 독립 자회사로 고객 기업에서 자금 원조를 받아 기술 공동 개발을 실시하는 곳으로 변화했다. 오픈 이노베이션 시대에 맞는 조직으로 변신한 것이다.

일찍부터 오픈 이노베이션의 중요성을 꿰뚫어보고 있던 경영자들은 결코 적지 않았다. 그러나 아직도 수많은 기업이 과거의 PARC처럼 자사의 기술을 활용하지 못해 고민하고 있다. 기업끼리의 단순 업무 제휴를 오픈 이노베이션이라고 오해하고 있는 경영자가 여전히 많은 것 또한 사실이다. 품의를 중시하며 빠르게 이사 결정을 하지 못하는 탓에 스타트업 기업과 신뢰 관계를 쌓지 못하는 경우도 많다. 부디 이 책을 통해 오픈 이노베이션의 기본적 개념을 다시 한번 숙고해 보길 바란다.

상대의 뇌 속을 최초 선점하면
뇌 속에 각인되어 포지션을 확보할 수 있다.

① 클로즈드 이노베이션은 낭비가 많다.

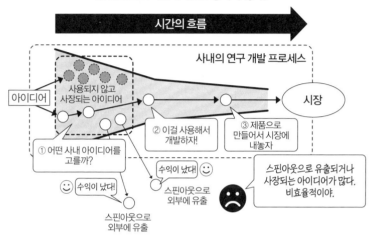

※ 《오픈 이노베이션 오리지널》을 바탕으로 필자가 작성

② 오픈 이노베이션으로 아이디어를 철저히 활용한다.

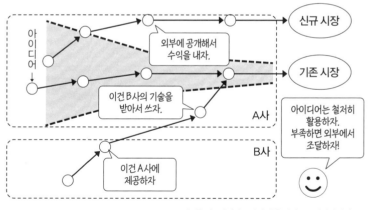

※ 《오픈 이노베이션 오리지널》을 바탕으로 필자가 작성

③ 오픈 이노베이션의 시스템
→'상호 의존형'인지 '모듈러형'인지 파악한다.

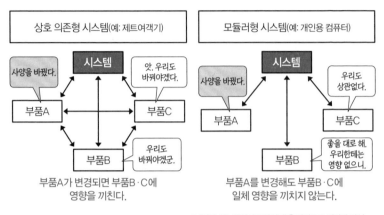

부품A가 변경되면 부품B·C에
영향을 끼친다.

부품A를 변경해도 부품B·C에
일체 영향을 끼치지 않는다.

※《오픈 이노베이션 오리지널》을 바탕으로 필자가 작성

④ 오픈 이노베이션으로 성장을 꾀하는 두 가지 방법

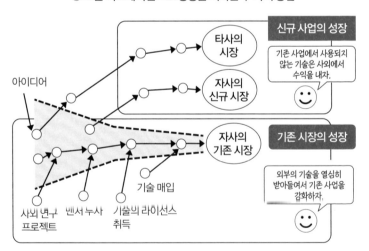

※《오픈 이노베이션 오리지널》을 바탕으로 필자가 작성

기술 독점은 예민한 문제다. 기술 독점은 곧 이득이다. 하지만 기술을 오픈하는 게 수익을 내는 길인 경우가 분명히 존재한다. 클로즈드 이노베이션은 비용도 리스크도 굉장하다. 오픈 이노베이션으로 자사에 부족한 기술을 타사로부터 흡수하여 기존 사업을 성장시키자. 기술을 독점하면 독점의 이득이 있지만 기술을 오픈하면 시장에 기술이 단숨에 확산될 수 있다는 엄청난 이득이 따른다. 특히 신규 사업이라면 더욱 그렇다.

Book 10

아이디어
생산법

누구나 획기적인
아이디어를 만들어낼 수
있는 방법

《A Technique for Producing
Ideas》

제임스 웹 영
James Webb Young

미국의 실업가. 미국 최대의 광고 대행사인 제이월
터톰슨의 상임 최고 고문, 미국광고대행사 협회 회
장 등을 역임했다. 광고 심의회의 설립자이며 의장
이었다. 영은 광고 대행사의 업무를 하면서 새로운
아이디어를 지속적으로 생산해야 했는데, 그 생
산 방법을 공식화해서 발표한 것이 바로 이 책이다.
1940년에 초판 출간된 책으로, 80년에 걸쳐 꾸준히
읽히고 있는 지적 발상법의 명저다.

마케팅 전략에서 필요한 것은 훌륭
한 아이디어와 실행력이다. 이 가운
데 훌륭한 아이디어는 천재의 번뜩
이는 영감을 통해서만 만들어진다
는 인식이 있다. 그러나 이 책의 테
크닉을 익히면 평범한 사람도 훌륭
한 아이디어를 만들어낼 수 있다.

이 책의 초판은 1940년에 출판됐다. 저자는 미국의 대형 광고
대행사의 부사장으로 일한 뒤 시카고대학교 대학원에서 경영사
와 광고학 교수가 돼 이 책의 내용을 강의했다. 이 책은 당시부
터 미국의 광고 크리에이터들 사이에서 '바이블'로 불렸으며, 지
금도 꾸준히 읽히고 있는 초스테디셀러다. 해설을 제외하면 60

페이지에 불과한 책이지만 그 속에 아이디어를 만들어 내는 비결이 응축되어 있다.

| 아이디어 생산법의 핵심
아이디어란 기존지와 기존지의 새로운 조합이다

이 세상의 사람은 두 가지 유형으로 나뉜다. 새로운 조합을 생각해 내는 데 열중하는 '사색가'와 상상력이 부족하고 보수적이며 사색하는 사람에게 조종당하는 '불로소득자'다. '사색가'는 계속해서 새로운 아이디어를 만들어 내는데 이는 결코 특수한 재능이 아니다. 많은 사람이 이 힘을 지니고 있으며, 테크닉을 익히면 창조력을 더욱 높일 수 있다.

아이디어를 무(無)에서 생각해낼 필요는 없다. 아이디어를 만들어 내는 원리와 방법을 알고 훈련하면 된다. 그 원리에는 두 가지가 있다.

첫 번째 원리. 아이디어란 기존의 요소의 새로운 조합에 불과하다. 전작 《사장을 위한 MBA 필독서 50》의 [Book 17]《기업가란 무엇인가》에서 슘페터가 "이노베이션이란 기존지(旣存知)와 기존지의 새로운 조합이다."라고 말했듯이, 기존지의 조합을 통해 아이디어가 탄생하며 그 아이디어가 이노베이션을 가져온다.

두 번째 원리. 사물의 관계성을 발견해 내는 재능이 새로운 조합을 이끌어내는 재능으로 연결된다. 언뜻 관계가 없어 보이는 것들의 연관성이 보이면 훌륭한 아이디어가 탄생한다. 우버는 '판매자와 구매자를 매칭하는 우리의 기술과 운전기사, 레스토랑을 연결하면 어떻게 될까?'라는 아이디어로 우버이츠를 만들어 냈다. 이렇게 사물의 관련성을 찾아내 새로운 조합을 만들어 내려면 5단계의 프로세스가 필요하다.

[1단계] 자료를 수집한다

지금 '먼저 자료 수집을 하라고? 그건 너무 당연하잖아.'라고 생각한 독자가 많을지도 모른다. 그러나 자료를 모으지 않고 그저 의자에 앉아서 멍하니 생각하는 사람이 의외로 많다. 실제로 내가 현장에서 느낀 바에 따르면 자료 수집부터 시작하는 사람은 30퍼센트 정도밖에 안 된다.

필요한 자료는 두 가지다. 그 주제에 특화된 특수 자료와 교양에 속하는 일반 자료다. 특수 자료란 이를테면 제품이나 고객에 관한 정보다. 특수 자료의 수집은 다른 누구보다 자세히 알게 될 때까지 철저하게 해야 한다.

이 책에는 저자가 비누 광고를 담당했을 때의 경험이 소개돼 있다. 그 비누는 아주 평범한 비누처럼 생각됐다. 그러나 피부나 머리카락과의 관계를 연구해 보니 두꺼운 책 한 권이 만들어졌다. 여기에서 5년분의 광고 카피 아이디어가 탄생했고, 그 결과 매출액은 10배가 됐다고 한다.

일반 자료도 중요하다. 진정으로 뛰어난 광고 제작자는 이집트의 매장 관습부터 모던 아트까지 온갖 분야에 흥미를 품고 있으며, 어떤 지식이든 탐욕적으로 흡수한다. 훌륭한 아이디어는 그 주제에 특화된 특수 지식과 세상의 다양한 일반 지식의 새로운 조합에서 탄생한다.

[2단계] 수집한 자료를 곱씹는다

다음에는 모은 자료를 곱씹는다. 자료를 손에 들고 여러 각도에서 바라본다. 각각의 자료를 늘어놓고 무엇이 떠오르는지 생각한다. 지금 찾고 있는 것은 새로운 조합의 가능성이다.

작업 중에 단편적인 아이디어를 떠올리는 경우도 있다. 아무리 엉뚱한 아이디어라도 잊어버리기 전에 메모해 놓아야 한다. 이것은 앞으로 탄생할 아이디어의 징조이기 때문이다.

계속 생각하다 보면 피로가 쌓여서 짜증이 날 수도 있지만, 그래도 계속해야 한다. 그러다 보면 '아이디어가 떠오르지를 않아!'라는 절망적인 상태에 이른다. 머릿속이 엉망진창이 되어서 도무지 생각이 정리되지 않는다. 이런 상태가 되었다면 2단계는 완료다. 2단계는 퍼즐을 맞추는 노력을 하는 단계인 것이다.

[3단계] 아무것도 하지 않는다

3단계에는 아무것도 하지 않는다. 문제를 무의식 속으로 옮겨 놓고 무의식이 알아서 일하도록 맡긴다. 그리고 문제를 완전히 포기한 채 자신의 상상력이나 감정을 자극하는 것으로 관심을 옮긴다.

셜록 홈스는 사건을 수사하던 도중에 수사를 중지하고 왓슨을 음악회에 데려가는 경우가 많다. 작가인 코난 도일은 아이디어의 창조 과정을 숙지하고 있었던 것이다. 나도 아이디어가 떠오르지 않으면 일을 중단하고 전부터 보고 싶었던 영화를 볼 때가 있다. 그러면 얼마 후에 생각지도 못했던 아이디어가 떠오르는 일이 많다.

2단계는 1단계에서 수집했던 씹는 맛이 있는 음식(자료)을 곱씹는 단계였는데, 이 3단계는 그것을 소화하는 단계다. 위액의 분비를 촉진하면 더욱 잘 소화시킬 수 있다.

[4단계] 아이디어가 찾아온다

1~3단계를 완수했다면 분명 4단계를 경험하게 된다. 아이디어가 찾아오는 시기는 이를 닦을 때나 잠에서 깬 직후 같은 타이밍이다. 아이디어를 찾아 헤매던 마음의 긴장을 풀고 편안한 휴식 시간을 보낸 뒤에 아이디어가 찾아오는 것이다.

19세기의 화학자인 아우구스트 케쿨레는 수수께끼에 싸여 있던 벤젠의 구조를 밝혀냈다. 궁리하고 또 궁리하느라 피곤해져 난로 앞에서 꾸벅꾸벅 졸다가 꿈속에서 자신의 꼬리를 물고 있는 뱀을 보고 벤젠의 고리 구조를 생각해냈다고 한다.

[5단계] 아이디어를 구체화한다

하지만 이렇게 탄생한 훌륭한 아이디어의 씨앗은 대부분 빛을 보지 못한 채 사라진다. 아이디어의 씨앗을 훌륭한 아이디어로 만들려면 끈기 있게 키워야 한다. 그리고 이를 위해서는 혼자서 끌어안고 있지 말고 식견이 있는 사람들에게 비판을 청해야 한다. 좋은 아이디어는 사람들을 자극하며 스스로 성장한다. 아이디어를 성장시키는 데 사람들이 도움을 주는 것이다. 마케팅 전략의 아이디어도 마찬가지다. 떠오른 아이디어를 동료와 공유할 때 비로소 전략의 아이디어가 성장한다.

세상에는 순간적으로 훌륭한 아이디어를 생각해내는 사람이 있다. 그것은 이 훈련을 꾸준히 거듭한 결과다. 머릿속에 풍부한 정보를 저장해 놓고 빠르게 사물의 관련성을 발견하는 훈련을 거듭한 결과 매우 빠르게 아이디어를 만들어내는 것이다.

저자는 이 귀중한 방법을 아낌없이 공표하는 이유로 두 가지를 이야기했다. 첫째, 너무나도 간단한 방법인 까닭에 그대로 믿는 사람이 거의 없을 것이다. 둘째, 실천하려면 매우 어려운 지적 작업이 필요하기에 제대로 활용할 수 있는 사람은 적을 것이다.

아마존의 서평을 보면 "반드시 읽어 봐야 할 책"이라는 찬사가 많은 가운데 "내용이 빈약하다.", "너무 뻔한 말만 적혀 있다." 같은 평가도 군데군데 보인다. 저자가 말한 그대로여서 참으로 흥미롭다. 이것이야말로 저자가 이 책에서 쓴 '사색가'와 '불로소득자'의 차이일 것이다. 다만 아이디어는 가만히 놔둬서는 아무것도 만들어 내지 못한다. 실행하는 것도 중요하다.

나는 기획 일을 처음 지망했던 20대 후반에 이 책을 읽고 큰 충격을 받았다. 그리고 이후 30년이 넘는 기간 동안 이 책의 방법론을 철칙으로 삼으며 실천해 왔다. 30분만 시간을 내면 읽을 수 있는 이 책은 인생을 바꿀 정도의 파급력이 있다. 여러분에게 강력하게 추천한다.

아이디어란 '기존 요소의 조합'이다

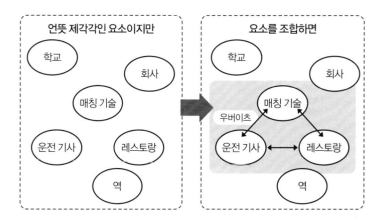

언뜻 제각각인 요소이지만

학교
회사
매칭 기술
운전 기사
레스토랑
역

요소를 조합하면

학교
회사
매칭 기술
우버이츠
운전 기사
레스토랑
역

※ 《아이디어 생산법》을 바탕으로 필자가 작성

Book 11

마켓 3.0

코에 빨대가 꽂힌
바다거북은 어떻게
세상을 바꿨나?

《Marketing 3.0: From
Products to Customers to the
Human Spirit》

필립 코틀러 · 헤르마완 카르타자야

Philip Kotler · Hermawan Kartajaya

코틀러는 미국의 경영학자(마케팅론)로, 노스웨스턴
대학교 켈로그 경영 대학원 특별 교수이며 포브스
가 선정한 가장 영향력 있는 비즈니스 사상가 10인
중 한 사람이다. 시카고대학교에서 경제학 박사 학
위를 취득했다. 카르타자야는 마크플러스사의 창업
자이자 CEO로, 영국의 공인 마케팅 협회로부터 '마
케팅의 미래를 형성한 리더 50인' 중 한 명으로 선
정되었다.

2015년, 코에 빨대가 꽂혀 있는 커
다란 바다거북 동영상이 세상에 충
격을 안겼다. 연구자가 바다거북의
코에 무엇인가가 들어 있는 것을 발
견하고 펜치로 빼내려 한다. 바다거
북은 코피를 흘리며 괴로운 표정으
로 참는다. 10분 후, 연구자가 빼낸 것은 갈색으로 변한 길이 10
센티미터의 빨대였다. 이 동영상은 플라스틱으로 인한 해양 오
염의 상징이 됐고, 이것을 계기로 전 세계에서 종이 빨대로 교체
를 촉진하는 움직임이 일어났다.

기존에는 타깃 고객이 추구하는 바를 이해하고 해결책을 제
공하는 방법이 마케팅의 왕도였다. 그러나 이 책에서 저자들은

"마케팅은 진화해야 한다."라고 제언했다. 세상이 격변하고 있기 때문이다. 기후 변동으로 재해가 급증하고, 환경오염은 심각한 상태다. 경제 성장은 둔화되는 가운데 디지털화가 진행되고 있다.

이 책은 코틀러와 인도네시아의 마케터인 카르타자야의 공저로서 2010년에 출판되었다. '마케팅 3.0'은 카르타자야가 이끄는 컨설팅 회사가 만들어 낸 개념이다. 그렇다면 마케팅 3.0이란 무엇일까?

마케팅 1.0은 제품 중심의 사고방식이다. 1960년대에는 제조업이 중심이었으며, 물건을 만드는 족족 팔렸다. 그래서 제품을 팔기 위해 마케팅 믹스(4P)라는 개념이 탄생했다.

마케팅 2.0은 소비자 중심의 사고방식이다. 오일 쇼크 등으로 수요가 감소해, 물건을 만들어도 팔리지 않게 되었다. 그래서 4P 이전에 시장의 시장 세분화(세그먼테이션), 고객 타기팅, 포지셔닝(STP)을 생각하게 되었다.

마케팅 3.0은 우리가 직면하고 있는 사회·경제·환경이 극적으로 변화하면서 생겨난 과제를 해결하는 것이다. 앞에서 소개한 바다거북은 그 상징이라고 할 수 있다.

마케팅 3.0은 마케팅 2.0이 한계에 부딪힘에 따라 탄생했다. 그 이유는 다음의 세 가지다.

마케팅 1.0→2.0→3.0으로의 변천

	마케팅 1.0	마케팅 2.0	마케팅 3.0
	제품 중심의 마케팅	소비자 지향의 마케팅	가치 주도의 마케팅
목적	제품 판매	고객 만족과 유지	더 나은 세상 만들기
시장	니즈를 가진 구매자	세련되고 현명한 소비자	성숙한 생활자
콘셉트	물건을 판다(4P).	차별화한다(STP).	가치를 창조한다.
지침	상품을 정성껏 설명한다.	포지셔닝	미션과 비전
제안하는 가치	기능적 가치	기능적+감정적 가치	기능적+감정적+정신적 가치
소비자와의 교류	1 대 다수의 거래	1 대 1의 관계	다수 대 다수의 협력

※ 《마켓 3.0》을 바탕으로 필자가 작성

마켓 3.0 탄생의 세 가지 이유

첫째는 소비자가 기업보다 현명해졌기 때문이다. 나는 상품을 살 때 인터넷상의 구매 경험담을 참고한다. 과거에 우리는 한정된 정보를 바탕으로 상품을 구입했지만, 지금은 온갖 정보를 접할 수 있다. 이제 기업보다 소비자가 더 풍부한 지식을 가지고 있으며, 소비자가 발신하는 정보가 상품의 매출을 좌우한다.

마케팅 3.0에서는 기업과 소비자의 관계가 바뀌어서, 소비자가 상품 개발 등에 적극 떠스코 참여한다. P&G는 세상 사람들에게서 신상품의 아이디어를 폭넓게 제공받는다는 '커넥트 앤드 디벨로프(Connect and Develop) 전략'을 전개하고 있다.

[Book 9] 《오픈 이노베이션 오리지널》에서 소개한 오픈 이노베이션을 실천하고 있는 것이다.

둘째는 세계화가 급속히 진행되면서 심각한 문제가 일어나고 있기 때문이다. 가령 커피의 경우, 가난한 개발도상국에서 생산되어 풍요로운 선진국에서 소비된다. 그러나 커피 농원의 노동자는 열악한 노동 환경 속에서 착취당하고 있을 때가 많으며, 재배를 위해 사용한 농약이 환경을 파괴하고 있다. 이런 환경에서는 맛있는 커피가 만들어지지 않는다. 그래서 지속 가능 커피(Sustainable coffee)는 노동자와 환경을 생각하며 지속 가능한 형태로 생산된다. 마케팅 3.0은 세계화의 과제와도 진지하게 마주하는 것이다.

셋째는 소비자가 이제 단순히 니즈를 충족시킨다는 이유만으로는 구입하지 않기 때문이다. 소비자가 플라스틱 빨대를 종이 빨대로 교체한 것은 편리성이 아니라 '자연을 지킨다.'라는 의미를 추구하기 때문이다. 단순히 소비자의 니즈를 충족시키기만 하는 것이 아니라 자사가 기업으로서 사회에 어떤 공헌을 할 것인지 생각하고 기업의 미션과 비전에 그것을 집어넣어 외부에 약속할 필요가 있다.

기업이 사람들의 행복에 공헌하고 있음을 소비자가 알면 이익은 자연스럽게 따라온다. '일단 멋져 보이는 미션을 만들어 놓자.'라고 생각하는 기업이 적지 않은데, 소비자는 기업의 행동을 보고 그것이 허울뿐인 미션임을 날카롭게 간파해낸다.

미션과 언동을 항상 일치시킨다

나는 아웃도어 상품을 제조 판매하는 파타고니아의 시식회에 참가한 적이 있다. 파타고니아는 "우리는 우리의 터전, 지구를 되살리기 위해 사업을 합니다."라는 미션 아래 유기농 식품도 제조·판매하고 있다. 시식회에서는 빨대나 일회용 포크를 사용하지 않고 손으로 집어서 먹을 수 있도록 조리된 식품이 제공됐다. 그들이 미션과 일상의 행동을 멋지게 일치시키고 있음을 실감한 시식회였다.

파타고니아는 진정으로 자사의 미션을 준수한다. 과거에 과격 환경 보호 단체인 시셰퍼드에 자금을 제공한다는 사실이 밝혀졌을 때는 비난이 집중되는 가운데 자금 제공 사실을 인정하는 공식 논평을 발표했다. 이 행동에는 찬반양론이 갈렸지만, 파타고니아가 궁지에 몰린 상황에서도 항상 미션에 따라 일관되게 행동함을 알 수 있는 일화였다.

마케팅 3.0에서 기업은 행동을 브랜드의 미션에 일치시켜야 하는데, 이 사례처럼 때때로 아픔이 동반되기도 한다.

마켓 3.0의 핵심특징 2
이제는 'SDGs'를 무시할 수 없다

사회적 책임을 다함으로써 소비자에게 더 나은 해결책을 제공하며, 그것이 비즈니스가 된다는 것에 대해 생각해 보자. 이 책과는 별개로, 경제학자인 마이클 포터는 CSV(Creating Shared Value, 공유 가치의 창출)를 제창했다. 비즈니스로서 사회 문제나 환경 문제 등과 관련된 사회적 과제에 몰두함으로써 사회 가치와 기업 가치를 양립시키는 시도다.

기업은 사업 기회와 자사의 강점이 겹치는 부분에서 사업을 해 왔는데, 그 과정에서 공해나 개발도상국의 노동자 착취 등 사회적 비용 발생이 증가했다. 그래서 사회적 과제라는 요소를 추가해 이 세 가지가 겹치는 부분에서 사업을 하고 사회적 과제의 해결을 기업의 경쟁 우위성으로 연결시키자는 것이 CSV의 개념이다.

마케팅 3.0과 CSV의 발상은 2015년에 유엔 총회에서 채택된 SDGs(Sustainable Development Goals, 지속가능 발전 목표)로 이어졌다. SDGs에서는 2030년 달성을 목표로 "빈곤을 없앤다.", "기아 제로" 등의 17가지 목표를 설정했다. 빨대 재질을 종이로 바꾼 것은 14번째 목표인 "바다의 풍요를 지키자."를 위해서다.

코로나 팬데믹 속에서 SDGs는 더욱 가속되고 있다. 그 배경에는 '기업은 종업원과 사회 등 폭넓은 이해관계자에게 최선을 다할 때 비로소 지속적으로 성장할 수 있다.'라는 생각이 자리하고 있다.

냉소적인 반응도 있다. 이를테면 "입바른 소리를 늘어놓기는 하는데, 결국은 다 돈벌이를 위해서 그러는 거잖아?"라는 의견이다. 그러나 세계의 움직임에는 '사회적 과제 해결의 수익화'라는 강한 문제의식이 밑바탕에 자리하고 있다. 또한 "일본에도 예전부터 '세상을 위해 사람들을 위해'라는 사상이 있었잖아? 딱히 새로운 발상도 아니야."라고 말하는 사람들도 있지만, 여기에는 '세상을 위해 사람들을 위해' 같은 모호한 말이 아닌 구체적인 책무가 요구된다. 예를 들어 마이크로소프트는 '카본 네거티브'를 선언하고 2050년까지 창업 이후 자사가 배출한 이산화탄소를 회수하겠다고 약속했다.

나는 어느 일본의 글로벌 기업의 최고 경영자와 대화를 나눴을 때 이런 말을 들었다. "지금은 SDGs를 하지 않으면 애초에 해외에서 비즈니스를 할 수 없는 시대입니다."

과거부터 '사리사욕 없이 경제적 합리성을 추구하는 것'을 선으로 생각하는 사고방식이 있었다. 그런데 시장이 이 사고방식을 활용할 수 있는 환경으로 급속히 변하고 있음에도 기업은 자신들이 잔재 능력을 제대로 살리지 못하고 있다. 이 점을 생각한다면 미래의 커다란 가능성이 보이기 시작할 것이다.

CSV(공유 가치의 창출)

||

사회적 과제의 해결과 기업으로서의 경제적 가치를 양립시킨다
(마이클 포터가 제창)

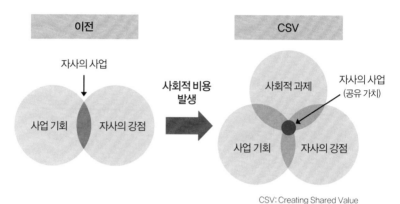

CSV: Creating Shared Value

이제 사회적 과제의 해결은 단순한 자원 봉사가 아닌 경영 과제다. 기업의 미션을 분명히하고 모든 것을 그 미션과 연결시켜야 한다. 그것이 기업에 이득을 가져다준다. 지속가능한 발전 목표가 구매자들에게 설득력이 있을 때 그 기업은 튼튼한 매출동력을 가지게 된다. 그것이 마켓 3.0이다.

Chapter 2

브랜드와 가격
Brand and Price

좋은 제품을 싼 가격에 공급하는 능력, 그리고 비싸게 팔기 위해 브랜드를 만들어내는 능력. 두 경우에 품질 차이가 없다면 어떤 쪽이 보다 쉽게 고수익을 낼까?
브랜드 전략과 가격 전략을 제대로 알려주는 책 6권을 소개한다.

Book 12

브랜딩 불변의 법칙

브랜드에 관한 우리의
상식은 오류투성이다

《The 22 Immutable Laws of
BRANDING》

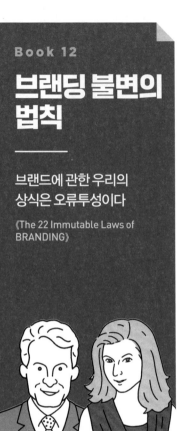

알 리스 · 로라 리스
Al Ries · Laura Ries

세계에서도 손꼽히는 마케팅 컨설턴트인 알 리스가
딸 로라 리스와 함께 경영하는 컨설팅 회사 리스는
'《포춘》 500대 기업'에 들어가는 일류 기업(IBM, 머
크, AT&T, 제록스 등)을 다수 고객으로 확보하고 있다.
또한 집필 활동에도 힘을 쏟아 다수의 베스트셀러
를 냈다. 로라 리스와의 공저로는 《마케팅 반란》 등
이 있으며, 잭 트라우트와의 공저로는 《포지셔닝》
등이 있다.

브랜드는 참으로 신기하다. 수돗물
도 맛은 충분히 좋은데 에비앙은 코
크와 같은 가격에 팔린다. 단순한
물을 에비앙으로 바꿔서 비싼 가격
에 팔리게 하는 브랜드. 이 책은 그
수수께끼에 도전한다.

저자는 [Book 3] 《포지셔닝》의 알 리스와 그의 딸인 로라 리
스로, 마케팅 전략 회사인 리스의 공동 경영자이자 컨설턴트다.
그들은 우리가 생각하는 브랜드에 관한 상식을 무너뜨렸다. 우
리는 라이벌보다 좋은 상품을 만들어서 자사의 브랜드로 어필
하거나 고품질을 어필해서 브랜드를 구축하려 하는데, 저자들
은 이것이 '큰 잘못'이라고 말한다.

브랜드의 어원은 목장에서 자신의 소를 구별하기 위해 찍었던 낙인이다. 비즈니스에서도 중요한 것은 소비자의 뇌 속에서 자사의 상품과 타사의 상품을 구분하는 것이다. 소비자의 뇌 속에서 브랜드를 구축하면 소비자의 구매 행동에 큰 영향력을 발휘할 수 있다.

브랜딩 법칙 1
확대하지 말고 좁혀라

남성용 청바지의 대명사였던 리바이스는 그 후 브랜드의 제품 범위를 여성용, 아동용, 액세서리, 속옷, 수영복으로 확대했다. 이렇게 제품 라인업을 확대해 일시적으로 매출을 높였지만, 브랜드 이미지가 확산되어 버리는 바람에 매출이 점차 감소했고 이익은 급감했다.

브랜드 파워는 초점의 확대에 반비례한다. 많은 기업이 성공한 브랜드를 확장시키려 하지만, 그러면 브랜드 파워는 반대로 약해진다. 소비자는 짧은 한마디면 구별이 가능한 브랜드를 기대한다.

샌드위치 종류 가운데 서브마린 샌드위치라는 게 있다. 겉이 딱딱한 빵을 세로로 잘라서 햄이나 살라미를 끼우는 방식의 샌드위치다. 프레드 드루카는 서브마린 샌드위치만을 파는 가게를 만들고 가게의 이름을 '써브웨이(SUBWAY)'라고 지었다. 미국에서 써브웨이는 서브마린 샌드위치만 파는 가게로 소비자의 뇌리에 각인됐다. 다른 것 없이 서브마린 샌드위치만을 만들면 누구보다 저렴한 가격에 높은 품질로 제품을 만들 수 있게 된다.

같은 편익을 제공하는 상품이나 서비스의 집합을 카테고리라고 한다. 브랜드는 카테고리를 지배해야 한다. 써브웨이는 '서브마린 샌드위치의 패스트푸드점'이라는 카테고리를 지배하고 있다. 카테고리를 지배하면 어떻게 될까?

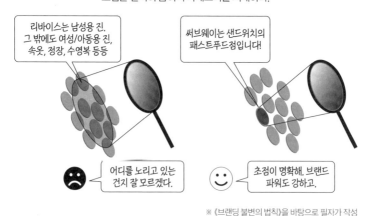

브랜드 파워는 초점의 확대에 반비례한다
초점을 철저히 좁혀서 카테고리를 지배하라!

※ 《브랜딩 불변의 법칙》을 바탕으로 필자가 작성

카테고리를 창출하고 소유하라

코카콜라는 '콜라', 구글과 네이버는 '검색' 카테고리를 지배하고 있으며 카테고리의 대명사처럼 사용되고 있다. 사람들이 브랜드명을 카테고리의 대명사처럼 사용할 때, 그 브랜드는 카테고리의 소유자가 된다. 이 단계가 되면 경쟁자가 아무리 애를 써도 그 브랜드가 대명사 자리에서 내려오게 하게 어렵다.

초점을 좁힐수록 강력한 브랜드가 된다. 극단적으로 좁히면 전혀 새로운 카테고리를 창출할 기회가 생긴다. [Book 15]《부족 지식》에서 소개하듯이 스타벅스는 '스페셜티 커피'라는 새로운 카테고리를 창출했다.

솔직히 말하면 소비자에게 새로운 브랜드 같은 건 아무래도 상관없다. 하지만 새로운 카테고리는 소비자를 신경 쓰이게 한다. 그렇기 때문에 우선 작은 시장에 집중하는 것이다. 다음에는 그 카테고리에서 최고가 되어 브랜드명을 그 카테고리의 대명사로 만든다. 그러고 나서 크게 키워 나가는 것이다. 브랜드가 아니라 카테고리를 키워 나가는 것이다. 새로운 카테고리의 이점을 소비자에게 어필함으로써 말이다.

기업은 '시장의 규모가 어느 정도이고 그곳에서 몇 퍼센트의 점유율을 차지할 수 있는가?'에 대해 생각하기 쉬운데, 이것은 큰 착각이다. '카테고리를 좁혀 하나의 언어(이를테면 구글링)를 소유하게 되면 시장을 얼마나 창조해 낼 수 있는가?'를 생각해야 한다.

그런데 새로운 카테고리를 키우는 도중에 경쟁자가 나타났다면 어떻게 해야 할까? 대부분의 기업은 카테고리를 키우기를 중단하고 자사의 브랜드를 어필해 경쟁자를 몰아내려 한다. 그러나 이것도 큰 잘못이다. 경쟁자의 참가는 환영해야 할 일이다. 코카콜라가 만들어 낸 콜라 시장에 펩시가 뛰어들어 치열하게 경쟁한 결과는 1인당 콜라 소비량의 증가로 나타났다. 펩시 덕분에 코카콜라가 성장한 것이다.

소비자는 선택지가 하나밖에 없으면 그 카테고리의 존재 자체를 의심하기 시작한다. 그러나 그 카테고리에 선택지가 있으면 신용한다. 다시 말해, 수요가 환기된다. 건전한 경쟁은 오히려 자진해서 받아들여야 하는 것이다.

브랜딩 법칙 3
품질만으로는 브랜드를 구축할 수 없다

렌즈의 세계에서 최고의 브랜드는 독일의 칼자이스다. 품질 면에서도 칼자이스가 최고일까? 그렇게 밀하긴 어렵나. 현대 차도 시장 조사에서는 "벤츠나 BMW보다 품질이 나쁘지 않다."라는 평가를 받는다. 그러나 소비자들의 가슴을 두근거리게 하는 자동차는 벤츠와 BMW다. 브랜드에는 품질만으로는 결코 건널 수 없는 좁고 긴 강이 있다.

품질은 분명 중요하다. 그러나 품질에만 의지해서 브랜드를 구축하겠다는 건 모래 위에 성을 짓겠다는 말과 같다. 탁월한 품질을 제품으로 구현하는 것과 별개로 구매자의 뇌 속에서 제품과 품질의 연결선이 구축되어야 한다. 그렇지 않으면 강력한 브랜드가 구축되지 않는다. 이를 위해서는 브랜드 자체를 '스페셜리스트'로 인지시켜야 한다. 스페셜리스트로 인지되면 '고품질'로 간주된다. 칼자이스는 고급 렌즈, 벤츠는 럭셔리카, BMW는 스포츠카의 스페셜리스트로 인지되고 있다.

또 한 가지는 가격이다. 가격에는 품질 표시 기능이 있다. 사람들은 '값이 비싸면 품질이 좋다.'라고 생각한다. 기업은 "품질이 높지만 가격은 저렴합니다."라는 어필을 하고 싶어 하는 경향이 있는데 이런 방식으로는 고작해야 가성비 좋은 제품으로 생각될 뿐이다. 롤렉스는 비싸지만, 그렇기 때문에 고객은 '나는 롤렉스라는 좋은 제품을 살 정도의 경제력이 있는 사람이야.'라는 메시지를 외부에 어필하고자 비싼 값을 치르고 롤렉스를 산다.

칼자이즈의 제품 중 일부는 독일에서 생산되지 않는다. 이때는 높은 가격이 아니었다가 칼자이즈의 로고가 붙으면 수십 만 원이었던 가격이 수백만 원으로 뛴다. 이것이 무엇을 의미하는지 곰곰이 생각해야 할 것이다.

브랜딩 법칙 4
시간을 들여서 구축한 브랜드는 절대로 바꾸지 마라

강력한 브랜드는 고작 몇 년 정도로 구축할 수 있는 것이 아니다. 수십 년에 걸쳐 꾸준히 일관성을 추구한 결과 탄생한다. 이렇게 한번 구축한 브랜드에는 결코 함부로 손을 대서는 안 된다.

그러나 이것은 기업이 가장 빈번히 어기는 규칙 중 하나다. 1974년부터 미국에서 '궁극의 드라이빙 머신'이라는 슬로건을 우직하게 밀어붙였던 BMW조차도 2010년에 슬로건을 '기쁨'으로 변경했을 정도다. 그리고 2년 후인 2012년에 다시 '궁극의 드라이빙 머신'으로 회귀했다.

시장이 변하더라도 브랜드 이미지는 절대 바꾸지 말아야 한다. 브랜드 구축은 끈기가 필요한 작업이다. 장기간에 걸쳐 일관된 마케팅 활동을 계속할수록 그 브랜드는 소비자의 뇌 속에서 특정한 위치를 지속적으로 점유한다. 이것은 정말 막대한 재산이다. 그런데 브랜드의 이미지를 바꾸는 것은 기껏 소비자의 뇌 속에 점유해 놓았던 그 위치를 스스로 포기하는 행위다. 그러니 브랜드의 가장 큰 적은 쉽게 싫증을 내는 인간의 습성이다.

'브랜드'라는 것을 한마디로 표현하면, 소비자의 뇌 속에 자사가 소유하고 있는 개념이다. 생각해 보면 아주 단순하지만, 동시에 참으로 쉽지 않은 것이다.

한편 [Book 6] 《브랜드는 어떻게 성장하는가: 신규 시장편》

에서 소개했듯이 브랜드는 다양한 판매 상황(CEP)에서 떠오르도록 만들어야 한다는 발상도 생겨났다. 그러니 이 책에 담겨 있는 발상은 계속 진화하고 있는 중이라는 사실도 이해해 두기 바란다.

POINT

브랜드를 성공시키고 싶다면 브랜드 자체에 집중하지 마라. 신규 카테고리를 창출하는 데 집중해라. 그리고 일단 구축되기 시작한 브랜드는 계속 유지해라. 그동안 소비자의 뇌 속에서 인지되고 있던 특정한 위치정보를 함부로 지우지 마라.

Book 13

전략적 브랜드 관리

강력한 브랜드를
구축하면 누구도 흉내
내지 못한다

《Strategic Brand
Management》

케빈 레인 켈러
Kevin Lane Keller

미국 코넬대학교에서 박사 학위를 취득하고 다트머스대학교 터크 경영대학원의 E.B. 오스본 마케팅 교수로 있다. 다트머스대학교에서는 MBA의 선택 과목으로 마케팅 매니지먼트와 전략적 브랜드 매니지먼트를 가르치며, 경영 간부를 대상으로 강의를 실시하고 있다. 브랜딩, 전략적 브랜드 매니지먼트의 연구에 관한 국제적 리더 중 한 명으로 인정받고 있다.

이 책에는 미국의 역사 깊은 식품 기업에서 30년 이상 CEO로 있었던 한 인물이 했던 말이 소개되어 있다.

"이 회사를 분할해야 한다면, 나는 토지하고 공장하고 기자재를 포기하는 대신 브랜드와 상표를 가져갈 거야. 그러면 내가 훨씬 이익일 걸?"

그가 이런 말을 한 건 소비자의 마음속에 깊게 각인된 브랜드는 라이벌이 흉내 낼 수 없는 것이기 때문이다.

기업에서 가장 가치 있는 자산은 브랜드다. 이 책은 세계적인 브랜드 연구의 일인자인 저자 켈러가 브랜드에 관해 체계적으로 해설한 세계적인 브랜드 교과서다.

여러분은 가게에서 상품을 살 때 유명한 브랜드부터 고르는 경우가 많을 것이다. 우리는 물건을 살 때 무의식중에 '이걸 사면 혹시 후회하지 않을까?'라는 리스크를 떠올린다. 그러나 과거에 사서 만족스럽게 사용했던 브랜드라면 안심하고 구입할 수 있다. 소비자가 제품을 살 때 드는 망설임을 없애 주는 것이 바로 브랜드라는 것이다.

기업이 장기간의 활동이나 제품 경험을 통해서 고객에게 심어 온 브랜드의 이미지는 다른 회사가 쉽게 흉내 낼 수 있는 것이 아니다. 그리고 브랜드명은 상표 등록으로, 디자인은 저작권과 의장권으로 법의 보호를 받는다. 즉 브랜드는 소비자 행동에 영향을 끼치며 미래의 지속적인 수익도 확보하는, 기업에 귀중한 법적 재산이다.

브랜드는 소비자의 뇌 속에 존재한다. 그러므로 브랜드 구축의 열쇠는 같은 카테고리 속에서 소비자가 다른 브랜드와의 차이를 알 수 있도록 만드는 것이다.

본래 브랜드는 일반 소비자를 타깃으로 만들어졌지만, 지금은 다양한 분야로 확대되고 있다. 가령 IBM, GE, 인텔 같은 기업에서는 B2B 브랜딩으로 기업의 긍정적인 이미지나 평판을 만들어 내 법인 고객에게 판매할 기회를 늘리고 신뢰를 높임으써 고수익 비즈니스를 실현하고 있다.

최근 수년 사이에 최강의 브랜드는 구글과 유튜브 등 인터넷에서 탄생했다. 이런 온라인 브랜드가 성공한 이유는 소비자의 니즈에 독자적인 방법으로 부응함으로써 절묘한 포지셔닝을 획득했기 때문이다.

강력한 브랜드 원칙 1
자산 가치가 높은 브랜드를 만든다

강력한 브랜드를 만들기 위해서는 어떻게 해야 할까? 마케팅 활동을 통해 고객에게 좋은 인상을 줘서 고객이 뇌 속에서 그 좋은 인상을 브랜드와 결부시키도록 만들 필요가 있다. 이때 도움이 되는 개념이 있다. 브랜드 자산이라는 개념이다. 이것은 과거에 펼친 다양한 마케팅 활동의 결과로 형성되어 있는 브랜드의 자산 가치를 의미한다.

두 텔레비전 생산 업체가 공장을 공동 소유하고 그 공장에서 생산한 텔레비전에 각각 자사의 로고를 붙여 판매한 적이 있었다. 내용물은 같은 텔레비전이었지만 한쪽의 텔레비전은 8만 원 정도 높은 가격을 붙이고도 두 배나 더 팔렸다. 높은 브랜드 자산을 지니고 있었기 때문이다.

브랜드 자산을 만들어 내려면 고객의 뇌 속에 브랜드에 대한 좋은 감정을 만들어야 한다. 그리고 이를 위해서는 우선 소비자에게 브랜드를 인지시켜야 한다. 소비자에게 브랜드를 인지시키면 소비자가 상품을 구입할 때 떠올리는 구입 후보(고려 상품군)에 들어가게 된다. 고려 상품군에 관해서는 [Book 7]《확률 사고의 전략론》에서 자세히 소개했으니 참조하기 바란다. 실제로 소비자는 물건을 살 때 깊게 생각하지 않고 '그냥' 사는 경우가 많다. 그러므로 일단 소비자의 인지를 획득해 고려 상품군에 들어가느냐 그러지 못하느냐가 성공의 갈림길이다.

이를 위해서는 좋은 브랜드 연상을 만들어야 한다. 예를 들어 '애플'이라고 하면 우리는 '쓰기 편하고 멋진 디지털 도구'를 연상한다. 소비자의 뇌 속에 '이 상품은 ○○○이다.'와 같이 긍정적이고 독자적인 브랜드 연상을 만드는 일에 애플은 성공했다.

최강의 브랜드 연상은 직접적인 경험을 통해 만들어진다. 스타벅스는 광고를 거의 하지 않지만 점포에서의 실체험을 통해 만들어 낸 다양한 브랜드 연상으로 풍부한 브랜드 이미지를 구축했다.

강력한 브랜드 원칙 2
차별화와 유사화를 통한 '브랜드 포지셔닝'

브랜드 자산을 만들기 위한 열쇠는 브랜드 포지셔닝이다. 타깃 고객의 뇌 속에 그 브랜드와 다른 회사와의 차이를 명확히 각인시키는 것을 의미한다. 이때 중요한 것이 차별화 포인트와 유사화 포인트다. 차별화 포인트는 라이벌과 다른 점이다. [Book 3] 《포지셔닝》에서 소개한 것처럼 '고객의 뇌 속에 뚫려 있는 구멍'을 찾는 것이다. 이와 동시에 유사화 포인트도 중요하다. 이는 다른 브랜드와 공유되는 점을 의미하는데 유사화를 통해 라이벌의 차별화 포인트를 약화시킬 수 있다.

회전 초밥 체인인 구라 스시의 다나카 구니히코 사장은 '아무 것도 첨가하지 않았던 과거의 맛이야말로 진짜 맛이다.'라는 생각에서 '음식의 과거 회귀'를 지향하고 있다. 모든 식자재에 화학조미료, 인공감미료, 합성착색료, 인공보존료를 사용하지 않는다. 또한 일본의 대표적인 식문화인 초밥을 통해 '안심할 수 있다·맛있다·싸다.'를 실현하고, 진보한 기술을 통해 점포의 소인력화·무인화를 추진했다. 그리고 해외 진출을 노리며 "구라 스시를 맥도날드 같은 세계적인 외식 체인으로 만들고 싶다."라고 말한다.

세계를 무대로 비즈니스를 전개할 때 구라 스시의 차별화 포인트는 '무첨가에, 안심할 수 있고 맛있으며 저렴한 초밥 체인'이고 유사화 포인트는 '맥도날드 같은 세계적인 외식 체인'인 것이다. 차별화만큼 라이벌에 대한 '유사화'도 중요하다.

강력한 브랜드 원칙 3
고객과 강한 유대를 만들어 내는 방법

강력한 브랜드를 만들기 위한 길을 가르쳐 주는 것이 브랜드 공명 모델(Brand Resonance Model)이다. 핵심은 이성과 감성이라는 양 측면을 고려하면서 브랜드와 소비자의 공감대를 만드는 것이다. 고급 시계 브랜드인 롤렉스를 예로 생각해 보자.

① **브랜드의 특징(Brand Salience)**······그 브랜드가 얼마나 자주 그리고 쉽게 떠오르는가. 누구나 고급 시계라고 하면 롤렉스를 먼저 떠올린다.

② **브랜드의 성능 또는 기능(Brand Performance)**······제품의 성능이나 기능이 얼마나 소비자의 니즈를 충족시키고 브랜드를 차별화하는가. 왕관 모양의 공식 로고가 빛을 내는 롤렉스는 정교한 기술로 제작되며, 윤년까지 계산해서 날짜를 자동 조정하는 기계식의 퍼페추얼캘린더라는 기술도 들어 있다.

③ **브랜드에 대한 객관적인 판정(Brand Judgement)**······성능에 기반을 둔 브랜드에 대한 평가. 롤렉스는 최고의 품질과 디자인을 통해 '세계 최고의 시계'로 인식되고 있다.

④ **브랜드의 이미지(Brand Image)**······브랜드가 고객에게 어떻게 생각되고 있는가. 롤렉스는 영화감독인 제임스 카메론이나 골프 선수인 타이거 우즈 등 각 분야의 일류들을 홍보 대사로 기용해 '일

류인 사람들이 사용하는 시계'라는 인상을 심고 있다(태그호이어 등의 라이벌도 같은 수법을 채용하고 있다).

⑤ **브랜드에 대한 공명·공감(Brand Resonance)**······이것이 최종 목표로, 고객의 브랜드에 대한 공명·공감을 통한 유대. 롤렉스를 착용하는 사람은 '롤렉스는 나의 분신'이라고 생각하며, 높은 고객 로열티를 갖게 된다.

이처럼 브랜드 공명 모델을 이해하면 다음의 표와 같은 브랜딩의 원칙도 이해하게 된다.

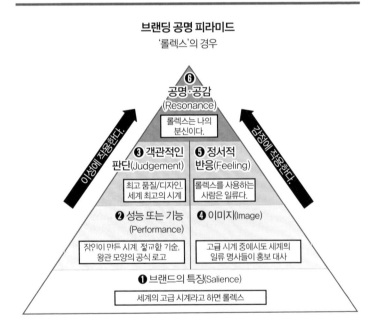

브랜딩 공명 피라미드
'롤렉스'의 경우

❻ 공명·공감
(Resonance)
롤렉스는 나의 분신이다.

감성에 작용한다. / 이성에 작용한다.

❸ 객관적인 판단(Judgement)
최고 품질/디자인. 세계 최고의 시계

❺ 정서적 반응(Feeling)
롤렉스를 사용하는 사람은 일류다.

❷ 성능 또는 기능 (Performance)
장인이 만든 시계. 절묘한 기술. 왕관 모양의 공식 로고

❹ 이미지(Image)
고급 시계 중에서도 세계의 일류 명사들이 홍보 대사

❶ 브랜드의 특징(Salience)
세계의 고급 시계라고 하면 롤렉스

브랜드의 발전 단계	브랜딩의 목표
공명·공감	관계(Relationship) '나와 너의 관계는?'	강하고 활발한 로열티의 획득
객관적인 판단 & 정서적 반응	응답 당신은 어떤 상황인가?	긍정적, 호의적 반응
성능과 이미지	의미 '너는 무엇?'	유사화/차별화 포인트의 명확화
브랜드의 특징	정체성(Identity) '너는 누구?'	깊고 폭넓은 브랜드 인지를 획득한다.

※ 《전략적 브랜드 관리》를 바탕으로 필자가 작성

브랜딩의 원칙

브랜딩의 원칙	의미하는 바
브랜드는 고객의 것	브랜드의 가치는 고객이 어떻게 생각하느냐에 따라 결정된다.
브랜드에 지름길은 없다	강력한 브랜드를 만들려면 소비자의 뇌 속에서 '인지'되기 위한 시간과 노력을 꾸준하게 들일 필요가 있다.
브랜드의 양면성	강력한 브랜드는 고객의 이성과 감성이라는 양면에 작용해 상승효과를 만들어 낸다.
브랜드의 깊이	강력한 브랜드는 소비자의 마음속에 깊이 각인됨으로써 유대를 만들어 낸다.
목표는 고객의 공명과 공감	경쟁자보다 강한 고객과의 유대를 만들어낼 것. 최종 목표는 고객 로열티의 획득이다.

※ 출처: 《전략적 브랜드 관리》

브랜드의 일관성이 중요하다

강력한 브랜드를 유지하려면 무엇보다도 일관성이 중요하다. 과거 50~100년 동안 리더의 자리를 지켜 온 디즈니, 맥도날드, 메르세데스 벤츠 등의 브랜드 전략은 놀랄 만큼 일관적이다.

다만 일관성을 유지하라는 것이 마케팅 프로그램의 변경을 피해야 한다는 의미는 아니다. 오히려 시대에 맞춰 마케팅 프로그램을 수시로 재검토함으로써 브랜드의 방향성을 유지할 필요가 있다.

이 책에서는 그 밖에도 강력한 브랜드 자산을 구축하기 위한 마케팅 프로그램의 설계와 관리 방법, 명칭·로고·캐릭터·URL 등의 브랜드 요소를 만드는 방법 등을 폭넓게, 깊게, 구체적으로 소개했다.

브랜드와 관련된 일을 하는 사람은 꼭 읽어 보기 바란다.

POINT

강력한 브랜드를 구축하기 원한다면 경쟁사와의 차별화와 유사화라는 두 가지 도구를 활용해 브랜느의 고유한 자산 가치를 최대치로 끌어올리자. 고객과의 강한 유대와 공감대, 그리고 브랜드 일관성이 브랜드의 자산 가치를 극대화한다.

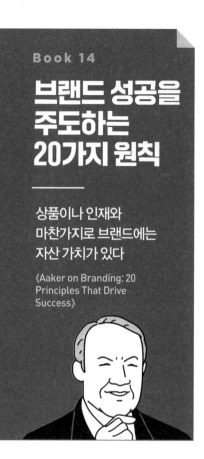

Book 14

브랜드 성공을 주도하는 20가지 원칙

상품이나 인재와
마찬가지로 브랜드에는
자산 가치가 있다

《Aaker on Branding: 20
Principles That Drive
Success》

데이비드 아커

David Allen Aaker

캘리포니아대학교 버클리캠퍼스 하스 경영대학원의 명예 교수(마케팅 전략론). 브랜드 컨설팅 회사인 프로펫의 부회장이기도 하다. 브랜드론의 일인자로 알려져 있으며, 마케팅 과학의 발전에 기여한 공적을 인정받아 '폴 D. 컨버스상'을, 마케팅 전략에 대한 업적을 인정받아 '비제이 마하잔상'을 받았다. 100편이 넘는 논문을 발표했으며, 저서로 《브랜드 자산의 전략적 경영》 등 다수가 있다.

브랜드 전략의 세계적 대가인 데이비드 아커는 브랜드에 관한 책을 여러 권 썼다. 그의 수많은 저서 가운데에서 이 책은 그의 저서와 논문에서 정수만을 엄선해 20가지 기본 원칙을 정리한 것이다.

브랜드 성공 원칙 1
자산으로서의 브랜드에 집중하라

어느 영업부장이 회식 자리에서 사자후를 토했다. "현장에서 죽어라 일해 돈을 벌어들이고 있는 건 우리 영업사원들이야. 그런

데 우리 회사는 쓸데없는 광고나 만들면서 브랜드에 돈을 너무 많이 쓰고 있단 말이지. 그 돈을 영업부에 주면 매출을 더 높일 수 있는데 말이야."

그러나 사실 고객은 이 회사의 브랜드에 절대적인 신뢰를 보내고 있다. 영업부장은 회사의 브랜드 덕분에 자신이 돈을 벌어들이고 있다는 사실을 잘 이해하지 못하고 있는 듯하다.

1980년대 후반까지만 해도 기업들은 이렇게 생각하고 있었다. '브랜드라는 건 결국 간판이잖아? 광고 대행사에 돈을 주고 맡기면 알아서 해 주겠지.' 그런 상황 속에서 아커는 다음과 같은 말을 해 마케팅의 세계에 큰 충격을 몰고 왔다.

"브랜드는 상품이나 인재와 마찬가지로 자산 가치가 있습니다. 제대로 전략을 궁리해야 합니다."

브랜드는 언뜻 '단순한 간판'처럼 보이지만, 고객이 그 간판에 절대적인 신뢰를 보내는 이유는 간판의 배후에 커다란 자산이 존재하기 때문이다. 이렇게 해서 브랜딩은 광고 대행사가 아니라 경영 간부가 맡아서 해야 하는 일이 되었다.

아커는 이 브랜드의 자신 가치를 브랜드 사산(Brand Equity)이라고 명명했다. 브랜드를 구축할 때는 브랜드 자산을 쌓고 지속적으로 높여 나갈 것을 목표로 삼아야 하는데, 아커에 따르면 이를 위해서는 다음의 세 가지가 필요하다.

① 브랜드 인지(Brand Awareness)

무인양품의 문구를 '나쁜 의미로 튀지 않는 세련된 문구'로 인지한 사람은 문구를 살 때 무인양품도 선택지로 고려하게 된다. 이렇게 고객이 브랜드를 인지하면 구입하려 할 때 떠올려 줄 가능성이 증가하며, 브랜드에 대한 호감도도 높아진다.

② 브랜드 연상(Brand Associations)

많은 소비자가 '무인양품'이라는 말을 들으면 '불필요한 것을 배제한 심플한 디자인'을 연상한다. 이처럼 그 브랜드의 이름을 들은 소비자가 뇌 속에서 떠오르는 관념이 브랜드 연상이다. 브랜드 연상은 고객과의 관계, 구매의 의사 결정, 고객 로열티의 바탕이 된다.

③ 브랜드 로열티(Brand Loyalty)

무인양품의 열광적인 팬은 옷도 식품도 냉장고도 무인양품에서 구입해 집안을 무인양품의 제품으로 가득 채운다. 이처럼 항상 그 브랜드를 선택하게 된 고객은 경쟁사가 아무리 애를 써도 어지간해서는 행동을 바꾸지 않는다. 바로 이 브랜드 로열티가 브랜드 가치의 중핵이다.

무인양품은 '단순하고 간결, 그러면서 필요한 것은 충분할 것'을 지향한다. 이와 같이 그 브랜드에 강하게 바라는 '이렇게 되었으면 좋겠다'는 이미지를 말로 표현한 것이 브랜드 비전이다. 명확한 브랜드 비전은 사업 전략을 적확히 표현하며, 경쟁자와 차별화시킨다. 또한 고객에게서 공감을 얻고 사원들에게 활력을 불어넣으며, 다양한 새로운 아이디어가 탄생하도록 만든다. 반대로 브랜드 비전이 없거나 불충분하면 그 브랜드는 방황하기 시작하며, 전략이나 시책도 일관성을 잃어버린다.

브랜드 성공 원칙 2

브랜드 개성과 조직 연상에 집중하라

사람은 브랜드로부터 인간적인 개성을 느끼면 인식과 행동에 영향을 받게 된다. 이것이 브랜드 개성(Brand Personality)이다. 개성을 지닌 브랜드는 다른 브랜드와의 차이가 명확해지며, 소비자의 인지는 어지간해서는 바뀌지 않으므로 확실한 우위를 점하게 된다.

무인양품을 사람의 개성에 비유하면 '과묵하고 성실하며 내심을 중시하는 장인'이 된다. 포르쉐나 메르세데스노 브랜드 자체가 강력한 개성을 지니고 있다.

조직의 가치관도 브랜드를 차별화시킨다. 상품 자체는 라이벌도 어느 정도 흉내를 낼 수 있지만, 조직의 가치관이나 조직 문화는 흉내 내기가 매우 어렵다.

가령 무인양품은 '무인양품이라는 어느 정도는 저렴하지만 낭비를 최소화해서 품질은 좋을 거야.'라는 고객의 조직에 대한 신뢰로 차별화를 하고 있다. 이처럼 고객의 뇌 속에서 '무인양품이라면 어느 정도 저렴해도 품질은 좋다.'라고 연상하는 것이 조직 연상(Organizational Association)이다.

또한 숫자로는 표현할 수 없는 조직 문화의 강점이 있다면 시장에서 장기간 유지되는 경쟁 우위성을 얻을 수 있다. 이를 위한 방법 중 하나는 조직으로서 커다란 목표를 내거는 것이다. 체중계를 만드는 회사인 타니타의 커다란 목표는 '사람들이 더 나은 식사로 건강을 증진하도록 돕는 것'이다. 그리고 타니타 사원 식당, 타니타 요리책, 레스토랑 등을 성공시켰다.

이처럼 조직의 가치관으로 차별화를 하려면 시간을 들여서 조직의 가치관을 알리고 지켜 나감으로써 고객의 뇌 속에 조직 연상을 키워 나갈 필요가 있다.

브랜드 성공 원칙 3
무인양품은 왜 상품의 기능 차별화를 꾀하지 않을까?

브랜드의 편익에는 네 가지가 있다. 무인양품을 살펴보자.

① **기능적 편익**⋯⋯그 상품으로 무엇을 할 수 있는가? 무인양품의 상품 수는 5,000점에 이른다. 무인양품은 상품도 타깃 고객도 좁히지 않는다. 식품도 팔고, 호텔도 운영한다. 과거에는 자동차도 팔았다. 무인양품이 기능적 편익에 집착하지 않는 이유는 다음의 세 가지 편익을 중시하기 때문이다.

② **정서적 편익**⋯⋯'이것을 사용할 때, 나는 ○○을 느낀다.'라는 편익. 무인양품은 '이게 좋아.'가 아니라 '이것이면 충분해(필요 충분).'라는 이성적인 만족감을 고객에게 제공한다.

③ **자기 표현적 편익**⋯⋯'이것을 사용할 때, 나는 ○○이 된다.'라는 편익. 낭비와 장식이 없는 무인양품의 제품을 사용함으로써 '있는 그대로의 모습으로 느낌 있는 생활을 하는 나'가 될 수 있다.

④ **사회적 편익**⋯⋯'이것을 사용할 때, 나는 ○○의 사람들과 동료가 된다.'라는 편익. 무인양품은 고객의 목소리를 반영해 다양한 상품을 개발하고 있다. 가령 '붙여 놓은 채로 책을 읽을 수 있는 투명 스티키 노트'는 소비자의 제안으로 발매된 상품이다. 덕분에 투명 스티키 노트를 책에 붙여도 붙인 부분의 내용을 읽을 수 있게 되었다. 무인양품에 있어 소비자는 상품 개발의 동료인 것이다.

언뜻 보면 소비자가 물건을 살 때 기능적 편익만을 판단의 기준으로 삼는 듯이 보이지만, 실제로는 후자의 세 가지 편익에 입각해 무의식적이고 직감적으로 사는 경우가 많다. 이 세 가지 편익과 브랜드 개성, 그리고 조직 연상이 강력한 브랜드 로열티를 만들어 내는 것이다.

강력한 브랜드를 구축하려면 고객에 앞서 사원들에게 브랜드 비전을 이해시켜야 한다. 다시 말해 사내에서의 브랜딩이 중요한 것이다. 이것은 많은 장점을 지니고 있다. 먼저, 사원에게 방향성과 의욕을 부여할 수 있다. 사원에게 자극을 주면 브랜드 비전을 실현하기 위한 아이디어를 생각해 내게 된다. 또한 자사의 브랜드에 긍지를 품고 자신이 하고 있는 일의 의의와 성취감을 느낀 사원은 다른 사람들에게 그 이야기를 하고 싶어 하며, 이를 통해 조직 문화가 탄생한다.

아커는 잘못된 부분이 있으면 주저 없이 수정하는 사람이다. 그래서 말의 정의를 빈번히 바꾼다. 가령 이 책에 나오는 브랜드 비전의 경우, 과거의 책에서는 '브랜드 정체성'으로 불렸다. 이 책을 선택한 이유는 이 책이 아커의 저서 중 비교적 최신인 2014년에 출판되어 아커의 최신 생각이 반영되어 있기 때문이다.

이 책을 읽으면 브랜드 전략의 정수를 효율적으로 배울 수 있다. [Book 13]《전략적 브랜드 관리》와 함께 읽으면 브랜드에 대한 이해가 더욱 깊어질 것이다.

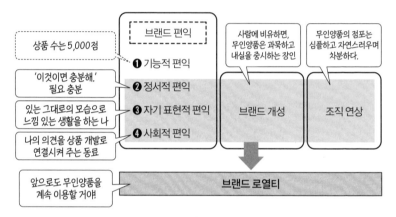

강력한 브랜드 로열티를 만들어 내려면?
무인양품의 경우

상품 수는 5,000점

브랜드 편익

❶ 기능적 편익

'이것이면 충분해.'
필요 충분

❷ 정서적 편익

있는 그대로의 모습으로
느낌 있는 생활을 하는 나

❸ 자기 표현적 편익

나의 의견을 상품 개발로
연결시켜 주는 동료

❹ 사회적 편익

사람에 비유하면,
무인양품은 과묵하고
내실을 중시하는 장인

무인양품의 점포는
심플하고 자연스러우며
차분하다.

브랜드 개성

조직 연상

브랜드 로열티

앞으로도 무인양품을
계속 이용할 거야!

※《브랜드 성공을 주도하는 20가지 원칙》을 바탕으로 필자가 작성

POINT

브랜드 자산을 쌓아 나가기 위한 세 가지 요소에 주목하라. 그리고 브랜드의 개성과 조직 연상을 고민하라. 브랜드 차별화는 제품의 기능뿐만 아니라 정서적, 자기 표현적, 사회적 편익 측면에서 이루어져야 한다.

Book 15

부족 지식

———

'만들자!'라며 만든
브랜드는 실패한다

《Tribal Knowledge: Business
Wisdom Brewed from
the Grounds of Starbucks
Corporate Culture》

존 무어
John Moore

경영 컨설턴트, 마케터, 실업가. 스타벅스에서 8년 동안 마케팅 프로그램의 작성과 실행을 담당했으며, 그 후 대형 슈퍼마켓 체인인 홀푸드마켓을 거쳐 컨설팅 회사를 운영하고 있다. 작은 회사가 활발한 마케팅을 통해 더 큰 성장을 이루도록 기업을 지원하고 있으며, 기업이나 대학 등에서 강연 활동도 하고 있다. 인기 마케팅 블로그 'Brand Autopsy'도 운영 중이다.

스타벅스가 창업했을 무렵, 미국에서 파는 커피는 맛이 없었다. 당시 미국의 커피 업계가 무제한 가격 경쟁 상태에 빠져 있기 때문이다. 그런 업계에서 급성장해 강력한 브랜드를 만들어 낸 스타벅스는 브랜딩과 가격 전략에 관한 사례 연구의 보고(寶庫)라고 할 수 있다.

이 책에서는 스타벅스의 사내에서 구전되는 지혜가 소개되어 있다. 저자는 스타벅스에서 8년 동안 마케팅 프로그램의 작성과 실행을 담당했으며, 현재는 기업을 상대로 컨설팅을 하고 있다.

스타벅스는 '어디에나 있는 한 잔의 커피'를 '다른 곳에는 없

는 것'으로 만들었다. 커피 원두의 품질 향상과 강배전을 추구
해, 스페셜티 커피를 통해 커피를 즐기는 경험을 제공했다. '어
디에나 있는 일용품화된 것'이 '다른 곳에는 없는 것'이 되면 고
객의 마음속에 브랜드 로열티가 생겨나 고객이 떠나지 않게 된
다. [Book 12] 《브랜딩 불변의 법칙》에서 소개했듯이, 고객
은 새로운 브랜드가 아니라 새로운 카테고리에 흥미를 느낀다.
1980~1990년대의 '스페셜티 커피'는 말 그대로 새로운 카테고
리였다. 스페셜티 커피는 널리 인지됐고, 스타벅스라는 브랜드
가 보급되었다.

스타벅스는 새로운 카테고리를 이해시키기 위해 그때까지의
커피와 스페셜티 커피의 차이를 설명했다. 기존의 커피와 스페
셜티 커피의 결정적인 차이는 커피 원두였다. 스페셜티 커피는
품질이 좋고 값도 비싼 아라비카종만 원두를 사용했기에 한 모
금만 마셔도 차이를 금방 알 수 있다.

신규 사업에서는 기업의 새로운 브랜드에 앞서 새로운 카테
고리를 소구해야 하는 것이다.

브랜드 매니지먼트는 '평판 관리'다

주위의 사람들을 떠올려 보기 바란다. 평판이 좋은 사람은 성실
하고 신뢰할 수 있다는 이미지가 있으며, 때로는 존경의 대상이

되기도 한다. 반대로 평판이 나쁜 사람은 그다지 신뢰감이 들지 않는다. 브랜드도 마찬가지다. 강력한 브랜드에서는 평판이 좋은 사람과 마찬가지로 성실한 이미지가 느껴진다. 반면에 약한 브랜드는 그다지 신뢰감이 들지 않는다. 이런 좋은 평판은 약속한 바를 꾸준히 실천하는 방법으로만 만들 수 있다.

스타벅스는 '브랜드 매니지먼트 = 평판 관리'라고 생각한다. 스타벅스는 의도적으로 브랜드 구축에 신경을 쓰지 않았다. 대신 맛있는 커피에 대한 이해를 얻기 위해 열정적으로 노력해서 강력한 브랜드를 만들어 낸 것이다.

재무 상태표(대차 대조표)에 자산과 부채가 있듯이 브랜드의 재무 상태표에도 브랜드 자산과 브랜드 부채가 있다는 것이 스타벅스의 생각이다. 그래서 어떤 활동을 해야 할지 말지 판단할 때 그 활동이 브랜드 자산인지 브랜드 부채인지 검토한다. 다음의 네 가지 검토 항목에서 '○'가 3개 이상이라면 브랜드 자산이며 스타벅스에 어울리는 활동이고, '×'가 2개 이상이라면 브랜드 부채이며 스타벅스에 어울리지 않는 활동이다. 이탈리아의 스쿠터 브랜드 '베스파 USA'와 상품 제공 캠페인을 기획했을 때다.

① 고객은 이탈리아의 이미지를 떠올리며, 이탈리아의 카페 문화와도 관련이 있다. → ○
② 제삼자인 베스파가 상품을 제공한다. 스타벅스도 법적 의무를 준수할

책임을 진다 → ○

③ 스타벅스의 바리스타에게 캠페인에 관해 이야기하니 반응이

긍정적이었다 → ○

④ 고객의 반응은 솔직히 모르겠다 → ×

○가 3개, ×가 1개였기에 실시했다. 결과는 대성공으로, 고객들은 호화 상품에 깜짝 놀랐으며 판매량도 증가했다.

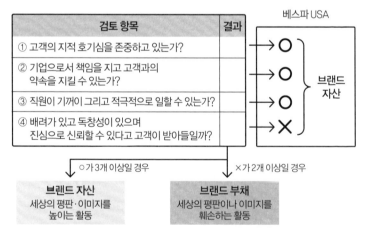

브랜드 매니지먼트 = 평판 관리

검토 항목	결과
① 고객의 지적 호기심을 존중하고 있는가?	
② 기업으로서 책임을 지고 고객과의 약속을 지킬 수 있는가?	
③ 직원이 기꺼이 그리고 적극적으로 일할 수 있는가?	
④ 배려가 있고 독창성이 있으며 진심으로 신뢰할 수 있다고 고객이 받아들일까?	

베스파 USA

○
○
○
×

} 브랜드 자산

○가 3개 이상일 경우

×가 2개 이상일 경우

브랜드 자산
세상의 평판·이미지를 높이는 활동

브랜드 부채
세상의 평판이나 이미지를 훼손하는 활동

※《부족 지식: 스타벅스의 기업 문화에서 양성된 비즈니스의 지혜》을 바탕으로 필자가 작성

왜 스타벅스는 광고를 하지 않을까?

스타벅스는 광고를 거의 하지 않는다. 점포에서의 스타벅스 경험 자체가 마케팅 활동이라고 생각한다. 흰 컵에 제공되는 커피, 직원과 고객의 교류, 점포의 분위기, 커피의 향기, 스타벅스에서 보내는 한때. 이런 것들 하나하나가 마케팅 활동이다.

새로운 커피가 나왔을 때 무료 시음을 제공하는 목적은 판매 촉진이 아니라 고객에게 상품을 알리는 것이다. 사실은 프라푸치노가 나왔을 때 텔레비전 광고를 했는데, 효과가 없어서 즉시 중지했다. 그 대신 무료 시음을 계속하고 고객과의 교류를 깊게 함으로써 매출을 늘렸다.

스타벅스가 창업 초기에 광고를 내지 않았던 것은 돈이 없기 때문이었다. 그러나 성장하면서 '입소문이 최고의 광고'임을 깨달았다. 광고를 부정하는 것이 아니다. 브랜드를 육성하는 데는 더 효과적인 수단이 있다고 생각할 뿐이다. 광고에 들일 돈으로 메뉴에 개성적인 음료를 늘리고 점내의 환경을 충실히 관리하며 서비스 속도의 향상을 위해 직원의 수를 늘린다.

고객의 경험을 만들어 내는 것이 최고의 마케팅이라고 생각하는 것이다.

광고를 하지 않음에 따라 고객에게서 "성실하고 신뢰도가 높다."라는 말까지 듣게 되었다.

왜 스타벅스는 가격을 내리지 않을까?

월마트는 EDLP(Everyday Low Price, 상시 최저가) 전략으로 고객을 모으지만, 스타벅스는 가격을 내리지 않는다. EDLP 전략을 채용하면 비용 절감밖에 선택지가 없어진다. 그러나 스타벅스는 이익 폭이 90퍼센트 이상이다. 그래서 고객 경험에 힘을 쏟을 수 있다.

고객 경험을 중시하는 스타벅스가 고객과의 관계를 만들어낼 기회는 한 번뿐이다. 한 잔의 커피가 바로 그 '한 번'이다. 고객이 완벽한 에스프레소를 맛볼 수 있게 해야 한다. 한 번의 실수가 고객을 두 번 다시 오지 않게 만든다. 스타벅스는 서비스 비즈니스인 것이다.

과거에 스타벅스는 '고객 감동의 날'에 20퍼센트 할인을 실시해 기록적인 매출을 올린 적이 있지만, 트러블도 많았다. 먼저, 고객에게 '스타벅스는 가격을 내릴 때가 있다.'라는 인식이 생겼다. 그래서 할인을 하기 전의 몇 주는 매출이 급감했고, 할인 당일에는 상품의 제공이 주문을 따라잡지 못할 만큼 대혼잡을 빚었다. 점포에 다음날 판매할 상품을 놓아두지 못해 기회 손실도 대량으로 발생했다. 그리고 무엇보다도 완벽한 커피 한 잔으로 고객에게 만족을 줄 수기 없게 되었다.

낮은 가격은 좋은 아이디어를 생각해 내지 못하는 마케팅 담당자의 뻔한 수단이다. 사용해서는 안 된다.

진실을 이야기하는 것이 마케팅이다

스타벅스에서는 6가지 암묵의 규칙에 입각해 마케팅 프로그램을 실시한다.

[규칙 ①] 성실하고 신뢰할 수 있을 것……고객에게 계속 성실하면 시책도 성실해진다.

[규칙 ②] 기분을 환기할 것……말에서 장소, 편안함, 호소하는 내용 을 연상할 수 있어야 한다.

[규칙 ③] 다른 회사에 관해 일체 언급하지 않을 것……경쟁자를 언급하면 다른 회사에 관심이 쏠릴 뿐이다.

[규칙 ④] 직원의 커미트먼트를 높일 것……점포에서 고객에게 메시지를 전하는 주체는 직원이다.

[규칙 ⑤] 약속은 반드시 지킬 것……약속을 지키는 것이 성실한 마케팅이 된다.

[규칙 ⑥] 소비자의 지성을 존중할 것……스타벅스는 음료의 양을 '라지', '미디엄'이 아닌 '그란데', '톨'로 표시한다. 고객은 처음에는 당황하지만 한 번 주문을 하면 스타벅스의 일원이 된다. '의도적으로 불친절하게 하는' 것은 [Book 25]《투쟁으로써의 서비스》와 일맥상통하는 점이다.

스타벅스는 최대의 커피 기업이 되는 것에 중점을 둔 적이 없다고 한다. '최고가 되면 최대가 된다.'라고 믿고 최고의 커피 기업을 목표로 삼아 왔다. 최고가 아니라 최대가 되려고 하니까 기업의 미션을 잊어버리게 되는 것이다.

그러나 이 책이 출판되고 2년 후, 스타벅스는 전작인《사장을 위한 MBA 필독서 50》의 [Book 40]《온워드》에서 소개했듯이 성장의 병에 걸쳐 부진에 빠졌다. 설령 숙지하고 있더라도 걸린다는 것이 '성장의 병'의 무서운 점이다.

[Book 5]《브랜드는 어떻게 성장하는가》는 시장을 거시적인 관점에서 본 확률 싸움이며, 스타벅스의 전략은 고객과의 유대를 중시하는 근접전이다. 언뜻 서로 모순되어 보이지만, 밑바탕에는 독자성의 철저한 추구나 정신적 가용성 중시 등 서로 통하는 부분도 많다. 언뜻 모순되어 보이는 부분과 서로 통하는 부분에 대한 이해가 강력한 전략을 만들어 낸다. 성공의 열쇠는 바로 이 부분에 숨어 있는지도 모른다.

POINT

제품이나 서비스에 대해 진실을 이야기하고 지속적으로 고객을 성실히 상대하면 강력한 브랜드를 구축할 수 있다. 이것이 제대로 되면 어떤 광고보다 대단한 자산이 된다. 가격 인하를 고민할 필요조차 없어진다.

Book 16

파워 프라이싱

고객에게 맡기지 말고
'파워 프라이서'를
지향하라!

《Power Pricing: How
Managing Price Transforms
the Bottom Line》

헤르만 지몬·로버트 J. 돌란

Hermann Simon·Robert J. Dolan

지몬은 1985년에 독일의 본을 거점으로 전략·마케팅 전문 컨설팅 회사 지몬-쿠허 앤 파트너스를 설립하고 가격 설정 분야의 선도 기업으로서 유럽을 중심으로 활동하고 있다. 경영 전략, 마케팅, 가격 설정의 일인자로, 전 세계의 클라이언트에게 효과적인 조언을 하고 있다. 돌란은 하버드 비즈니스 스쿨 교수다.

여러분은 가격 설정을 어떻게 생각하고 있는가? "가격? 음……. 고객에게 맞춰서 결정하는 거 아니야?"라는 사람이 많지 않을까?

실제로는 제품 가격을 1퍼센트만 인상해도 기업의 이익이 평균 12퍼센트나 개선된다. 수동적인 자세를 버리고 주체적으로 가격을 설정하면 매출도 이익도 크게 증가한다.

마케팅 믹스(4P)에서 가격 전략은 이익을 만들어 내는 유일한 요소다. 이 책의 저자는 전작《사장을 위한 MBA 필독서 50》의 [Book 28]《헤르만 지몬의 프라이싱》을 쓴 가격 전략의 일인자 헤르만 지몬과 하버드 비즈니스 스쿨의 돌란 교수다.《헤르만 지몬의 프라이싱》은 가격 전략의 본질을 알기 쉽게 체계적으로 해설한 몇 안 되는 이론서이며 세계적인 베스트셀러다. 1997년에 출판된 책인 까닭에 오래된 사례밖에 없음은 부정할 수 없지만, 가격 전략의 기본을 체계적으로 정리한 귀중한 책이기에 소개하도록 하겠다.

저자들은 파워 프라이서(Power Pricer)라는 개념을 제창했다. 가격 결정을 시장에 맡기지 않고 고객의 요망에 부응하는 가치를 창출한 뒤 주체적으로 올바른 가격을 설정하는 것이다.

스와치의 콘셉트는 '저렴한 스위스 손목시계'다. 가격은 항상 40달러다. 단순하고 정직한 가격으로, 인상도 인하도 하지 않는다. 가격으로 고객에게 "스와치를 사는 여러분은 틀리지 않았습니다."라는 메시지를 전하고 있다.

버그스킬러라는 살충제는 해충 구제 보증을 추가함으로써 다른 회사의 10배 가격을 실현했다.

파워 프라이서가 되기 위해 즉시 사용할 수 있는 방법을 이 책에서 한 가지 소개한다.

강력한 가격 전략 1
매출과 이익을 최대화하는 가격 전략이란 무엇인가

여객기는 좌석에 따라 요금이 달라진다. 비즈니스 클래스의 요금은 이코노미 클래스의 2배이고, 퍼스트 클래스의 요금은 비즈니스 클래스의 2배라고 한다. 고객에게 맞춰 가격 설정을 세분화하는 프라이스 커스터마이제이션을 통해 매출과 이익을 최대화하려는 시도다. 고객은 한 사람 한 사람이 모두 다르다. 구매 판단도, 쓸 수 있는 금액도 다르다. 그 구조를 살펴보자(지금부터 회계에 관한 이야기가 계속된다. 어렵게 느껴진다면 건너뛰어도 무방하다).

400석의 여객기, 승객 1인당 변동비가 10만 원일 경우를 생각해 보자. 첫 번째 그래프의 가격-판매량 반응 곡선은 가격이 바뀌면 판매량(구입하는 사람의 수)이 어떻게 변화하는지를 나타낸 것이다. 이 예에서는 가격이 10만 원일 경우 400석이 전부

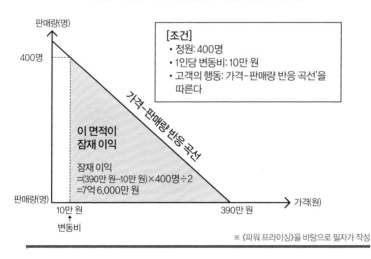

항공 회사의 가격과 판매량이 어떻게 변화하는가?

[조건]
• 정원: 400명
• 1인당 변동비: 10만 원
• 고객의 행동: '가격-판매량 반응 곡선'을 따른다

판매량(명)

400명

가격-판매량 반응 곡선

이 면적이
잠재 이익

잠재 이익
=(390만 원-10만 원)×400명÷2
=7억 6,000만 원

판매량(명)

10만 원
↑
변동비

390만 원

가격(원)

※ 《파워 프라이싱》을 바탕으로 필자가 작성

팔리지만, 이래서는 매출 총이익(매출액에서 변동비를 뺀 이익)의 합계가 0원이 되어서 수익을 전혀 올리지 못한다.

가격을 올리면 사는 사람의 수가 곡선을 따라서 서서히 감소하며, 390만 원일 때 0명이 된다. 이 삼각형의 면적은 잠재적으로 얻을 수 있는 최대의 이익을 나타내며, 이것을 잠재 이익이라고 한다. 이 예에서는 잠재 이익이 7억 6,000만 원이다. 다만 이것은 가격을 가격-판매량 반응 곡선대로 고객 전원에 맞춰 세심하게 설정했을 때 비로소 얻을 수 있는 이익이다. 현실에서는 그렇게까지 가격을 세심하게 설정할 수가 없다.

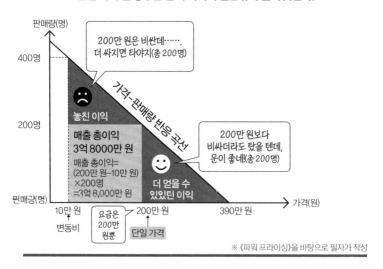

'단일 가격'일 경우는 잠재 이익의 절반밖에 얻지 못한다.

※《파워 프라이싱》을 바탕으로 필자가 작성

다음 두 번째 그래프는 가격을 10만 원과 390만 원의 중간인 200만 원의 단일 가격으로 설정했을 경우다. 가격-판매량 반응 곡선에 따르면 200만 원에 표를 사는 사람의 수는 200명으로, 전체 좌석인 400석의 절반이다. 매출 총이익은 3억 8,000만 원이며, 이 역시 잠재 이익(7억 6,000만 원)의 절반이다. '200만 원은 좀 비싼데……'라며 표를 사지 않는 200명분의 '놓친 이익'과 '200만 원보다 비싸도 샀을 거야.'라는 200명의 승객에게서 획득하지 못한 '더 얻을 수 있었던 이익'이 발생하기 때문이다.

그래서 마지막 세 번째 그림처럼 퍼스트 클래스는 270만 원,

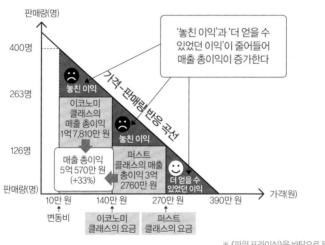

'가격을 2단계'로 설정하면 이익이 증가한다.

이코노미 클래스는 140만 원으로 두 종류의 가격을 설정하면 둘을 합친 매출 총이익이 5억 570만 원으로 단일 가격일 때보다 33퍼센트 증가하게 된다. 그리고 여기에 비즈니스 클래스를 추가해 3단계로 만들면 더 많은 잠재 이익을 끌어낼 수 있다. 즉, 복수의 가격을 설정하면 이익이 증가한다.

이처럼 고객 니즈에 대응해 세밀하게 복수의 가격을 설정하면 놓치고 있었던 잠재 이익을 획득할 수 있다. 이 프라이스 커스터마이제이션의 방법은 네 가지가 있다.

[방법 ①] 제품 라인업……이 항공 회사의 사례. 고객에게 다른 가격대의 상품을 선택할 수 있게 한다.

[방법 ②] 고객별로 관리……회원 등급별로 할인을 한다.

[방법 ③] 구매자의 특성……예를 들면 아동은 반값

[방법 ④] 거래 특성……주말과 평일의 숙박 요금을 다르게 설정하거나, 대량 구입의 경우 할인을 한다.

이처럼 프라이스 커스터마이제이션을 통해 기업의 수익성을 크게 향상시킬 수 있다.

여담이지만, 최근 유행하는 다이내믹 프라이싱(Dynamic Pricing)은 IT를 활용해서 실가격을 실제 세계의 가격-판매량 응용 곡선에 접근시키려 하는 가격 설정 방법이다.

강력한 가격 전략 2
고부가가치 전략이 필요하다

저자들은 경영자를 대상으로 한 세미나에서 "제조 단가는 50달러인데 고객이 이것을 사용하면 1,000달러를 절약할 수 있는 제품이 있습니다. 이 제품의 가격을 얼마로 설정하겠습니까?"라는 질문을 했다. 이에 유럽의 경영자는 600달러, 미국의 경영자는 500달러라고 대답했는데, 동양의 한 경영자가 대답한 가격은 100달러였다. 그는 그 이유를 이렇게 말했다고 한다.

"우리는 높은 고객 부가가치의 실현을 인내하는 대신 시장의 점유를 목표로 삼고 있습니다."

이 일화를 소개하면서 저자들은 "동양의 기업은 대량 생산으로 비용 우위를 노리지만, 동양 기업의 비용 우위는 과거의 이야기다. 성공의 유일한 전략은 고부가가치 전략이다."라고 말했다.

고부가가치 전략은 많은 기업이 아직 경험해 보지 못한 영역이다. 제품 성능에 의지하며 고급 브랜드를 만들지 않고 있다. 앞으로는 고부가가치에 대해 제대로 생각할 필요가 있다. 이를 위해서도 제2장에서 소개한 브랜드 전략과 가격 전략을 이해하고 실천하는 것이 중요하다.

POINT

고부가가치 전략을 실천해 보라. 고객에 맞춘 가격 전략을 도입함으로써 매출과 이익의 극대화를 적극적으로 꾀해 보라.

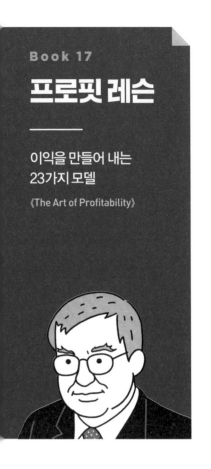

Book 17

프로핏 레슨

이익을 만들어 내는
23가지 모델

《The Art of Profitability》

에이드리언 슬라이워츠키

Adrian J. Slywotzky

하버드대학교를 졸업한 뒤 하버드 로스쿨과 비즈니스 스쿨에서 석사 학위를 취득했으며, 현재는 올리버 와이만 컨설팅의 임원이다. 첫 저서인 《가치 이동》으로 높은 평가를 받았고, 《수익 지대》는 미국 베스트셀러가 되었다. 1999년에는 〈인더스트리위크〉지에서 드러커, 포터, 게이츠, 웰치, 글로브와 함께 '가장 영향력 있는 경영 사상가 6인'로 선정되었다.

사람은 공기나 물이 없으면 살아갈 수 없다. 이와 마찬가지로 비즈니스도 이익을 만들어 내지 못하면 지속할 수 없다. 그리고 이익을 만들어 내려면 시스템이 필요하다. 이 책에는 이익을 만들어 내는 패턴이 소개되어 있다. 성공한 기업은 이익을 낳는 이익 모델을 만들어 냈다. 이익 모델을 이해하면 비즈니스에서 사용할 방책을 늘릴 수 있다.

이 책은 스티브라는 젊은이를 그의 멘토인 치오기 8개월 동안 가르치는 이야기를 통해 23가지 이익 모델을 소개한다. 여기에서는 그중 6가지를 소개하겠다.

스위치보드 이익 모델

마이클 오비츠는 할리우드에서 큰 성공을 거둔 실업가다. 영화 제작사에 영화배우를 소개하는 비즈니스를 시작한 그는 점차 각본가, 감독, 프로듀서 등으로 범위를 넓혀서 영화 제작에 필요한 일체의 인재들을 하나의 패키지로 제공하기 시작했다. 그러자 이윽고 그를 거치지 않으면 대형 스타나 거물 감독을 기용할수 없을 만큼 할리우드에서 절대적인 영향력을 지니기에 이르렀다.

이처럼 마치 전화 교환기(스위치보드)가 전화를 거는 사람과 받는 사람을 연결해 주듯이 니즈가 있는 사람과 일거리를 찾는 사람을 연결해 주는 것이 스위치보드 이익 모델이다.

과거에 IBM은 자사 제품만을 판매했다. 그러나 1990년대에 경영을 변혁한 뒤로는 타사의 제품도 조달해 고객에 맞춘 솔루션을 제공하게 되었는데, 이것도 스위치보드 이익 모델이다.

이 모델에서 중요한 것은 고객의 비즈니스를 철저히 이해하는 일이다. 이 고객을 이해하는 단계에 투자할 때 비로소 제품을 지속적으로 판매할 수 있게 된다.

시간 이익 모델

"신제품을 내놓아도 1년만 지나면 다른 회사들이 모방해 버린다. 특허로도 막을 수가 없다."라며 고민하는 테크놀로지 기업이 많다. 인텔도 같은 고민을 하고 있었는데, 이것을 역으로 이용함으로써 고수익 기업이 되었다.

먼저 업계 내에서 기술 주도권을 쥐고, 신제품을 빠르게 개발해 신속하게 보급시킨다. 그리고 테크놀로지 업계에서는 비용이 급속히 하락한다는 점을 이용해, 다른 회사가 기술을 따라잡아 흉내 내기 시작하면 단숨에 가격을 내려 라이벌의 추격을 떨

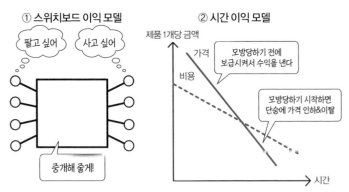

이익 모델

① 스위치보드 이익 모델

팔고 싶어   사고 싶어

중개해 줄게!

② 시간 이익 모델

제품 1개당 금액

가격

비용

모방당하기 전에 보급시켜서 수익을 낸다

모방당하기 시작하면 단숨에 가격 인하&이탈

시간

※ 《프로핏 레슨》을 바탕으로 필자가 작성

쳐낸다. 라이벌이 따라오기 전에 투자를 회수하는 전략이다. 또한 차세대 제품을 빠르게 시장에 내놓고 같은 과정을 반복한다.

시간 이익 모델은 단순한 전략이지만, 자칫하면 지루하고 단조로운 작업이 계속될 수 있다. 그래서 세심한 작업을 꾸준히 반복하는 끈기가 요구된다. 인텔도 우직하게 생산성을 높임으로써 비용 경쟁력을 키워 나갔다.

이익 모델 ③
배가 증식 이익 모델

혼다는 자신들의 강점인 엔진 기술을 갈고닦아 자동차와 모터사이클, 비행기 등을 만들고 있다. 디즈니는 미키마우스 등을 활용해 영화, 테마파크, 출판, 캐릭터 상품 등을 전개하고 있다. 이처럼 자사의 강점이 되는 기술이나 자산, 지적 재산권을 다양한 형태로 재이용함으로써 개발 비용을 낮추고 이익을 높일 수 있다.

이익 모델 ④
기준 설정 이익 모델

프린터 제조사가 프린터 본체가 아니라 잉크로 수익을 낸다는 것은 유명한 이야기다. 본체는 구매자에게 매매의 선택권이

이익 모델

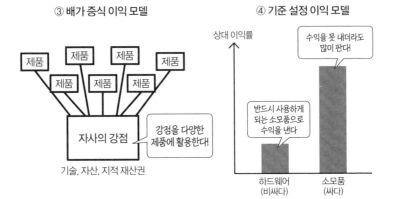

③ 배가 증식 이익 모델

④ 기준 설정 이익 모델

자사의 강점 ← 강점을 다양한 제품에 활용한다!

기술, 자산, 지적 재산권

상대 이익률

수익을 못 내더라도 많이 판다!

반드시 사용하게 되는 소모품으로 수익을 낸다

하드웨어
(비싸다)

소모품
(싸다)

※ 《프로핏 레슨》을 바탕으로 필자가 일부 내용 추가

있다. 그러나 일단 본체를 사면 주도권은 판매자에게 넘어가며, 구매자는 잉크 등의 소모품을 살 수밖에 없게 된다. 여기에 소모품은 저렴하므로 구매자는 신경 쓰지 않고 계속 사용한다. 그래서 고가인 하드웨어의 이익률을 낮추고 지속적으로 구입하게 되는 소모품의 이익률을 높게 설정한다.

이 모델의 포인트는 고객의 사용 빈도와 사용량을 높이는 것이다.

이익 모델 ⑤
거래 규모 이익 모델

판매할 때는 열과 성을 다하지만 막상 판매한 뒤에는 고객을 방치하는 기업이 많은데, 이것은 참으로 아까운 일이다. 판매한 순간이야말로 고객과의 오랜 관계가 시작되는 때다. 꾸준히 신뢰를 획득해 나가면 호흡이 긴 비즈니스로 연결시킬 수 있다.

부동산 업자도 계약 후에 고객을 방치하는 일이 많은데, 한 부동산 업자는 일단 관계를 맺은 고객과의 인연이 끊어지지 않도록 가치 있는 정보를 꾸준히 제공하며 고객의 요구에 부응했다. 이렇게 해서 서서히 고객의 신뢰를 획득해 새로운 안건을 맡고, 점차 대규모 계약을 따내게 되었다. 시간을 들여서 고객과 관계를 깊게 함으로써 커다란 계약을 획득할 수 있었던 것이다. [Book 40]《고객 성공》은 이 이익 모델을 사내에서 시스템적으로 실현하기 위한 발상이다.

이익 모델 ⑥
신제품 이익 모델

신제품이 세상에 나오면 판매·이익은 서서히 증가하며, 판매량이 정점을 찍으면 이익도 최대가 된다. 그리고 정점을 지나 판매량이 감소하면 이익도 줄어들며, 마지막에는 제로가 된다. 이 과정에서 이익은 포물선을 그리는데, 이와 같은 제품의 라이프사이클을 알면 무엇을 해야 할지 알 수 있다.

　포물선의 왼쪽(전반 단계)에서는 다른 회사의 3배를 투자해 고객의 마인드셰어를 획득하는 데 주력한다. 그리고 오른쪽(후반 단계)에서는 기어를 전환해, 투자를 3분의 1로 억제하며 현금 흐름의 최대화에 힘을 쏟는다. 이를 위해서는 신제품이 정점에 가까워졌다는 징조를 놓치지 말아야 한다. 고객의 변화를 다른 회사보다 먼저 감지하고 정점이 오기 1년 전부터 투자 비율을 전환하기 시작하는 것이다.

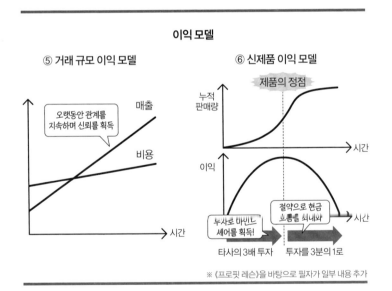

이익 모델

⑤ 거래 규모 이익 모델

오랫동안 관계를
지속하며 신뢰를 획득

매출

비용

시간

⑥ 신제품 이익 모델

누적
판매량

제품의 정점

시간

이익

시간

투자로 마인드
셰어를 획득!

절약으로 현금
흐름을 최대화

타사의 3배 투자　　투자를 3분의 1로

※ 《프로핏 레슨》을 바탕으로 필자가 일부 내용 추가

이익의 원천은 정보다

좀 더 정확한, 좀 더 새로운 정보를 가지고 있으면 라이벌보다 앞서서 고객에게 더 높은 가치를 제공할 수 있다. 이를 위해서는 항상 고객·시장·경쟁자를 관찰하고 새로운 발상을 지속적으로 공부해야 한다.

비즈니스에는 반복적으로 등장하는 20~30가지의 패턴이 있다. 이 패턴들을 공부하면 어지간한 일에는 놀라지 않게 된다. 비즈니스에서 앞날을 내다보는 힘은 학습을 통해 어느 정도 습득이 가능한 것이다.

이 책은 총 23장으로 구성되어 있다. 저자는 "자신의 상황에 맞춰 일주일에 1장의 속도로 곰곰이 생각하면서 읽기 바란다." 라고 썼다. 만약 이를 실천한다면 틀림없이 당신의 마케팅은 강력해질 것이다.

POINT

이익을 만들어 내는 데에는 정형적인 패턴이 있다. 이익을 만들어 내는 다양한 방법을 이해하고 익혀야 실제로 이익을 만들어 낼 가능성이 생긴다는 점을 명심하자.

Chapter 3

서비스 마케팅
Service Marketing

GDP 가운데 70퍼센트. 그것이 서비스업의 비중이다.

최근 20년 사이에 마케팅 업계에서는 서비스 마케팅에 대한 관심이 뜨겁다. "물건 만들기에서 경험 만들기로"라는 말이 나오고 있다.

서비스 마케팅에는 제조업의 마케팅 상식이 통용되지 않는다.

서비스는 무형(無形)이라는 점이 가장 큰 차이다. 서비스 비즈니스는 본연의 특성이 있다.

이 장에서는 서비스 마케팅 분야의 명저 8권을 소개한다.

Book 18

결정적 순간 15초

최전선에서 일하는 직원이
가치를 만들어 낸다

《Moment of Truth》

얀 칼슨
Jan Carlzon

1978년에 36세의 나이로 세계 최연소 항공 회사 사장이 돼 스웨덴의 국내 항공 회사를 단기간에 재건했다. 이 실적을 높게 평가받아 39세라는 젊은 나이에 스칸디나비아 항공의 사장으로 취임했고 적자에 허덕이던 회사를 실적부터 회복시켜 초일류 서비스 기업으로 만들어 냈다. 스칸디나비아 항공을 떠난 뒤에는 투자 회사와 인터넷 소매 기업을 창업했으며, 영국-스웨덴 상공 회의소의 회장도 역임했다.

오늘날 사업가에게 서비스 마케팅은 필수 과목이다. 많은 기업이 서비스화로 급속히 전환하고 있기 때문이다. 가령 항공기 제트 엔진 제조사에서는 가동·정비 상황을 실시간으로 관리하는 예방 보전 서비스를 실시하고 있고, 소니도 유료 온라인 게임을 커다란 수입원으로 삼고 있다.

이런 서비스 마케팅 세계에서 필독서로 통하는 책이 바로 1985년에 출판돼 스테디셀러로 군림하고 있는 이 책이다. 이 책의 원제목인 '진실의 순간(Moment of Truth)'이라는 말에는 서비스의 정수가 응축돼 있다.

저자는 2년 연속 적자를 기록한 스칸디나비아 항공(SAS)을 고객 우선의 기업으로 변혁시켜 재건에 성공한 경영자다. 책의 무대는 1980년대의 항공 업계이지만, 현대에도 통용되는 교훈이 많다.

어느 미국인 사업가가 회의에 참석하기 위해 급히 공항으로 가다가 호텔에 항공권을 두고 온 것을 깨달았다. 그러나 호텔로 돌아가기에는 시간이 촉박했다. 그래서 일단 공항으로 가서 SAS의 항공권 담당자에게 이야기를 했는데 사정을 들은 직원은 이렇게 말했다. "걱정하지 마십시오. 탑승 카드와 임시 발행 항공권을 드리겠습니다. 그리고 숙박하신 호텔과 방 번호를 가르쳐 주시겠습니까?"

그리고 대합실에서 기다리고 있으니 탑승 전에 항공권이 도착했다. 담당 직원이 호텔에 전화를 걸어서 항공권을 찾아낸 뒤 리무진을 보내서 가져온 것이다. 그는 무사히 회의에 참석할 수 있었고, 고객을 우선으로 생각하는 SAS의 서비스에 감명을 받았다. 이처럼 고객의 마음을 사로잡는 순간을 '진실의 순간'이라고 부른다.

SAS에서는 1년 동안 1,000만 명의 승객이 5명의 직원과 평균 15초 동안 접촉한다. 이 연간 5,000만 회에 이르는 15초 동안의 커뮤니케이션은 SAS에 진실의 순간이 될 수 있다. 칼슨은 '만족한 고객이야말로 진정한 재산이다.'라는 생각으로 진실의 순간을 중시하며 SAS를 변혁했다. 이 책 앞머리에 소개돼 있는 이 사례는 변혁의 성과 중 하나다.

그러나 칼슨이 취임하기 이전의 SAS에서는 이런 대응을 전혀 기대할 수 없었다. 그저 사무적으로만 대응하고, 문제가 발생할 때마다 현장 직원은 상사의 허가를 얻어야 했다. 의사 결정을 현장에 맡기지 않았던 것이다. 그렇게 해서 귀중한 15초를 낭비한 결과, SAS는 적자에 허덕였다. 이에 칼슨은 최전선에서 일하는 직원에게 의사 결정을 맡김으로써 SAS를 부활시켰다.

진실의 순간을 만드는 방법 1
현장에 권한을 위양해 경영 변혁을 실현한다

칼슨은 "제로 성장 상태인 항공 업계에서 SAS를 수익력 있는 기업으로 만들기 위해, SAS는 서비스 본위의 기업이 된다."라는 목표를 설정했다. 그리고 전략으로 "자주 여행을 하는 비즈니스 승객에게 세계 최고로 인정받는 항공 회사가 된다."를 세웠다. 비즈니스 승객은 출장 일정이 잡히면 즉시 비행기를 이용하는 안정된 고객층이다. 비즈니스 승객의 요망에 부응하면 가격을 내리지 않아도 고객을 확보할 수 있다.

칼슨은 "비즈니스 승객의 니즈에 부응하기 위해 필요한 것인가, 그렇지 않은 것인가?"라는 기준으로 자산, 경비, 업무를 전부

재검토했다. 그래서 기준에 맞지 않는다면 단계적으로 폐지했고 기준에 맞는다면 지출을 증가시켜 충실도를 높였다. 그리고 현장 사원에게 자신의 비전을 알린 다음 책임과 권한을 철저히 위양했다.

또한 이코노미 클래스의 서비스를 충실히 한 '유로 클래스'라는 비즈니스 클래스를 신설했으며, 당시 SAS의 잦은 출발 지연 문제를 해결하고자 새로운 정시 운항 책임자를 임명하고 '100퍼센트 정시 운항'을 강력하게 요구했다. 시간이 금인 비즈니스 승객에게는 정시 발착이 무엇보다 중요했기 때문이다.

그 결과 SAS는 유럽에서 가장 시간을 정확히 지키는 항공사로 탈바꿈해《포춘》지로부터 비즈니스 승객 대상 세계 최고의 항공사로 선정됐으며 1년 만에 흑자 전환에 성공했다.

진실의 순간을 만드는 방법 2
중간 관리직에게는 새로운 임무를 부여하다

칼슨은 '진실의 순간'에 고객에게 좋은 인상을 남기기 위해 현장에 올바른 일을 하도록 권장했고, 신속한 고객 대응이 가능하도록 피라미드형 조직 구조를 무너뜨렸다.

그렇게 해서 단기간에 성과가 나기는 했지만, 칼슨은 너무 서두른 나머지 중간 관리직을 신경 쓰지 않는 실수를 저질렀다.

이전과 다른 명령을 하는 상층부와 "의사 결정권을 주십시오."
라고 요구하는 부하들 사이에 끼어 당혹감을 느낀 중간 관리직
은 점차 저항 세력이 돼갔다. 서비스 비즈니스 현장에서 고객
중시의 변혁을 방해하는 장애물은 예측하지 못했던 곳에서 발
견된 것이다.

이에 칼슨은 중간 관리직의 역할을 '현장 관리'에서 '현장 지
원'으로 바꿨다. 먼저 중간 관리직을 규칙으로 속박하지 않았다.
대신 그들에게 현장 업무의 지원에 필요한 지도, 정보 전달, 교
육을 중시하면서 현장에 필요한 자원을 확보할 권한과 목표 달
성 책임을 부여한 것이다.

사람은 책임을 질 자유를 부여받으면 내부에 숨어 있었던 능
력을 발휘한다. 정보를 가지고 있지 않은 사람은 책임을 질 수가
없지만, 정보를 부여받으면 책임을 질 수밖에 없다. SAS는 현장
직원을 신뢰하고 현장의 판단에 맡김으로써 부활한 것이다.

그러나 V자 회복에 성공했던 SAS는 안타깝게도 칼슨이 퇴임
한 뒤 실적이 크게 하락했다. 서비스 중시 조직 문화가 SAS의
조직에 충분히 뿌리를 내리지 못했기 때문이었다. 자세한 내용
은 [Book 24] 《서비스 이노베이션의 이론과 방법》에서 소개하
겠다.

지금은 제조업을 포함한 모든 업태에서 서비스화가 진행되고

있다. 이 책은 SAS의 위대한 업적뿐만 아니라 그 이후의 문제점까지 많은 것을 가르쳐 준다.

Book 19

서비스 마케팅

서비스에서는 마케팅의
'4P'가 통용되지 않는다

《Services Marketing: People,
Technology, Strategy》

크리스토퍼 러브락 · 요컨 버츠

Christopher Lovelock · Jochen Wirtz

러브락은 서비스 마케팅 연구 일인자로, 미국 매사추세츠에 거점을 두고 세계 각국에서 서비스 전략의 책정과 고객 서비스 경험의 매니지먼트를 주제로 컨설팅 활동을 펼치고 있다. 독일 출신인 버츠는 런던 비즈니스 스쿨에서 서비스 마케팅 연구로 박사 학위를 취득했으며, 싱가포르국립대학에서 서비스 마케팅 강좌를 담당하고 있다. 전문 영역은 고객만족, 서비스 보증, 수익 관리 등이다.

이 책은 1984년에 초판이 출판된 이래 지금까지 전 세계적으로 꾸준히 읽히고 있는 서비스 마케팅의 교과서다. 분량이 엄청나지만 사례가 풍부하게 담겨 있어서 읽기 편하다. 저자인 크리스토퍼 러브락 교수는 경영 컨설턴트로서도 많은 경험을 쌓은, 서비스 비즈니스의 선구적인 일인자로 평가받는 인물이다.

서비스 마케팅은 아직 젊은 학문으로, 널리 알려져 있지 않다. 따라서 서비스 마케팅을 공부하면 귀중한 지식을 얻을 수 있으며 커리어 차별화 포인트가 될 수 있다. 다만 서비스는 구체적인 형태가 없는 까닭에 제조업의 마케팅이 통용되지 않는다. 제조

마케팅 믹스

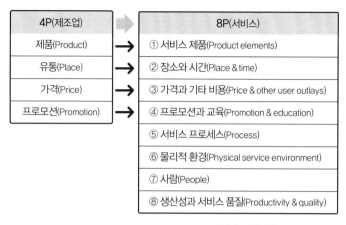

4P(제조업)	8P(서비스)
제품(Product)	① 서비스 제품(Product elements)
유통(Place)	② 장소와 시간(Place & time)
가격(Price)	③ 가격과 기타 비용(Price & other user outlays)
프로모션(Promotion)	④ 프로모션과 교육(Promotion & education)
	⑤ 서비스 프로세스(Process)
	⑥ 물리적 환경(Physical service environment)
	⑦ 사람(People)
	⑧ 생산성과 서비스 품질(Productivity & quality)

※ 《서비스 마케팅》을 바탕으로 필자가 작성

업에서는 4P로 마케팅 믹스를 생각하지만, 서비스에서는 여기에 4P를 더 추가해 8P로 생각한다. 이 책에는 서비스 마케팅의 기본인 8P가 친절하게 설명돼 있다.

서비스 마케팅 핵심요소 1
서비스 제품(Product Elements)

레스토랑의 주된 서비스는 식사나 와인의 제공이지만, 예약 접수나 웨이터의 접객 같은 서비스도 있다. 이처럼 서비스 제품은 중핵인 코어 서비스(식사나 와인의 제공)와 보완 서비스(예약이나 웨이터의 접객)의 조합이라는 형태로 제공된다.

경쟁이 치열해지면 코어 서비스는 점차 비슷해질 수밖에 없다. 그러므로 웨이터의 접객 같은 보완 서비스의 질을 높여 차별화를 꾀한다.

장소와 시간(Place & Time)

레스토랑에 점포가 필요하듯이, 코어 서비스를 제공하기 위해서는 물질적인 설비가 필요한 경우가 많다. 고객 편리성을 염두에 두면서 코어 서비스를 어디에서 제공할지 생각하는 것이 중요하다. 한편, 보완 서비스 중에서도 예약처럼 정보를 취급하는 일은 인터넷을 이용해 저렴한 비용으로 제공할 수 있다.

오늘날 서비스 시간은 24시간, 연중무휴가 상식이다. IT를 활용해 적극적으로 고객에게 정보를 제공해야 한다.

가격과 기타 비용(Price & Other User Outlays)

우리는 식사 요금만을 생각하는 경향이 있지만, 레스토랑에 오는 사람은 식사 요금 이외에도 교통비, 점포까지 이동하는 시간,

예약을 하는 수고 같은 식사 요금 이외의 부담을 함께 느낀다. 그러므로 스마트폰 앱 등을 이용해 예약에 들어가는 수고를 경감시킨다면 고객이 느끼는 비용을 낮출 수 있다.

라이벌의 존재도 잊어서는 안 되지만, 가격만을 비교하며 무작정 가격을 내린다면 비용조차 회수하지 못하게 된다. 요금 이외의 고객 비용도 비교해야 한다.

가격을 결정할 때, 서비스 비용을 알지 못하면 이익이 나는지 아닌지 알 수가 없다. 물건은 제조비나 물류비가 명확하므로 원가를 기준으로 비용을 계산할 수 있다. 그러나 서비스는 형체가 없고 재고도 없기 때문에 원가가 불명확하다. 그래서 서비스의 경우는 '조직의 다양한 활동이 서비스를 뒷받침하고 있다.'라고 생각하고 그 서비스를 제공하는 데 필요한 회사 전체의 간접비를 집계하는 활동 기준형 원가 계산(ABC법: Activity-Based Costing)이라는 방법으로 비용을 계산한다.

서비스 마케팅 핵심요소 4
프로모션과 교육(Promotion & Education)

지인이 회사에서 회식 총무를 맡았을 때 있었던 일이다. 맛집 검색 사이트에서 회식 장소를 찾았지만 모든 음식점이 비슷했다. 고민하던 끝에 다른 지인에게 추천받았는데, 직접 가 보니 가게 분위기가 좋아서 그곳으로 결정했다고 한다.

　이처럼 서비스는 형체가 없기 때문에 차이를 알기가 어렵다.
어떤 가게든 메뉴는 비슷하기 때문에 실제로 경험해 보지 않고
서는 평가도 할 수 없다. 그래서 고객에게 실제로 경험을 시키거
나 입소문을 퍼트리게 하는 것이 효과적이다.

서비스 마케팅 핵심요소 5
서비스 프로세스(Process)

고객 경험은 프로세스에 크게 좌우된다. 서비스 청사진(Service
Blueprint)은 고객의 시점에서 프로세스를 그림으로 나타내고 문
제점을 개선하는 수법으로, [Book 22]《시장을 통찰하는 비즈
니스 다이어그램》에서 소개하는 연계 다이어그램 중 하나다.

　다음 그림은 레스토랑의 서비스 청사진이다. 예약부터 고객
이 가게를 나오기까지의 흐름을 알면 실수로 이어질 우려가 있
는 포인트를 알 수 있으며 대책을 강구할 수 있다. 만약 프로세
스 전체에 큰 문제가 있다면 서비스 프로세스를 재설계해야 한
다. 고객에게 부가 가치 없는 작업(예를 들면 예약 시 불필요한 고객
정보 기입)을 삭제하고, 일부는 고객의 셀프서비스로 전환하며,
고객을 직접 찾아 서비스 제공 측의 시설을 필요 없게 만드는 등
의 방책을 세운다.

서비스 청사진을 그려서 서비스를 개선한다
레스토랑의 경우

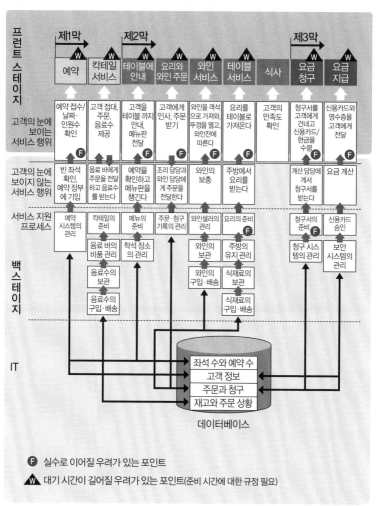

F 실수로 이어질 우려가 있는 포인트

W 대기 시간이 길어질 우려가 있는 포인트(준비 시간에 대한 규정 필요)

※《서비스 마케팅》을 바탕으로 필자가 작성

물리적 환경(Physical Service Environment)

스타벅스는 편안한 공간을 제공해 '느긋한 한때를 보내고 싶은' 고객을 모으고 있다. 서비스 환경은 고객이 서비스를 평가할 때 중요한 기준이 된다. 환경이 우수하면 고객 만족도도 높아진다.

직원도 서비스 환경에서 긴 시간을 보내므로 직원의 생산성을 높이려는 궁리 또한 필요하다. 소리, 냄새, 색채도 중요하다. 가령 런던 지하철에서는 파괴 행위를 방지하기 위해 클래식 음악을 내보내고 있다. 클래식 음악이 승객의 거친 행동을 억제하는 모양이다.

그러나 단순히 겉으로 보기에 환경만 아름답다고 해서 끝이 아니다. 레스토랑의 분위기가 좋더라도 화장실이 어디에 있는지 알기가 어려워 헤매게 만든다면 생각해 볼 일이다. 고객이 쾌적하고 편리하게 이용할 수 있는 환경이 중요하다.

사람(People)

여러분이 경험한 최고의 서비스와 최악의 서비스를 떠올리고 두 서비스의 차이점을 비교해 보기 바란다. 담당자의 접객이 요인인 경우가 많을 것이다. 서비스 성공은 접객을 담당하는 직원에게 달려 있다. 미슐랭 가이드에서도 레스토랑을 평가할 때 맛 뿐만 아니라 접객 수준까지 엄격하게 채점한다.

서비스 담당자는 중요한 역할을 맡고 있다. 고객의 니즈를 찾아내고, 고객에게 서비스를 제공해 관계를 구축하며, 고객 로열티를 만들어 낸다. 그러나 직원에게 투자도 권한 위양도 하지 않고 일방적으로 비용을 삭감해 버리면 고객 서비스가 악화돼 고객이 이탈한다. 그 결과 수익이 악화돼 더더욱 비용을 절감해야 하는 상황을 맞는 실패의 악순환에 빠지고 만다. 이것은 직원의 잘못이 아니다. 매니지먼트가 잘못된 것이다.

서비스의 장기 수익을 생각하는 조직은 성장 사이클을 지향한다. 높은 보수로 우수한 인재를 채용해 연수를 시키고 권한을 위양하며, 고수익을 실현해 인재에 투자한다. 라이벌은 다른 경영 자원은 일정 수준 모방할 수 있어도 우수한 인재까지는 모방하지 못한다.

우수한 서비스 기업에서는 이익 목표나 점유율의 확대보다 서비스 담당자의 처우나 고객 지향 자세를 최우선으로 여긴다. 직원의 높은 만족도를 통해 고객의 높은 만족도를 만들어 내는 서비스 수익 체인(Service Profit Chain)을 실현한다. 이를 이용해 비즈니스를 성공으로 이끄는 경영 프로세스를 만들어 낸다. 다음의 그림은 스타벅스의 예다.

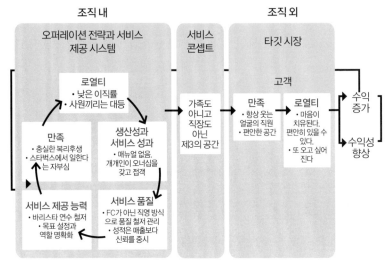

서비스 비스니스 성공의 열쇠는 '직원'

스타벅스의 서비스 수익 체인

조직 내 | 조직 외

오퍼레이션 전략과 서비스 제공 시스템 | **서비스 콘셉트** | **타깃 시장**

로열티
• 낮은 이직률
• 사원끼리는 대등

만족
• 충실한 복리후생
• 스타벅스에서 일한다는 자부심

생산성과 서비스 성과
• 매뉴얼 없음. 개개인이 오너십을 갖고 접객

서비스 제공 능력
• 바리스타 연수 철저
• 목표 설정과 역할 명확화

서비스 품질
• FC가 아닌 직영 방식으로 품질 철저 관리
• 성적은 매출보다 신뢰를 중시

가족도 아니고 직장도 아닌 제3의 공간

고객

만족
• 항상 웃는 얼굴의 직원
• 편안한 공간

로열티
• 마음이 치유된다. 편안히 있을 수 있다.
• 또 오고 싶어진다

수익 증가

수익성 향상

※《서비스 마케팅》과 스타벅스에 대한 정보를 바탕으로 필자가 작성

| 서비스 마케팅 핵심요소 8

생산성과 서비스 품질(Productivity & Quality)

서비스 품질과 생산성은 양립이 어렵다. 서비스 품질에 대한 불만은 매출 저하를 초래하며, 매출을 끌어올리고자 가격을 인하하면 수익이 악화되어 생산성도 떨어지는 악순환이 만들어진다.

서비스 품질과 생산성이라는 두 가지 과제에 동시에 몰두해 상승효과를 만들어 내야 한다. 먼저 현재의 서비스를 고객 시점에서 평가한다. 평가할 수 없는 것은 관리도 할 수 없기 때문에

무엇이 문제인지도 알지 못한다. 대응책의 입안도, 검증도 할 도리가 없다.

이들 8P를 따로따로 생각하는 것은 좋지 않다. 가령 서비스 프로세스 전체를 재검토하고 인재에 투자하면 생산성과 서비스 품질이 향상되며 서비스 제품의 경쟁력이 높아진다. 이처럼 8P가 서로 상승효과를 일으키도록 궁리할 필요가 있다.

POINT

제조업의 핵심요소가 4P인 것과 달리 서비스 비즈니스에는 8P의 핵심요소가 있다. 이 여덟 가지 요소를 확인하고 관리하여 상승효과를 만들어 내야 고객을 만족시키는 서비스를 공급할 수 있다.

Book 20

고객 경험 3.0

고객의 당연한 기대를
'당연하다는 듯'
만족시켜라

《Customer Experience 3.0:
High-Profit Strategies in the
Age of Techno Service》

존 굿맨
John Goodman

경영 컨설턴트. 1972년에 하버드 비즈니스 스쿨을 졸업한 뒤 마케팅 조사·컨설팅 회사인 TARP를 설립했다. 이때 백악관에서 '미국 기업의 클레임 처리 실태 조사'를 의뢰받았는데, 그 조사 보고서는 미국의 대기업을 중심으로 수신자 부담 전화의 도입과 함께 클레임 대응을 위한 고객 상담 창구 설치를 촉진했다. 소비자 행동 분석을 기반으로 40년 동안 800개가 넘는 회사의 컨설팅과 1,000개가 넘는 조사 프로젝트에 몸담았다.

최근 십수 년 사이, 나는 인터넷에서 물건을 사야 할 일이 있으면 무조건 아마존을 이용한다. 물론 가격이 저렴하고 상품의 종류도 풍부해서 좋지만 이유는 그것만이 아니다. 트러블이 발생했을 때 원활하게 대응해 주기 때문이다. 상품에 문제가 있으면 손쉽게 반품할 수 있다. 주문 이력에서 상품을 선택해 반품을 클릭하고 이유를 적으면 끝이다. 그런 다음 표시 화면을 인쇄해서 반송용 상자에 붙이면 된다. 당연한 일을 딱히 힘들이지 않고 할 수 있다. 최근에는 다른 인터넷 쇼핑몰도 큰 차이가 없는 수준이 되었지만, 다른 쇼핑몰로 '갈아타기'가 귀찮아서 계속 이용하고 있다.

이 책의 주제는 고객 경험이다. 최근에는 영어 표기인 'Customer Experience'의 머리글자를 따서 CX라고도 하는데, 같은 의미다. 상품이나 서비스에 관심을 보인 고객이 구입을 해서 경험하고 사용을 마치기까지의 모든 경험을 가리킨다. 아마존도 훌륭한 CX를 제공하고 있다.

이 책의 저자인 굿맨은 1970년대에 "트러블을 경험했지만 불만을 말하지 않는 고객보다 불만을 말해서 해결한 고객의 재구매율이 더 높다."라는 굿맨의 법칙을 제창해 기업이 고객 서비스를 강화하는 커다란 흐름을 만들었다. 그리고 2014년에 출판된 이 책에서 기존의 법칙을 더욱 진화시켜, 기업이 훌륭한 CX를 제공하기 위한 방법을 제창했다.

굿맨의 법칙의 BASE 1
고객은 '감동'을 기대하지 않는다

넘쳐나는 카페 중에서 스타벅스에 단골 고객이 모여들고, 같은 상품을 파는 인터넷 쇼핑몰이 난립하는 가운데 아마존이 독주하는 것도 훌륭한 CX를 제공하기 때문이다. 지금은 제품 기능만으로 차별화를 해내기가 어려운 시대다. 그렇기에 클레임이나 트러블이 발생했을 때의 CX가 중요하다. 이는 확실히 라이벌과 차별화를 할 수 있는 기회다. 고객이 기업에 도움을 구한다는 것은 곤란에 빠졌다는 의미인데, 이때야말로 차별화를 꾀할 절호의 기회인 것이다.

그러나 CX에는 오해가 많다. 가령 '고객은 문제상황에 맞닥 뜨리면 반드시 불만을 말한다.'라고 생각하는 경우가 많은데, 대부분 고객은 말없이 떠날 뿐이다. '최고의 서비스에는 돈이 들어간다.'라는 생각도 많지만, 고객은 감동을 기대하지 않는다. 약속한 대로 해 주기를 바랄 뿐이다. 큰돈을 들일 필요는 없다.

미국의 백화점 체인인 노드스트롬은 "팔지 않는 타이어의 반품에 응했다.", "공항이 폐쇄되자 담당자가 헬리콥터로 고객에게 상품을 전달했다." 같은 전설을 남겼는데, 이런 것들은 결코 최고의 CX가 아니다. 고비용에 효율도 나쁘며, 지속이 불가능하다.

고객이 기대하는 것은 약속을 당연하게 지키고, 만약 그러지 못한다면 이유를 설명하며, 필요에 따라서는 사과하는 것이다. 감동을 줄 필요는 없으며, 큰 비용을 들일 필요도 없다.

굿맨의 법칙의 BASE 2
수익을 낳는 훌륭한 CX의 네 가지 요건

굿맨에 따르면, 하나의 고객 트러블이 고객 유지율을 평균 20퍼센트 하락시킨다. 1만 명이 트러블을 경험하면 2,000명이 떠난다. 따라서 트러블을 예방하면 고객의 이탈을 방지할 수 있다. 이것은 신규 고객을 2,000명 획득하는 것과 같은 효과다. 고객 한 명의 연간 매출액이 100만 원이라면 연간 20억 원의 매출이 증가한다.

또한 트러블이 적으면 고객은 비싼 가격을 받아들이며, 사내의 트러블 대응 비용도 감소한다. 반대로 트러블이 증가하면 고객은 가격에 민감해지며 트러블 대응 비용도 증가한다.

그래서 굿맨은 지속적으로 다음 네 가지에 힘을 써야 한다고 주장했다.

트러블의 원인을 해결하는 것은 수익으로 직결된다

고객 5명 중 1명이 떠난다

하나의 고객 트러블이 고객 유지율을 **평균 20퍼센트 저하시킨다**

고객이 1만 명이라면
2,000명 상실

연간 20억 원의 매출 감소
(고객 1인당 연간 평균 매출이 100만 원일 때)

또한 트러블이 많으면,
· 가격에 민감해짐
→가격을 깎는다
· 트러블 대응 비용 증가

악순환이……

원인을 발견, 예방하면
2,000명의 신규 고객 획득에
필적하는 효과

연간 20억 원의 매출 증가에 필적

또한 트러블이 적으면,
· 고객은 비싼 가격을 받아들인다
· 트러블 대응 비용도 감소한다

선순환!

※《고객 경험 3.0》을 바탕으로 필자가 작성

① 고객의 사전 기대를 배신하지 않는다

고객과 처음 접할 때부터 마지막까지 고객을 불쾌하게 만들지 않고 훌륭한 CX를 제공해야 한다. 이를 위해서는 고객이 어떻게 자사 제품을 알고 구입·입수해서 사용하기 시작하는지 그 흐름을 파악해야 한다. [Book 22]《시장을 통찰하는 비즈니스 다이어그램》에서 소개하는 고객 여정 지도(Customer Journey Map)는 그 방법 중 하나다.

중요한 점은 '성실할 것'이다. 현대의 고객은 기업 메시지를 의심한다. 그래서 제품을 사기 전에 인터넷에서 다른 고객의 평가를 꼼꼼히 확인한다. 기업이 숨겨 놓은 메시지는 금방 간파 당하기 때문에 자사의 웹사이트의 정보나 마케팅 메시지에 '성실함'을 담는 것이 중요하다.

② 고객이 곧바로 불만을 말할 수 있게 한다

고객은 '불만을 말한들 의미가 없어.', '수고를 들이기도 시간을 쓰기도 귀찮아.'라고 생각한다. 그래서 기업은 다음의 그림처럼 트러블이라는 빙산의 극히 일부분밖에 알지 못한다.

고객의 불만이 없는 것은 결코 좋은 일이 아니다. 고객에게 "저희는 트러블에 대해 진지하게 알고 싶습니다."라는 메시지를 지속적으로 전해 불만을 말하기 쉬운 환경을 만들고 겸손하게 배워야 한다.

한 호텔 체인은 "룸서비스가 제시간에 도착하지 않는다면 대금은 받지 않습니다."라고 고지했다. 숙박객이 '이미 늦어 버린 건 어쩔 수 없지.'라고 생각해 불만을 전하지 않으면 트러블이 방치되어 계속 재발한다. 그래서 룸서비스에 시간 보증을 추가한 것이다.

다이슨 청소기의 손잡이에는 홈페이지 주소와 수신자 부담 전화번호가 적혀 있으며, 주말에도 문의가 가능하다. 트러블이 발생한 순간 신속하게 문제를 해결해 고객 이탈을 방지하기 위해서다.

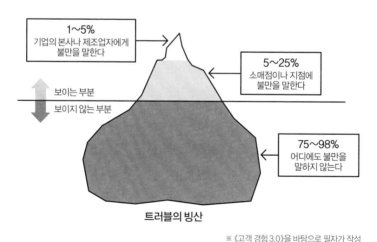

밝혀진 고객 트러블은 빙산의 일각에 불과하다

1~5%
기업의 본사나 제조업자에게
불만을 말한다

5~25%
소매점이나 지점에
불만을 말한다

보이는 부분
보이지 않는 부분

75~98%
어디에도 불만을
말하지 않는다

트러블의 빙산

※《고객 경험 3.0》을 바탕으로 필자가 작성

③ 고객을 자연스럽게 '교육'한다

올바른 사용법으로 사용하지 않은 고객이 불만을 말하면 비용이 증가한다. 나도 취급 설명서를 읽지 않고 사용했다가 고장으로 착각해서 전화를 걸어 문의한 적이 있다. 기업에서는 정중하게 대응해 줬지만, 참으로 미안했다……

이 문제는 고객을 자연스럽게 '교육'해서 방지할 수 있다. 미국의 자동차 제조사인 테슬라의 담당자는 신차를 납품하기 전에 고객에게 웰컴콜을 걸어서 웹사이트의 사용법과 신차 기능을 설명한 동영상(총 28분 분량)을 이용하도록 권한다. 예를 들어 테슬라의 자동차는 카드를 열쇠로 사용한다. 운전석 창 옆에 카드를 대면 도어록이 해제되고, 운전석과 조수석 사이의 콘솔에 카드를 대면 엔진 시동이 걸린다. 동영상을 보면 20초 만에 금방 이해할 수 있어 쾌적한 사용이 가능하지만, 동영상을 보지 않으면 "도어록이 해제되지 않는다."라는 클레임의 근원이 된다. 테슬라의 담당자는 이것을 자연스럽게 소개하면서 신뢰 관계를 구축하고 고객과 감정의 유대를 만드는 것이다.

이비인후과 병원의 대기실은 언제나 많은 사람으로 북적인다. 그런데 내가 사는 곳 근처에 최근 개업한 이비인후과는 스마트폰으로 접수가 가능하며, 내 앞에 몇 명이 기다리고 있는지도 금방 알 수 있다. 이것이 매우 편리해서 나는 이 이비인후과를 이용하고 있다. 지금은 클라우드 서비스를 이용하면 이런 간단한 정보를 매우 쉽게 공유할 수 있는데, 이것만으로도 고객에게 선택받을 가능성이 높아진다.

④ 고객의 목소리를 통합한다

CX를 파악하기 위해서는 고객의 목소리(Voice of Customer: VOC)를 통합할 필요가 있다. 고객의 모든 정보를 통합해 바라보면 고객이 느끼는 불만의 전체상이 드러나 효과적으로 대책을 세울 수 있다.

어느 가공식품 회사는 방부제 사용을 그만둔 순간 "스파게티 소스에 곰팡이가 생겼다."라는 불만을 받게 됐다. 이에 고객 목소리를 분석해 보니 뚜껑을 개봉한 병을 2주 이상 냉장고에 방치하면 클레임 건수가 증가한다는 사실을 알았다. 그래서 "개봉 후에는 냉장고에 보관하고, 7일 이내에 드십시오."라는 안내문을 붙이자 클레임이 급감했다고 한다. 고객에 관한 모든 정보를 회사 전체가 공유하고 제조 부문·고객 지원 부문·마케팅 부문이 하나가 돼 대응한 결과다.

필요한 것은 고객에 관한 모든 정보다. 가령 택배 업자의 경우, '사고로 배송이 지연되고 있다.'라는 정보를 모든 관계자가 공유한다면 택배의 도착을 기다리는 고객의 짜증과 초조함을 방지할 수 있다.

항상 고객의 목소리에 귀를 기울이고, 끊임없이 학습하며, 고

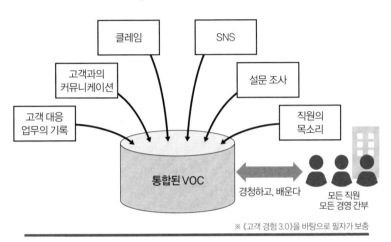

통합된 고객의 목소리(VOC)

클레임

SNS

고객과의
커뮤니케이션

설문 조사

고객 대응
업무의 기록

직원의
목소리

통합된 VOC

경청하고, 배운다

모든 직원
모든 경영 간부

※ 《고객 경험 3.0》을 바탕으로 필자가 보충

객이 불쾌하게 생각하는 사건을 전부 파악해 박멸하는 일이 중
요한 것이다.

굿맨의 법칙의 BASE 3
CX를 만들어 내는 조직 문화를 구축한다

최고의 CX를 제공하기 위한 열쇠는 조직 문화다.

조직 문화는 '보이지 않는 대본'이다. 직원들은 일상 속에서
행동이나 판단을 할 때 무의식중에 조직 문화의 영향을 받는다.
먼저, [Book 18]《결정적 순간 15초》에 나오듯이 직원에게 권

한을 위양하고 그들이 고객과 공감의 유대를 쌓을 수 있게 하며, 필요할 때는 도움의 손길을 내미는 시스템을 만들어야 한다.

이를 위해서는 훈련이 필요하다. 다만 훈련할 때 "고객을 소중히 여기십시오."라는 정신론만을 늘어놓아서는 안 된다. 현장에서 실제로 대면하는 난감한 고객과의 커뮤니케이션 사례를 5~10건 정도 소개하며 어떻게 대응해야 할지 구체적으로 제시한다.

또한 자사가 지향하는 CX를 실현할 사원을 채용하는 것도 한 가지 방법이다. 그리고 이런 것들을 루틴 업무처럼 매일 우직하게 지속해 조직 문화로 뿌리를 내린다.

POINT

문제상황에서의 고객경험(CX)은 확고한 재구매율과 수익을 보증한다. 고객 트러블을 파악해서 아주 확실하게 제거하라. 그런 고객경험을 만들어 내는 내부 시스템과 조직문화를 만들어라.

Book 23

고객이 기업에게 원하는 단 한 가지

고객은 기대 이상의
서비스를 전혀 원하지
않는다

《The Effortless Experience:
Conquering the New Battleground
for Customer Loyalty》

매튜 딕슨 외
Matthew Dixon

세계적 리서치 회사 CEB에서 전무로 근무했다. 하버드 비즈니스 리뷰》지에 다수의 논문을 기고했으며, 저서인 《챌린저 세일》은 베스트셀러가 됐다. CEB는 수천 개에 이르는 클라이언트 기업의 성공 사례와 선진적인 조사 방법, 인재 분석을 조합해 경영진에게 사업 변혁을 위한 경지와 솔루션을 제공하고 있다. 이 책은 닉 토만, 릭 델리시와의 공저다.

"고객에게 기대 이상의 서비스를 제공하는 것은 낭비다."라고 말하는 충격적인 책이다. 많은 기업이 '기대 이상의 서비스를 제공하면 고객은 자사의 상품을 계속 구매할 것이다.'라고 믿는데, 이것을 '환상'이라고 단정한다. 그리고 현대의 고객은 '번거롭지 않게 해 주는 서비스'를 바란다고 말한다.

중심 저자인 매튜 딕슨은 방대한 현장 조사를 바탕으로 [Book 37]《챌린저 세일》과 [Book 38]《챌린저 커스터머》를 통해 법인 영업 전략의 새로운 승리 패턴을 제시해 왔다. 그리고 이 책에서도 전 세계를 상대로 방대한 조사를 실시해 고객과 장기적인 관계를 구축하기 위한 새로운 승리 패턴을 제시했다.

오늘날 기업이 고객의 선택을 받을 수 있느냐 없느냐는 서비스에 달려 있다. 이 책에는 콜센터나 고객 지원의 사례가 많이 담겨 있는데, 마케팅의 관점으로 초점을 좁혀서 그 정수를 소개토록 하겠다.

고객 서비스에 대한 환상을 깨자 1
고객 로열티에 관한 의외의 '진실'

전작 《사장을 위한 MBA 필독서 50》의 [Book 11] 《로열티 경영》을 쓴 라이히헬드는 고객 로열티라는 개념을 제창했다. 높은 고객 로열티를 가진 고객은 상품을 계속 재구매하고, 구매 금액을 늘리며, 다른 사람들에게 권한다. 그래서 많은 기업이 다음 그림의 점선처럼 '고객의 기대를 웃돌기' 위해 노력한다. 그러나 이 책의 저자들이 고객 9만 7,000명을 상대로 조사한 바에 따르면 현실은 정반대였다. 기대를 충족했을 뿐인 고객과 기대를 웃돈 고객의 고객 로열티는 그림의 실선이 보여주듯이 차이가 없었던 것이다.

고객은 기대 이상의 서비스를 바라지 않는다. 약속받았던 것을 손에 넣으면 그것으로 충분히 만족한다. 그 이상의 '감동'을 준다고 해도 고객 로열티는 증가하지 않는다. 이것은 고객의 처

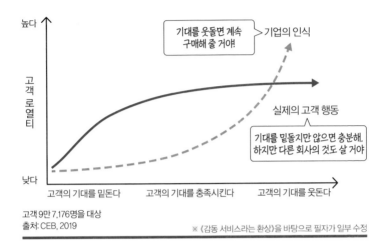

기대를 웃도는 서비스를 제공해도 그 보답은 크지 않다

고객 9만 7,176명을 대상
출처: CEB, 2019

※《감동 서비스라는 환상》을 바탕으로 필자가 일부 수정

지가 돼 생각해 보면 이해가 된다. 우리는 특정 매장에 대한 '충성심' 따위는 가지고 있지 않다. 상품 라인업이나 가격을 보고 매장을 선택한다. 마음에 든 매장이 있더라도 편리한 장소에 좋은 가게가 생기면 즉시 이용하는 매장을 바꾼다.

그런데 기업은 '고객에게는 충성심이 있다.'라고 착각하는 것이다.

'번거롭지 않게 하는 것'이 아주 중요하다

기대하고 또 기대하던 디지털카메라가 드디어 집에 도착했다. 즉시 사진을 찍어 봤는데, 뭔가 이상이 있었다. 그래서 제조사에 문의를 하려고 했지만 전화는 계속 통화 중이었다. 어쩔 수 없이 메신저로 연락을 했는데, 외국인 직원이어서 일본어가 잘 통하지 않았다. 상황이 이렇다 보니 초기 불량임을 알게 되기까지 반나절이 걸렸고, 결국은 "저희 회사에서는 수리가 불가능하니 판매점에 반품해 주십시오."라는 답변을 들었다. '이 회사의 제품은 이제 사지 말아야겠다……' 참으로 아쉽지만 나는 그렇게 생각했다.

문의를 하는 고객은 어떤 문제를 안고 있다. 그 고객의 바람은 그저 문의하기 전의 평범한 상태로 되돌리는 것뿐이다. 그러나 대부분 기업은 그 바람을 제대로 충족시켜 주지 못한다.

조사에 따르면, 고객 지원부서와 커뮤니케이션을 한 고객은 로열티가 4배 악화된다고 한다. 특히 여러 차례 문의를 할 수밖에 없었던 고객은 로열티가 크게 악화된다.

이때 중요한 것이 고객 노력이라는 개념이다. 이것은 고객이 문의를 하기 위해서 들인 노력을 의미한다. 문의 과정에서 고객 노력을 강요받은 고객의 경우, "로열티가 하락했다."라고 대답한 비율이 거의 전원인 96퍼센트에 이르렀다. 그러나 고객 노력을 강요받지 않았을 경우는 9퍼센트만이 "로열티가 하락했다."라고 대답했다. 고객 노력을 줄이는 것이 매우 중요한 일임을 알 수 있다.

25년 전, 미국에서 2주 동안 촬영 여행을 하고 있었던 나는 렌터카를 몰다가 접촉 사고를 일으켰다. 다행히 보험에 들었던 터라 렌터카 회사에 전화를 거니 "근처의 사무소로 가서 사고 신고를 해 주십시오."라는 답변을 들었다. 사무소를 찾아가자 사고 차량에 대한 검사 없이 즉시 새 렌터카의 키를 받을 수 있었다. 놀라서 "확인 안 해도 됩니까?"라고 물어보니 "제 업무는 접수이니까요. 확인은 정비부에서 할 겁니다."라는 대답이 돌아왔다.

게다가 신차는 내가 타고 있던 것보다 한 등급 위였는데, 요금은 똑같았다. 이것이야말로 '번거롭게 하지 않는 서비스'의 모범 사례다. 그 뒤로 나는 미국에서 렌터카를 써야 할 일이 있을 때면 반드시 그 회사를 이용하고 있다.

고객 서비스에 대한 환상을 깨자 3
'고객 노력'을 측정하라

인터넷에서 무엇인가를 살 때, 조작이 번거롭고 어려우면 포기하는 경우가 있다. 반대로 고객 노력을 줄이면 고객 로열티는 크게 향상되며, 이것은 매출로 직결된다.

노력이 적은 경험(저노력)을 한 고객은 재구매를 하는 비율이 94퍼센트에 이른다. 그러나 지대한 노력을 요하는 경험(고노력)을 한 고객은 불과 4퍼센트만이 재구매를 했다. 구매를 늘린 비율도 저노력을 한 고객은 88퍼센트인 데 비해 고노력을 한 고객은 4퍼센트에 불과했다. 고객 노력의 경감은 확실하게 매출로 이어지는 것이다.

고객 노력은 고객 노력 지수(CES, Customer Effort Score)로 측정이 가능하다. 문의 등을 받은 뒤 고객에게 "즐거운 경험이었습니까, 아니면 힘들게 느껴지는 경험이었습니까?"라고 질문하는 것이다. 고객에게 서비스를 제공할 때마다 CES를 파악하면 고객 노력이 많이 들어가는 부분이 어디인지 알 수 있게 된다. 이 결과를 바탕으로 문제에 대응하면 고객 노력을 줄여 고객 로열티를 향상시킬 수 있다.

고객 서비스에 대한 환상을 깨자 4
고객의 번거로움을 철저히 줄여야 한다

오늘날에는 고객이 적은 노력으로 편하게 거래할 수 있는 기업이 훌륭한 기업이다.

애플은 고객의 노력 경감에 철저히 힘을 쏟는다. 나는 애플에서 상품을 살 때 반드시 유료인 애플케어 플러스에 가입한다. 문제가 발생했을 때 인터넷에서 신청을 하면 몇 초 후에 숙련된 지원 담당자와 전화로 이야기를 나눌 수 있고, 과실이나 사고로 인한 손상의 수리 서비스도 쉽게 받을 수 있기 때문이다. 내가 애플의 상품을 사용하는 이유 중 하나다.

번거롭지 않게 해 주는 서비스를 제공하면 고객에게 선택받게 된다. [Book 20]《고객 경험 3.0》에서 굿맨도 "고객은 기업이 기대했던 것을 제공하고, 그렇지 않을 경우 설명을 해 줄 것을 바란다. 매번 감동을 줄 필요는 없다."라고 말했다.

현재 일본의 접객은 고객 감동을 중요시하는 나머지 수고가 많이 들어가며, 오히려 고객에게 강요한다는 느낌을 부정하기 어렵다. 전작《사장을 위한 MBA 필독서 50》의 [Book 47]《나는 후회하는 삶을 그만두기로 했다》의 저자인 쉬나 아이엔가가 교토에 체류했을 때 있었던 일이다. 레스토랑에서 설탕을 넣은 녹차를 주문하자 웨이터가 정중하게 "녹차에는 설탕을 넣지 않습니다."라고 설명했다. 이에 그녀가 "그건 아는데, 저는 녹차에 설탕을 넣어서 마시는 걸 좋아해서요."라고 대답하자 웨이터는 난처한 표정을 짓더니 구석으로 가서 점장과 장시간 이야기를 나눈 뒤 돌아와 "죄송합니다. 마침 설탕이 다 떨어졌다고 하네요."라고 양해를 구했다. 그래서 어쩔 수 없이 커피를 주문했는데, 웨이터가 커피와 함께 가져온 접시에는 설탕 두 봉지가 놓여 있었다고 한다.

일본의 접객은 관습을 우선하며, 융통성이 전혀 없다. 고객 부재의 서비스인 것이다. 교토의 역사 깊은 여관 '히이라기야'의 종업원이었던 다구치 야에는 저서 《어서 오세요》에서 이렇게 말했다.

"손님 개개인에게 맞춰서 서비스를 해야 합니다. 판에 박힌 서비스로는 손님에게 기쁨을 드릴 수 없다는 말입니다. 손님을 뵌 순간 지금 기분이 어떤지 헤아리고 손님이 원하는 대응을 해야 하는 것입니다."

바로 이것이 본연의 감동 서비스다.

고객은 끊임없이 진화하고 있다. 접객도 과거나 전통에 얽매이지 말고 시대에 맞춰 진화해야 한다. 이 책은 현대의 고객이 무엇을 요구하는지 이해하고 본연의 '접객'을 되찾는 데 커다란 힌트가 되어 줄 것이다.

POINT

고객 서비스에 대한 인식에 거품 같은 환상이 있다. 이를 없애는 게 좋은 서비스의 기본이다. 고객의 노력을 섬세하게 파악하여 고객이 겪는 번거로움을 완벽하게 뿌리 뽑는 것을 최우선으로 여기자.

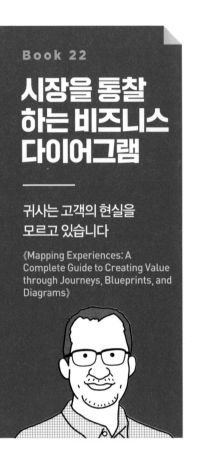

Book 22

시장을 통찰 하는 비즈니스 다이어그램

귀사는 고객의 현실을 모르고 있습니다

《Mapping Experiences: A Complete Guide to Creating Value through Journeys, Blueprints, and Diagrams》

제임스 캘박

James Kalbach

사용자 경험 디자인, 정보 아키텍처, 정보 전략의 분 야의 저명한 저술가이자 강연가, 교육자. 사용자들 이 화이트보드를 공유할 수 있는 클라우드 인터넷 서비스를 운영하는 뮤랄사에서 고객 성공 분야 책 임자를 맡고 있으며, 이베이, 아우디, 소니, 시트릭 스, 엘스비어 사이언스 같은 대기업의 컨설팅도 하 고 있다. 럿거스대학교에서 도서관 정보학과 음악 이론 · 작곡의 석사 학위를 취득했다.

이사를 하게 된 C양은 새로 이사하 는 곳에서 사용할 인터넷 서비스를 물색하기 시작했다. 그러나 전문 용 어가 너무 많아서 무슨 말인지 도저 히 이해가 되지 않았다. 그나마 이 해가 되는 것은 요금이 싼지 비싼지 정도뿐이었다. 친구인 D씨의 도움으로 어찌어찌 후보를 압축하 기는 했지만, 겁이 나서 신청을 미루고 있었다.

그러다 이사 날짜가 일주일 앞으로 다가오자 '더는 미룰 수가 없겠어.'라고 생각해 서비스를 신청하려 했는데, 또다시 눈앞이 캄캄해졌다. 신청서에 기입해야 할 항목이 너무 많았던 것이다. '으악, 뭐가 뭔지 하나도 모르겠어……. 그래, 전화로 물어보자.'

그러나 도무지 전화 연결이 되지 않았다. 결국 20분을 기다린 끝에 연결된 창구의 안내원이 친절하게 가르쳐 줘서 신청은 간신히 완료했지만, 설치 일자는 미정이었다. 완전히 지쳐 버린 C 양은 이렇게 생각했다. '고작 인터넷 한 번 신청하는데 왜 이렇게 힘이 드는 거지?'

그러나 상황이 이런데도 해당 인터넷 서비스 회사는 이렇게 생각하는 경우가 많다. '설문 조사에 "콜센터의 대응은 친절하고 정중했습니다."라고 고평가를 한 것을 보니 문제가 없나 보군.'

많은 회사는 고객이 어떤 경험을 하고 불만을 느끼고 있는지 전혀 알지 못한다. 그러다 사실을 알면 '어쩌다 이렇게 된 거지?', '전혀 몰랐어!'라며 경악한다. '전화 문의' 같은 포인트만으로 파악할 뿐 고객이 서비스를 이용하려고 생각해서 이용을 끝마칠 때까지 어떤 경험을 하고 있는지 파악하지 않기 때문이다.

그래서 필요한 것이 '고객 경험의 가시화'다. 고객 경험을 가시화할 수 있다면 조직이 어떻게 연계해야 할지도 알 수 있다. 고객 경험 분야의 컨설턴트인 캘박은 이 책에서 그 방법을 제시했다. 어떻게 해야 '가시화'를 할 수 있을까?

고객 경험을 가시화하는 '고객 여정 지도'

C양의 경험을 고객 여정 지도라는 방법으로 가시화해 보자. 먼저 페르소나를 결정한다. 타깃 고객에게서 나올 법한 언동, 니즈, 감정의 패턴을 반영한 전형적이고 구체적인 사용자상으로, 예를 들면 이런 식이다.

[C양] 커피 회사(사원 100명)의 기획 담당자. 25세. '체력 승부'가 모토인 운동부 스타일의 여성. 신조는 '말보다 행동'. 생각하지 않고 직감에 의지해 행동한다. 동료인 D씨와 매우 친해서, 무슨 일이 있을 때마다 찾아가 의논한다. 애인 없음.

그리고 페르소나의 인지나 감정에 초점을 맞춰서 자사의 서비스를 어떻게 사용하고 어떻게 느끼는지 분석한다. 다음의 그림은 C양이 '이사 갈 곳에서 이용할 인터넷 서비스를 신청해야……'라고 생각한 뒤 실제로 인터넷이 개통되기까지의 흐름을 나타낸 것이다.

이처럼 고객 여정 지도는 서비스를 이용하는 고객의 여정을 그림으로 나타낸다. 이렇게 해서 고객 경험을 알면 어떻게 고객 경험을 개선해야 할지도 알 수 있게 된다. "저희는 문제가 없다고 생각합니다."라고 말하던 담당자도 '이건 문제인데…….'라고 현실을 깨닫고 자사의 문제점과 성장의 기회를 발견할 수 있게 된다.

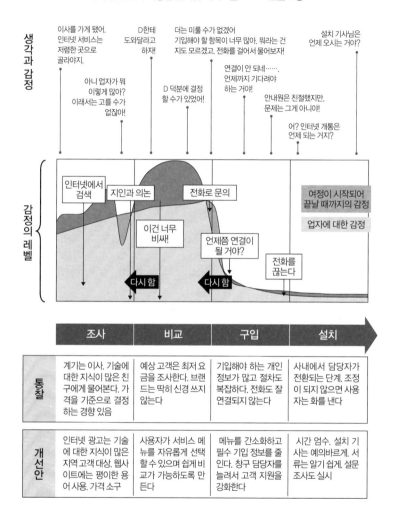

고객 여정 지도의 예
이사 갈 곳에서 이용할 인터넷 서비스를 고르고 있는 C양

※ 《시장을 통찰하는 비즈니스 다이어그램》을 바탕으로 필자가 작성

고객 경험 향상을 꾀하는 '연계 다이어그램'

고객 여정 지도는 고객과 기업 조직의 커뮤니케이션을 가시화하는 연계 다이어그램의 일종이다. 연계 다이어그램에는 그 밖에도 크게 나눠서 경험 지도(Experience Map)와 서비스 청사진(Service Blueprint) 등이 있다.

연계 다이어그램을 만드는 목적은 고객 경험 향상이다. 고객 경험의 전체상을 회사의 내부에서 공유해 조직이 무엇을 해야 할지를 궁리하고, 조직의 상하 관계를 해소해 회사의 변혁으로 연결시키는 것이다.

여기에서 중요한 것이 터치 포인트다. 이것은 고객과 기업 사이의 온갖 접점을 의미하는데, 대표적인 터치 포인트는 다음과 같다.

- 소매 점포, 영업 사원, 컨설턴트, 자사 건물, 서비스 담당자
- 이메일, 전화 응대, 웹사이트, 스마트폰 앱, 온라인 채팅
- TV CF, 광고, 카탈로그, 회사명이 인쇄된 봉투, 청구서나 송장

앞에서 소개한 C양처럼 고객은 다양한 터치 포인트에서의 커뮤니케이션을 통해 고객 경험을 한다. 이런 터치 포인트에서의 커뮤니케이션이 원활하면 좋은 고객 경험을 얻을 수 있고, 반대

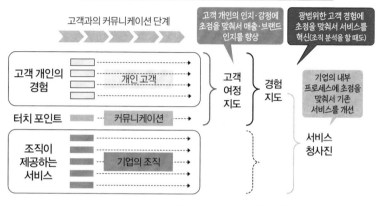

주된 연계 다이어그램은 3종류

대상 부분과 목적에 맞춰서 사용해 고객 경험의 향상을 꾀한다

고객과의 커뮤니케이션 단계

고객 개인의 인지·감정에 초점을 맞춰서 매출·브랜드 인지를 향상

광범위한 고객 경험에 초점을 맞춰서 서비스를 혁신(조직 분석을 할 때도)

고객 개인의 경험

개인 고객

터치 포인트

커뮤니케이션

조직이 제공하는 서비스

기업의 조직

고객 여정 지도

경험 지도

기업의 내부 프로세스에 초점을 맞춰서 기존 서비스를 개선

서비스 청사진

※《시장을 통찰하는 비즈니스 다이어그램》을 바탕으로 필자가 작성

로 터치 포인트에서의 커뮤니케이션이 원활하지 못하면 최악의 고객 경험이 된다.

연계 다이어그램으로 고객 경험을 가시화하면 '고객이 보이지 않는' 상태에 빠지는 리스크를 회피할 수 있다. 연계 다이어그램을 본 많은 사람은 "우리가 고객을 얼마나 몰랐는지 깨닫고 할 말을 잊었습니다."라고 놀라며 고객에게 강한 공감을 품게 된다.

남은 두 가지 연계 다이어그램도 소개하겠다.

경험 지도. 다음의 그림은 여성이 임신을 해서 출산하기까지

경험 지도의 예 / 임신의 경우

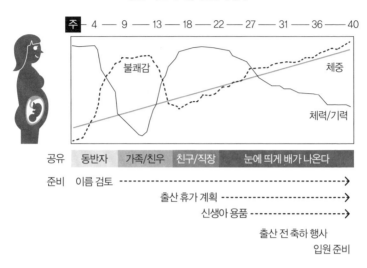

| 주 | — 4 — 9 — 13 — 18 — 22 — 27 — 31 — 36 — 40 |

공유   동반자   가족/친구   친구/직장   눈에 띄게 배가 나온다

준비   이름 검토 ------------------------------→
출산 휴가 계획 ------------------------------→
신생아 용품 ------------------------------→
출산 전 축하 행사
입원 준비

서비스 청사진의 예 / 구두 닦기의 경우

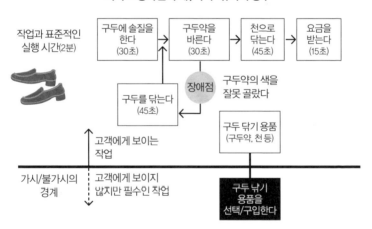

※ 《시장을 통찰하는 비즈니스 다이어그램》을 바탕으로 필자가 작성

의 경험을 나타낸 것이다. 임신을 하고 시간이 경과함에 따라 태아가 어떤 상태가 되고, 체력/기력·불쾌감·체중이 어떻게 변화하며, 임신 정보를 공유하는 사람의 범위나 출산 준비에 어떤 변화가 있는지를 나타냈다. 고객 여정 지도와 같은 '구입 경험'이 아니라 사람의 경험 자체를 더욱 깊게 이해하고 새로운 서비스의 기회를 발견하는 것이 목적이다.

서비스 청사진. 왼쪽의 아래 그림은 구두 닦기의 서비스 내용을 분석한 것이다. 고객 경험보다도 서비스를 제공하는 기업 내부의 프로세스에 초점을 맞춘다. 서비스를 고객에게 보이는 부분과 보이지 않는 부분으로 나누고 서비스 제공의 구조를 분석해서 더욱 품질 높은 서비스를 제공하기 위한 개선책을 찾아내는 것이 목적이다. [Book 19]《서비스 마케팅》에도 레스토랑의 사례가 소개돼 있다.

고객 현실 파악 도구 3
'연계 다이어그램'을 제작법, 활용법

그렇다면 연계 다이어그램을 어떻게 만들어야 할까? 연계 다이어그램의 목적은 조직이 어떻게 해야 할지를 논의할 계기를 만드는 것이다. 그러므로 모두가 논의해서 수긍하는 것이 중요하다. 크게 나눠서 2단계로 진행한다.

[단계 1] 원안을 만든다

고객의 기존 정보(설문 조사, 리뷰, 문의, SNS 등)나 기업의 직원 인터뷰 등을 통해서 정보를 수집, 정리해 연계 다이어그램의 원안을 만든다.

[단계 2] 워크숍에서 논의한다

워크숍에 사내 관계자들이 모여서 전원이 고객 경험을 깊게 이해하고 사내 조직이 어떻게 연계해야 할지를 함께 궁리한다. 연계 다이어그램을 보고 고객의 현실을 알면 참가자의 머릿속에 새로운 아이디어가 속속 떠오르게 되는데, 그 아이디어를 적게 하면 사내 관계자들을 논의에 끌어들일 수 있다. 큰 사이즈로 인쇄한 연계 다이어그램에 참가자들이 계속해서 아이디어를 적게 한다.

이렇게까지 공을 들여서 연계 다이어그램을 만드는 이유는 고객의 현실에 대한 공감을 가질 필요가 있기 때문이다. 누구나 '이 서비스는 반드시 고객에게 도움이 될 거야.'라고 생각하며 서비스를 개발한다. 그러나 고객의 진짜 모습을 알지 못한 채 단순히 혼자만의 생각으로 개발된 서비스는 고객을 만족시키지 못한다. 그래서 고객의 진짜 모습을 이해하고 공감해서 고객이 크게 만족할 수 있는 서비스를 만들어 내기 위해 이렇게까지 공을 들이는 것이다.

"저희 회사는 고객을 소중히 생각합니다."라고 말하는 서비스 기업은 매우 많다. 그러나 고객의 진짜 모습을 이해하고 있는 기업은 의외로 적다. 이 책에는 연계 다이어그램을 만들 때 주의할 점과 진행 방법이 친절하고 상세하게 소개돼 있다. 틀림없이 고객의 모습을 파악해 고객 경험을 크게 향상시키는 데 도움이 될 것이다.

POINT

고객 경험을 가시화하여 서비스를 변혁해야 한다. 이때 유용하게 사용할 수 있는 도구로 고객 여정 지도와 연계 다이어그램이 있다. 제대로 파악해서 꼭 활용해 보기를 권한다.

Book 23

서비스 지배 논리

물건 중심의 발상에서 벗어나
'온갖 비즈니스 활동은
서비스다.'라고 생각하라

《Service-Dominant Logic:
Premises, Perspectives,
Possibilities》

로버트 러쉬 · 스티븐 바고
Robert F. Lusch · Stephen L. Vargo

러쉬는 애리조나대학교 엘러 경영대학원의마케팅 담당 교수. 〈저널 오브 마케팅〉지의 편집자와 미국 마케팅 협회의 이사도 맡고 있다. 바고는 하와이대 학교 쉬들러 경영대학원의 마케팅 담당 교수로, 전 문 분야는 마케팅 전략론, 마케팅 사상, 서비스 마케 팅, 소비자 행동 등이다. 연구의 세계에 몸담기 전에 비즈니스의 세계에서 일한 경력이 있으며, 수많은 회사와 정부 기관의 고문도 맡고 있다.

맛집으로 소문난 라면 가게가 만드는 라면 한 그릇에는 높은 가치가 있는 듯이 생각된다. 그러나 아무리 라면을 좋아하는 사람이라도 배가 부른 상태에서 한 그릇을 더 먹기는 거의 불가능하다. 라면이 가치를 지니는 것은 ①먹는 사람이 라면 마니아이고, ②배가 고플 때로 한정된다.

만약 라면 자체에 가치가 있다면 고객의 상황과 상관없이 항상 가치가 있을 터이다. 그러나 현실의 세상에서 물건에 가치가 있느냐 없느냐는 고객의 상황에 달려 있다. 이것은 '물건 자체에 가치가 있다.'라는 사고방식으로는 설명할 수 없는 상황이다.

이 책에서 제창된 서비스 지배 논리(Service-Dominant Logic)는 이런 상황을 설명하기 위해 탄생한 것이다. 2014년에 출판된 이 책은 현대 서비스 마케팅의 개념에 근본적인 영향을 끼친 서비스 지배 논리의 전체상을 해설한다. 이 책을 읽으면 최근 들어 많은 기업이 이야기하기 시작한 고객과의 가치 공동 창조의 본질을 더욱 깊이 이해할 수 있게 된다.

서비스 지배 논리의 반대는 상품 지배 논리(Good-Dominant Logic)로, 요컨대 고객을 생각하지 않고 제품 중심으로 생각하는 것이다.

[Book 1]《테드 레빗의 마케팅》의 저자인 테드 레빗은 미국의 철도 회사가 쇠퇴한 이유를 분석했다. 미국의 철도 회사는 자사의 사업을 운송 사업이 아니라 철도 사업으로 생각했기에 고객이 버스나 비행기를 이용해도 신경 쓰지 않았다. 그리고 제품 지향적으로 생각을 계속한 결과 쇠퇴하고 말았다. 미국 철도 회사의 사고방식은 상품 지배 논리였던 것이다.

최근 들어 고객 지향을 목표로 삼는 기업이 많아졌다. 이것은 거꾸로 생각하면 우리에게 친숙한 상품 지배 논리에는 '고객의 시점에서 가치를 만들어 낸다.'라는 발상이 없었다는 방증이기도 하다. 우리는 물건 중심의 사고방식에 중독돼 있었던 것이다.

물건 자체에는 가치가 없다

상품 지배 논리에서는 '기업이 만드는 물건에는 가치가 있다.'라고 생각하는 데 비해, 서비스 지배 논리에서는 '모든 비즈니스는 서비스의 교환이다. 물건 자체에는 가치가 없다.'라고 생각한다. 지금 '물건 자체에는 가치가 없다고? 무슨 말도 안 되는 소리야?'라고 생각했다면 이것은 여러분이 상품 지배 논리에 중독되었다는 증거다.

라면 가게가 점원에게 점심 식사를 만들어 주는 장면을 생각해 보자. 아무리 라면 가게의 점원이라도 매일 라면만 먹으면 아무래도 질릴 수밖에 없다. 그래서 점장은 옆에 있는 초밥집 점장과 교섭해 일주일에 몇 차례는 초밥과 라면을 교환하기로 했다. 이 경우, 상품 지배 논리에서는 '라면과 초밥이라는 물건을 서로 교환했다.'라고 생각한다. 그러나 서비스 지배 논리에서는 '재료를 매입해 라면을 만드는 기술을 사용한 라면 제공 서비스와 재료를 매입해 초밥을 만드는 기술을 사용한 초밥 제공 서비스를 교환했다.'라고 생각한다.

라면도 초밥도 언뜻 보기에는 그냥 물건이지만, 실제로는 점장이 재료를 매입하고 자신의 기술을 활용해 요리를 만들어서 먹을 수 있는 상태로 바꾼 것이다. 이렇게 생각하면 라면이나 초밥 등의 상품도 라면 가게나 초밥집의 기술을 활용한 서비스의 한 가지 형태인 것이다.

이처럼 서비스 지배 논리에서는 '서비스란 타인 또는 자신을 위해 자신의 지식이나 기술을 사용하는 것이다.'라고 생각하며, 물건은 간접적인 서비스의 한 가지 형태로 인식한다.

라면 가게가 사용하는 냄비나 라면 그릇, 초밥집이 사용하는 식칼 같은 도구도 마찬가지다. 상품 지배 논리로 생각하면 이런 도구들은 물건이지만, 서비스 지배 논리로 생각하면 이런 도구들은 냄비·라면 그릇·식칼을 만드는 사람들의 지식과 기술을 활용한 간접적인 서비스의 한 가지 형태인 것이다.

그러나 매번 서로 간접 물물 교환을 하는 것은 효율이 지극히 나쁘다. 그래서 화폐(돈)가 등장한다. 가령 라면 가게는 라면을 제공해 손님의 돈과 교환하고, 그 돈을 매입한 재료와 교환한다. 다시 말해 화폐는 미래의 서비스를 받을 권리인 것이다. 화폐라는 간접적인 서비스 덕분에 비즈니스는 효율적으로 돌아간다. 이처럼 서비스 지배 논리에서는 화폐(돈)를 간접적인 서비스의 한 가지 형태로 생각한다.

서비스 지배 논리로 생각하면 온갖 비즈니스는 서비스가 된다. 언뜻 물건끼리의 교환처럼 보이는 것도 그 본질은 기술을 활용한 서비스 교환이다.

'상품 지배 논리'에서 '서비스 지배 논리'로

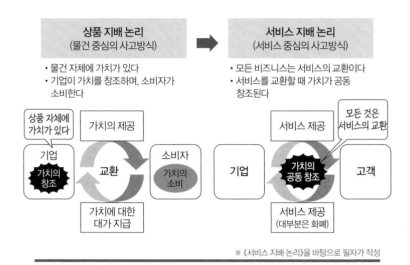

※ 《서비스 지배 논리》을 바탕으로 필자가 작성

서비스 지배 논리 2
가치는 고객과 공동 창조하는 것이다

가치는 기업이 고객에게 서비스를 제공하는 순간 생겨난다. 사람들이 줄을 서서 먹는 초인기 라면 가게의 점주는 '우리 라면의 맛은 최고야.'라고 생각하겠지만, 정말로 맛이 최고인지 결정하는 주체는 고개이며 서비스를 교환해 라면을 먹은 고객이 그 라면의 가치를 만들어 낸다.

항상 고객이 주체가 돼 기업과 가치를 공동 창조하는 것이다.

라면 가게가 할 수 있는 일은 "저희 라면의 맛은 최고입니다."라고 고객에게 알리고, 찾아온 고객이 자신들이 약속한 가치를 경험할 수 있도록 필사적으로 노력하는 것이다. 그리고 중요한 사실이기에 한 번 말하지만, '이 라면은 정말로 맛이 최고군!'이라고 결정하는 주체는 라면 가게가 아닌 고객이다.

또한 이때 고객의 상황에 따라 가치가 달라진다. 아무리 라면을 좋아하는 사람이라도 이미 배가 잔뜩 부른 상태이거나 숙취 등으로 몸 상태가 좋지 않으면 라면을 맛있게 먹지 못한다.

일류 요리사는 '내가 아무리 노력하더라도 요리가 맛있는지 맛없는지를 최종적으로 판단하는 사람은 손님이다.'라는 사실을 잘 알고 있다. 그래서 맛있는 요리를 만들기 위해 온갖 노력을 아끼지 않으며, 고객의 평가도 겸허하게 받아들인다.

이처럼 서비스 지배 논리는 비즈니스를 올바르게 파악하는 세계관이다. 항상 서비스 지배 논리에 입각해 비즈니스를 생각하는 습관을 들이면 "고객 지향적으로 생각해야 해!"라며 거창하게 힘을 주지 않아도 일상의 활동이 자연스럽게 고객 지향적이 된다.

최근 들어 일반 사용자가 주체가 되어서 가치를 공동 창조하는 사례가 늘어났다. 요리법 투고 사이트인 쿡패드에는 '만든 음식 보고'라는 기능이 있다. 쿡패드에 올라온 음식 조리법을 참고해서 요리를 만든 사용자가 조리법 공유자에게 사진과 감사의 메시지를 보낼 수 있는 기능으로, 조리법 공유자에게는 큰 격려가 된다. 이렇게 해서 쿡패드에는 사용자끼리 가치를 공동으로 창조하는 시스템이 만들어졌다.

또한 사용자가 쓰는 아마존의 서평은 책의 구입을 검토하는 사람에게도 참고가 된다. 영화 〈보헤미안 랩소디〉의 홍보에도 사용된 록밴드 퀸의 명곡 〈We will rock you〉에는 악기가 거의 사용되지 않는다. 청중과 밴드가 하나가 되어서 발을 구르는 소리와 박수 소리로 '쿵쿵짝'이라는 리듬을 만들고, 모두가 "We will, we will rock you."를 합창하며 곡을 만들어 낸다. 이처럼 가치는 고객과 어떻게 공동으로 창조할지를 모색해 나갈 때 만들어진다.

저자들은 이 책의 바탕이 된 논문을 2004년에 집필해 미국 마케팅 협회로부터 '마케팅의 이론과 사상에 중요한 공헌을 한' 공로로 상을 받았다. 이 논문은 전 세계의 8,500건에 이르는 논문에 인용되었으며(2016년 현재), [Book 24]《서비스 이노베이션의 이론과 방법》이나 [Book 25]《'투쟁'으로써의 서비스》같은 최신 서적에도 서비스 지배 논리의 사상이 반영돼 있다. 서비스 지배 논리는 오늘날의 서비스 마케팅에 새로운 진화를 불러왔다.

이 책은 한 번 읽고 이해하기에는 매우 난해하다. 그러나 이 책에서 제창한 서비스 지배 논리를 공부하면 상품 지배 논리에 물들어 있었던 우리 자신의 시점을 크게 교정할 수 있을 것이다.

POINT

서비스 지배 논리에 입각해서 생각하면 행동은 자연스럽게 고객 지향적이 된다. 물건 자체에는 가치가 아직 전혀 없다. 가치란 고객과 함께 창조해 나가는 것이다.

Book 24

서비스 이노베이션의 이론과 방법

제조를 서비스화하려면
어떻게 해야 하는가?

《サービスイノベーションの理論と方法》

곤도 다카오

近藤隆雄

메이지대학교 대학원 글로벌비즈니스연구과 교수. 전문 분야는 서비스 매니지먼트론. 1966년에 국제 기독교대학교를 졸업하고 동 대학 대학원 석사 과정을 수료했다. 미국 캘리포니아 대학교에서 유학한 뒤 일본노동연구기구 연구원과 HR리서치센터 대표이사, 교린대학교 사회과학부 전임 강사를 거쳐 다마대학교 경영정보학부 조교수가 되었으며, 2004년부터 메이지대학교 대학원 글로벌비즈니스연구과 교수로 재직하다 2014년에 퇴임했다. 저서로는 《서비스 매니지먼트 입문》, 《서비스 마케팅》 등이 있다.

제조 기업의 고민은 제품이 순식간에 일용품화된다는 데 있다. 그래서 새로운 성장 수단으로 제조업의 서비스화가 주목받고 있다. 컴퓨터 제조사였던 IBM은 현재 서비스 부문 매출이 80퍼센트 이상을 차지하고 있으며, 중장비 제조업체인 고마쓰도 중장비의 IoT(Internet of Things, 사물인터넷) 화로 무인 운전을 가능케 함으로써 자동 운전 중장비로 건설업자의 작업을 크게 효율화시키고 있다. 이런 사례들은 서비스 이노베이션을 통해 제조업이 서비스화한 성공 사례다.

이 책은 세상에 존재하는 서비스 이노베이션을 세밀히 연구해 그 본질을 파악하고 방법론을 제언한 것이다. 저자인 곤도 다카오 교수는 서비스 마케팅 분야의 해외 문헌을 꼼꼼히 조사해 소개해 온 일본 서비스 이론 연구의 일인자다.

서비스 이노베이션은 실물 상품의 이노베이션과 크게 다르다. 먼저, 서비스는 무형이다. 영어 회화 수업을 받으면 영어 실력은 향상되지만, 형태로 남는 것은 하나도 없다. 서비스 이노베이션의 어려움은 대부분 이런 특성에서 비롯된다.

서비스의 각 활동은 사람에게 의지하는 경우가 많다. 이것은 부품을 긴밀하게 조합해서 만드는 실물 상품과 다른 점이다. 영어 회화 학원 강사의 기술도 사람에 따라 천차만별이다.

서비스 이노베이션은 현장에서의 우연이나 순간적인 영감으로 아이디어가 탄생하는 경우가 많다. 이것은 연구 부문에서 만들어지는 실물 상품과 다른 점이다. 민박 중개 서비스인 에어비앤비는 창업자가 집세를 낼 수가 없어서 근처에서 열리는 이벤트의 참가자에게 자신이 사는 아파트의 일부를 빌려줬던 것이 계기가 돼 탄생했다.

또한 보고 만질 수가 없는 서비스 이노베이션은 초기에 고객이 잘 이해하지 못하는 경우가 많다. 역의 자동 개찰기도 초기에는 사용에 익숙하지 않은 이용자가 고장을 일으키기도 하는 등 익숙해지기까지 상당한 시간이 걸렸다.

여기에 서비스는 법적 보호를 받기가 어렵다. 구조가 그대로 눈에 보이므로 모방당하기 쉬운 것이다. 아메리칸 항공이 시작한 마일리지 서비스는 시행 초기에만 해도 획기적인 서비스였지만 몇 년이 지나자 업계 전체로 퍼져 나갔다.

서비스의 현장에서는 생생한 고객 니즈를 관찰할 수 있다. 에어비앤비의 창업자는 자신의 집에 숙박한 사람들과의 교류를 통해 그들이 무엇을 원하는지 배우고 커다란 힌트를 얻었다. 서비스 이노베이션의 열쇠는 현장에서 생겨나는 아이디어를 포착해 키우는 것이다.

서비스 이노베이션 원칙 1
제조업을 서비스화하는 방법이 있다

제조업의 서비스화에는 크게 나눠서 세 가지 접근법이 있다.

① 물건과 서비스의 융합

이것은 살코기=물건, 지방=서비스로 치환하면 이해가 쉽다.

[제1단계] 전골용 고기와 지방……고객의 요구에 따라 지방이 붙는다. 서비스는 상품을 사용하는 데 필요한 '덤'이다. 대표적인 사례로는 클레임 처리가 있다.

[제2단계] 서로인 스테이크……고기에 지방이 붙지만, 양자를 분리할 수 있다. 서비스는 차별화의 수단이 된다. 이륜차 판매

점인 레드바론은 전국 어디에서 바이크가 고장 나든 30분 안에 현장으로 달려가는 수리 서비스를 제공함으로써 고객의 신뢰를 얻고 있다.

[제3단계] 고급 쇠고기……마블링이 잘 돼 있는 고급 쇠고기처럼 서비스와 물건이 일체화돼 따로 분리해낼 수 없다. 어느 인공 심장 박동기 제조사는 심장의 상태를 원격으로 감시하며 의사에게 정보를 보내는 서비스를 제공하고 있다.

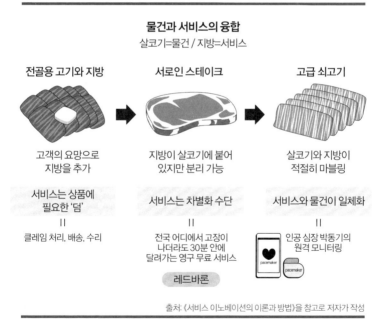

물건과 서비스의 융합
살코기=물건 / 지방=서비스

전골용 고기와 지방	서로인 스테이크	고급 쇠고기
고객의 요망으로 지방을 추가	지방이 살코기에 붙어 있지만 분리 가능	살코기와 지방이 적절히 마블링
서비스는 상품에 필요한 '덤'	서비스는 차별화 수단	서비스와 물건이 일체화
‖	‖	‖
클레임 처리, 배송, 수리	전국 어디에서 고장이 나더라도 30분 안에 달려가는 영구 무료 서비스	인공 심장 박동기의 원격 모니터링
	레드바론	

출처: 《서비스 이노베이션의 이론과 방법》을 참고로 저자가 작성

현지 일본의 제조업은 제1단계~제2단계인 곳이 많은데, 제3단계에 접어들려면 IT를 활용한 변혁이 필수다.

② 주력 상품을 물건에서 서비스로 전환한다

물건 판매의 경우, 일용품화로 가격 경쟁의 수렁에 빠져들 수밖에 없다. 고객의 가치를 높이는 서비스화가 필요하다.

어느 단추 제조사는 카탈로그로 고품질 단추를 판매하고 있었다. 한편, 어느 지퍼 제조사는 고객인 여성복 제조사의 고민거리를 듣고 그 고민을 해결해 줄 최적의 지퍼를 제안해 주문 생산

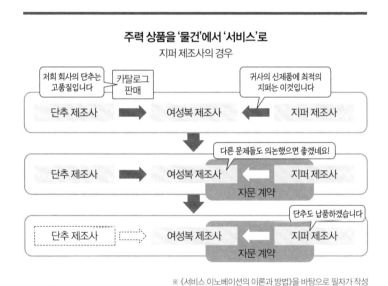

주력 상품을 '물건'에서 '서비스'로
지퍼 제조사의 경우

※《서비스 이노베이션의 이론과 방법》을 바탕으로 필자가 작성

하고 있었다. 제안이 들어맞았기에 여성복 제조사는 자문 계약을 체결했고, 신뢰를 얻은 지퍼 제조사는 단추에 관한 상담을 받아 단추도 납품하게 됐다.

경영 위기에 직면했던 IBM도 자사의 비즈니스를 컴퓨터 판매에서 기업의 과제 해결을 위한 IT 솔루션 제공으로 변혁했다. 과거에 제품으로 판매했던 컴퓨터는 솔루션을 제공하는 '도구'가 됐다.

제조업이 서비스업으로 변혁하기 위해서는 물건 중심의 관점을 서비스 중심의 관점으로 바꿔야 한다. [Book 23]《서비스 지배 논리》에서 소개한 서비스 지배 논리에 입각해서 생각하는 습관을 들여야 하는 것이다.

③ 서비사이징으로 물건 자체를 서비스화한다

물건(제품) 자체를 서비스화해서 제공하는 것을 서비사이징(Servicizing)이라고 한다. 가전제품 제조사인 아쿠아는 일본 국내의 셀프 빨래방용 세탁기 시장에서 점유율 70퍼센트를 차지하고 있다. 일본의 셀프 빨래방 시장은 성장을 거듭하고 있어서, 점포 수가 2만 개에 육박하고 있다. 그래서 아쿠아는 셀프 빨래방의 프랜차이즈 비즈니스를 전개하고 있다.

프랜차이즈의 점주에게 커다란 고민거리는 점원의 확보다. 편의점도 24시간 영업을 해야 하기 때문에 항상 점원 확보에 고민하고 있다. 그래서 아쿠아는 셀프 빨래방 점포를 무인 운영할 수 있도록 '클라우드 IoT 빨래방 시스템'을 구축했다. 내점객은 회원 등록을 하고 키오스크에서 세탁기 가동과 요금 지급, 영수증 발행을 할 수 있다. 아쿠아는 세탁기만 팔지 않고 업무용 세탁기를 포함한 셀프 빨래방 시스템 일체를 서비스로서 프랜차이즈 점주에게 제공하고 있는 것이다.

서비스 이노베이션 원칙 2
서비스 이노베이션을 만들어 내는 조직 문화가 있다

서비스에서는 조직 문화가 가장 중요하다. 직원이 행동할 때 무의식적으로 조직 문화의 영향을 받는다. 성공한 서비스 기업은 공통적으로 다음과 같은 조직 문화가 있다.

① 기업으로서 품질과 탁월성을 지속적으로 추구하며, 최고의 기업을 지향한다.

② 철저히 고객 지향적이다. 고객과의 관계를 중요한 자원으로 생각하며, 고객과의 관계 형성을 중시한다.

③ 직원을 중요한 자원으로 생각하고 사람에게 투자한다. 연수나 인사 제도가 충실하다.

④ 현장에 업무 판단의 권한을 위양해 자율적인 현장을 만들고 지원하는 시스템을 갖추고 있다.

⑤ 서비스의 목적과 전략이 명확하며, 여기에 노력을 집중한다.

또한 리더는 사명과 비전을 꾸준히 이야기하고, 빈번하게 현장을 찾아가며, 무엇이 중요한지를 행동으로 보여주면서 지긋이 시간을 들여 조직 문화와 시스템을 만들어 낸다.

[Book 18]《결정적 순간 15초》의 SAS는 칼슨이 CEO였던 몇 년 동안은 우량 기업이었지만 그 후 평판도 실적도 하락했다. SAS는 서비스 이노베이션을 지속하기 위한 조직 문화나 조직적인 시스템을 구축하지 못했던 것이다. 본래는 평가·보수(報酬)·교육 등 꾸준한 조직적 노력이 필요했지만, 칼슨이라는 카리스마 경영자가 떠나자 후퇴해 버렸다. 서비스 이노베이션은 유지·지속하기가 더 어려운 것이다.

지금은 모든 업계에서 서비스 이노베이션이 필요한 시대다. "서비스는 우리하고 상관없어."라고 말하는 제조사의 사람들일수록 꼭 읽어 보기를 바라는 책이다.

POINT

서비스로 가치 창조를 실현하고 싶다면 서비스 이노베이션을 해야 한다. 세 가지 접근법을 따르면서 서비스 이노베이션에 최적화된 조직문화를 구축하자.

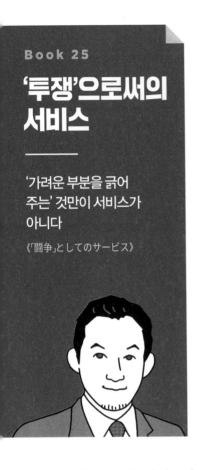

야마우치 유타카
山内裕

교토대학교 경영 관리 연구부·교육부 준교수. 전문 분야는 조직론으로, 주로 서비스를 연구하고 있다. 교토 대학교 공학부 정보공학과를 졸업하고 동 대학교 대학원 정보학 연구과 사회 정보학을 수료했으며(정보학 석사), 캘리포니아대학교 로스앤젤레스 캠퍼스, UCLA 앤더슨 경영 대학원 박사 과정을 수료했다. 이후 제록스사 PARC 연구소 연구원을 거쳐 현직에 이르렀다. 공저로 《조직·커뮤니티 디자인》, 《교토대학교 괴짜 강좌》, 《일본의 크리에이티브 서비스》 등이 있다.

Book 25
'투쟁'으로써의 서비스

'가려운 부분을 긁어 주는' 것만이 서비스가 아니다

《「闘争」としてのサービス》

우리는 '최선을 다해서 고객을 배려하고자 노력하는 것이다 서비스다.'라고 생각한다. 그러나 서비스 과학이 전문 분야인 교토 대학교의 야마우치 유타카 준교수는 이 책에서 그 생각을 근본부터 부정한다.

실제로 고급 서비스일수록 '최선을 다해서 고객을 세심하게 배려한다.'와는 정반대의 모습을 보인다. 가령 고급 초밥집을 생각해 보자. 미쉐린 가이드에서 3스타를 획득한 '스키야바시 지로'는 미국의 진 대통령인 버락 오바마도 방문했을 만큼 세계적인 가게이지만, 점주인 오노 지로는 그야말로 고집불통이다. 웃음기 하나 없는, 마치 "넌 어디서 굴러먹던 말 뼈다귀냐?"라고 말하는 것 같은 얼굴로 손님을 맞이한다. 점내는 긴장감이 감돌아 도저히 잡담을 나눌 수 있는 분위기가 아니며, 다 먹을 때까지 가격조차 알 수 없다. 게다가 비싸다.

고급 프랑스 레스토랑도 지켜야 하는 관습이 많다. 예약은 필수이고, 최소한의 복장은 갖춰야 한다. 티셔츠를 입고 가는 것도, 소리를 내며 먹는 것도, 와인을 단숨에 들이켜는 것도, 떨어뜨린 포크를 직접 줍는 것도 안 된다.

이처럼 신기하게도 고급 서비스일수록 어딘가 고압적인 느낌이 들지만, 그런데도 언제나 사람들로 가득하다. 기존 서비스 마케팅 이론으로는 고급 서비스일수록 긴장감을 강요받고 지켜야 하는 관습도 많은 이런 현상을 설명하지 못하는데, 이 책은 그 수수께끼에 도전한다.

서비스 투쟁정신 1
고급 서비스는 고객을 시험한다

저자는 대량의 비디오카메라와 음성 녹음기를 초밥집에 가져가서 가게와 손님의 커뮤니케이션을 녹화·녹음한 뒤 이를 분석했다. 초밥집에서는 예를 들면 이런 식의 대화가 진행된다.

주인 "마실 건 어떻게 하시겠습니까?"

손님 "음……. 더우니까 생맥주로……."
주인 "생맥주, 그러지요."

언뜻 평범한 대화로 보이지만, 잘 분석해 보면 말도 안 되는 일이 일어났음을 알 수 있다. 그 손님은 이 초밥집에 처음 온 사람이며, 이것은 그 손님이 자리에 앉은 직후에 주고받은 대화다. 점내에는 메뉴도 없으며, 가격도 적혀 있지 않다. 그런데도 초밥집의 주인은 "음료수를 주문하시오."라고 재촉했다. 여기에 손님은 굳이 "더우니까"라고 이유를 대면서 "생맥주로……."라고 말끝을 흐렸다. 비디오로 확인해 보면 이때 손님은 슬쩍 주인 눈치를 살피고 있었다. 그리고 주인은 "생맥주, 그러지요."라며 마치 손님이 시험에 합격한 듯이 대답했다. 만약 훼미리마트라면 "치킨 주세요."라고 말하는 손님에게 점원이 "치킨, 그러지요."라고 대답할까? 그럴 리가 없다. 이렇게 생각하면 이것이 얼마나 말도 안 되는 일인지 이해가 될 것이다.

한편 초밥을 잘 아는 손님과의 대화는 이런 식으로 진행됐다.

주인 "마실 건 어떻게 하시겠습니까?"
손님 "맥주."
주인 "큰 병과 작은 병이 있습니다만."
손님 "작은 병으로."

손님은 주인의 질문에 막힘없이 대답했다. 이것은 단순히 무엇을 주문할지 물어본 것이 아니다. 주인은 이 한마디로 손님을 시험하고 파악한 것이다. 손님이 제대로 대답한다면 합격이며, 주인은 특별히 주의를 기울이게 된다. 이 질문은 "우리는 질문에 당연하다는 듯이 대답하는 손님을 상대로 장사를 한다."라는 의미인 것이다.

고급 프랑스 레스토랑도 마찬가지다. 테이블로 안내를 받은 뒤, 손님은 점원이 오기를 하염없이 기다리게 된다. 그리고 점원은 와인 리스트나 메뉴를 가져와서는 "무엇을 주문하시겠습니까?"라며 그대로 서서 기다린다. 손님을 한참 기다리게 해 놓고서 자신은 조금도 기다리려 하지 않는다.

게다가 메뉴에는 요리의 명칭만 적혀 있을 뿐이다. 예를 들면 이런 식이다.

"랑구스틴과 가볍고 향긋한 고프레로"

처음 오는 사람으로서는 어떤 요리가 나오는지 도저히 알 수가 없다.

스타벅스도 마찬가지다. 스타벅스의 음료수 사이즈는 스몰, 미디엄, 라지가 아니라 숏, 톨, 그란데다. 여기에 그란데보다 더 큰 벤티, 트렌타라는 사이즈도 있다. 그란데나 벤티, 트렌타는 전부 이탈리아어다. 일본인뿐만 아니라 미국인도 잘 모른다. 그들은 왜 굳이 사람들이 잘 모르는 용어를 사용하는 것일까?

만족시키려 하면 고객은 만족하지 않는다

서비스에는 제공자가 고객을 만족시키려 할수록 고객은 만족하지 않게 된다는 역설(패러독스)이 존재한다. 제공자가 "고객에게 기쁨을 주자."라며 열심히 하면 고객은 '이 사람은 내게 기쁨을 주려고 하고 있구나.'라고 받아들이며, 그 순간 상하 관계가 생겨난다. 고객 위치는 위가 되고, 서비스 제공자 위치는 아래가 된다. 그리고 고객은 자신보다 위치가 낮은 쪽에서 제공하는 서비스의 가치를 낮게 느낀다.

한편 초밥집의 주인은 고집스럽고 무뚝뚝하게 '나는 나를 위해서 일하는 거야. 너희는 신경 쓰지 않아.'라는 자세를 관철하는데, 그렇기에 손님은 서비스를 고맙게 여기며 그런 사람에게 인정받고 싶다고 생각하게 된다. 계속해서 찾아가고, 험상궂은 초밥집 주인에게 "오, 왔는가!"라는 말을 듣기라도 하면 매우 기분이 좋아진다.

반대로 초밥집 주인이 싱글싱글 웃는 얼굴로 손님을 맞이하고는 "저희는 항상 손님을 위해서 최선을 다합니다."라면서 메뉴를 공손하게 건네고 "오늘은 좋은 놈이 들어왔습니다. 광어가 아주 최고입니다. 시식해 보시겠습니까?"리며 친절하게 권한나면 어떻게 될까? 이것은 당연한 서비스이기 때문에 오히려 큰돈을 쓰면서까지 오고 싶다는 생각이 들지 않게 된다.

프랑스 레스토랑이나 스타벅스가 의미를 알 수 없는 용어를 남발하는 것도 '우리의 서비스는 금방은 이해가 안 될 정도로 대단하다.'라고 알리기 위함이다.

이와 같은 고급 서비스는 '상대의 가려운 곳을 헤아리고 철저히 긁어 준다.'라는 발상에서는 탄생하지 않는다. 서비스는 투쟁이기 때문이다.

서비스 투쟁정신 3
'히비키 12년'에 매실주를 소량 섞는 이유

산토리의 명예 수석 블렌더인 고시미즈 세이이치는 위스키인 '히비키 12년'을 블렌딩할 때 일부러 매실주 통의 원주(原酒)를 조금 섞었다고 한다. 이 사실을 고객에게 전하면 고객은 히비키 12년을 마실 때 매실주의 맛을 찾아내려 하게 되며, 이것이 고객에게 특별한 경험을 준다. 또한 세계의 바텐더가 손님에게 이야기할 소재가 생긴다는 점도 고려했다.

요리도 마찬가지다. 오사카의 일본 요리점인 가시와야에서는 미역 죽순 조림을 만들 때 죽순을 갈아서 걸쭉하게 만든다. 아삭한 식감이라는 죽순의 가장 큰 매력 포인트를 없애 버리는 충격적인 요리법이지만, 이것은 식감만이 주목을 받는 바람에 잊히는 경향이 있는 죽순의 단맛을 느끼게 하기 위한 장치다. 이 요리를 본 고객은 놀라움과 함께 요리의 의미를 해독하기 시작한다.

이 두 가지 예는 단순히 서비스를 제공해 고객의 요구를 충족시킨 사례가 아니다. 고객은 제공자가 술이나 요리에 무엇을 담았는지를 해독한다. 그리고 이와 동시에 제공자는 고객의 해독 역량을 해독한다. 제공자와 고객이 서로를 해독하는 것이다.

이처럼 서비스에는 투쟁의 측면이 있다. 이기고 지는 싸움(Fight, Battle)이 아니라, 제공자와 고객이 상대를 대등한 개인으로 인정하고 경쟁한다는 의미의 투쟁(Struggle)이다.

서비스 투쟁정신 4
고객과의 투쟁이야말로 가치의 공동 창조다

서비스의 본질은 [Book 23]《서비스 지배 논리》에서 소개했듯이 서비스 제공자와 고객의 가치 공동 창조다.

일본의 다도(茶道)를 정립한 센노 리큐는 비일상적인 긴장감을 만들어 내기 위해 작은 다실을 만들었다. 이 다실에서는 주인인 리큐도, 손님인 귀족도 대등했다. 좁은 다실에서는 주인과 손님의 거리가 1미터도 되지 않는다. 서로가 시종일관 상대의 몸짓 하나하나에 주목하며 4시간 가까이 앉아서 차와 요리를 함께한다. 높은 긴장감 속에서 주인과 손님이 하나가 되어 가치를 공동 창조하고 세련됨을 높여 나갔다. 이런 자리를 통해서 경험을 쌓고 능력을 향상시켜 서비스의 수준을 높인 것이다.

본래의 서비스는 고객에게 노력과 긴장을 강요한다. 그러나 한편으로 긴장감을 동반하는 서비스 특유의 편안함도 있다. 이렇게 생각하면 고급 서비스에서 '품질이 높다.', '대응이 좋다.'는 표면적인 것에 불과하다. '비싼 돈을 내면 고급 서비스를 받을 수 있다.'는 것도 오해다. 그렇게 생각하는 사람은 아무리 돈이 많아도 가게로부터 질 높은 서비스를 받지 못한다.

신경질적으로만 보이는 초밥 장인도 실제로는 '고객에게 최고의 초밥을 제공한다.'라는 목적을 위해 끊임없이 노력한다. 초밥 장인이 하는 일 중 95퍼센트는 손님을 맞이하기 전에 재료를 사들이고 준비하는 것이라는 말이 있다. 실제로 스키야바시 지로의 점주 오노 지로는 자신이 출연한 다큐멘터리 영화에서 이렇게 말했다.

"이 나이(87세)가 되었지만, 아직도 완벽하다고는 생각하지 않아."

장인은 손님에게 도전함으로써 손님에게 노력할 것을 요구한다. 그리고 손님이 노력하면 장인도 실력을 키워야 한다. 이렇게 해서 손님과 장인 사이에 절차탁마의 선순환이 형성되는 것이다. 이것은 '고객의 욕구를 충족시키는 것이 서비스다.'라는 단순한 발상에서는 탄생하지 않는다.

초밥을 잘 아는 손님의 존재하기에 초밥집의 장인은 자신의 실력을 더욱 갈고닦는다. 진지하게 초밥을 맛보는 손님이 줄어들면 초밥의 맛도 떨어진다.

이것은 프랑스 레스토랑도 마찬가지다. 고베 기타노 호텔의 총지배인이자 총요리장이며 세계적으로 유명한 프랑스 요리 셰프인 야마구치 히로시는 이런 말을 했다.

"서비스란 하는 쪽과 받는 쪽이 서로 계단을 올라가는 것과 같습니다. 바로 여기에 즐거움이 있지요. 줄다리기 속에서 몰랐던 것을 알아 나가는 과정이 즐겁습니다."

반대로 '투쟁'의 관계가 무너지고 서로 친해지면 고급 서비스

**손님과 장인의 꾸준한 절차탁마가
고급 서비스의 가치를 만들어 낸다**

① 장인이 손님에게 도전한다

④ 장인이 실력을 키운다

서비스의 고급화

② 손님에게 노력을 촉구한다

③ 손님이 노력한다

손님과 장인 사이에 형성되는 절차탁마의 선순환은
'고객의 욕구를 충족시키는 것이 서비스'
라는 개념에서는 탄생하지 않는다.

※《'투쟁'으로써의 서비스》을 바탕으로 필자가 작성

의 가치는 붕괴된다. 어느 초밥 애호가는 친분이 생긴 초밥 장인에게서 "팔고 남은 생선이 있는데 먹으러 오지 않겠소? 5,000엔에 서비스해 주리다."라는 말을 들은 뒤로 그 가게에 가지 않게 됐다고 한다.

고급 서비스는 직접 경험해 보지 않고서는 알 수가 없다. 사업가라면 '고급 서비스'를 직접 경험하고 그 의미를 곰곰이 생각해 볼 필요가 있을 것이다.

지금까지 내용을 요약해서 소개했는데, 이 책은 저자가 "독자에게 싸움을 거는 책"이라고 썼을 만큼 난해하다. 그러나 이 세계를 모르고서는 서비스를 이야기할 수 없다.

현재 발전 중인 서비스 마케팅에서는 새로운 개념이 속속 탄생하고 있다. 그런 개념들을 계속 공부해 나간다면 비즈니스에 커다란 힘이 될 것이다.

POINT

억지로 만족시키려 하지 마라. 고객과의 긴장감 있는 투쟁이 서비스의 수준을 높여라. 그리고 그것이 곧 고객과 가치를 공동창조하는 최고의 방법이다.

Chapter 4

마케팅
커뮤니케이션
Marketing Communication

가치를 고객에게 전하는 방법. 그것이 마케팅 커뮤니케이션이다.
마케팅 커뮤니케이션은 세월과 함께 변화해 왔다.
대량 소비 사회에서는 광고가 중심이었지만 점차 광고보다
PR(Public Relations)이 커다란 역할을 담당하게 되었고, 여기에
소셜 미디어가 대두하면서 소비자는 기업이 발신하는 정보를
그대로 믿지 않게 됐다.
그렇기 때문에 우리는 소비자의 뇌리에 각인시킬 수 있는 최적
의 메시지 전달법을 끊임없이 궁리해야 한다.
여기에서는 마케팅 커뮤니케이션의 교과서부터 최신 이론을
아우르는 책6권을 소개한다.

Book 26

광고 불변의 법칙

효능을 약속하지 않는
광고로는 상품을 팔 수 없다

《Ogilvy on Advertising》

데이비드 오길비
David Ogilvy

1911년에 영국에서 태어나. 수습 요리사와 가정용 풍로 방문 판매원을 거쳤다. 1938년에 미국으로 이주해 조지 갤럽 박사의 시청자 조사 연구소에서 부소장을 맡았다. 제2차 세계 대전이 끝난 뒤에는 뉴욕에 본사를 둔 광고 회사를 설립하고 합병을 통해 현재 오길비앤매더로 알려진 국제적인 광고 회사를 만들어 냈다. 1999년에 영면했다. 저서로는 세계적인 베스트셀러인《어느 광고인의 고백》,《나는 광고로 세상을 움직였다》가 있다.

'광고의 아버지'로 불리는 데이비드 오길비가 가감 없이 광고의 본질에 대해 이야기한 책이다. 1983년에 출판된 책으로, 오래된 느낌은 부정할 수 없지만 광고가 전성기를 맞았던 그 시대를 느낄 수 있으며 역사적으로 대성공한 광고들이 다수 실려 있어서 재미있다. 광고에 대한 본질적인 통찰도 여전히 빛을 발하고 있다. 오길비는 본인이 직접 다수의 광고를 만들었으며 끊임없이 그 효과를 검증해 왔는데, 그런 자신의 견식을 이 책에서 아낌없이 소개했다.

일본의 퍼스널 트레이닝 센터인 라이잡은 유명인이 차례차례 등장해 몇 개월 만에 근육질의 몸으로 변신시키는 광고를 통해 널리 알려지게 됐다. 라이잡의 광고는 이 책에서 오길비가 제창하는 '파는' 광고의 기본을 충실하게 따랐다.

광고 불변의 법칙 5

① 광고에서는 효능을 이야기해라

라이잡의 광고를 보면 마지막에 반드시 다음과 같은 문구가 들어간다. "결과를 약속한다. 라이잡." 차례차례 등장하는 유명인의 너무나도 다른 비포와 애프터를 본 다음 이 문구가 나오면 자신도 모르게 '라이잡이라면 나도 변할 수 있지 않을까?'라고 생각하게 된다.

이와 같은 소비자의 이점이 효능이다. 라이잡은 효능을 명확히 소구한다. 효능을 약속하지 않는 광고로는 물건을 팔 수 없다. 오길비는 "이것은 이 책에서 가장 중요하다. 한 번 더 읽어 보기 바란다."라고 말했다. 그러나 약속을 전혀 하지 않는 광고가 아직도 많다.

② 상품을 이해하고, 포지셔닝하며, 차이점을 부각시킨다

라이잡의 트레이닝 방법은 인터넷에서 검색하면 누구나 알 수 있다. 다만 라이잡은 그 트레이닝을 꾸준히 계속하지 못하는 사람에게 풍부한 데이터를 바탕으로 "반드시 이상적인 몸을 손에 넣게 해 줄 것을 약속합니다."라고 확약한다.

광고의 기본은 상품을 철저히 공부해 포지셔닝하는 것이다. 포지셔닝이란 '이 상품은 누구를 위해 무엇을 하는가?'를 정하는 것인데, 라이잡은 이것이 매우 명확하다. 오길비도 도브라는 비누를 '피부가 건조한 여성을 위한 화장비누'로 포지셔닝한 뒤 그 후 25년 동안 사용된 광고 문구로 효능을 명확히 제시했다. "도브는 씻는 동안 피부에 크림을 발라 줍니다."

현대의 상품들은 대부분 경쟁사의 상품과 별다른 차이가 없다. 따라서 상품의 좋은 점을 사실에 입각해 더욱 설득력 있는 형태로 설명하고 차이점을 명확하게 부각하는 게 광고의 역할이다.

③ 브랜드 이미지를 지속적으로 부여한다

라이잡의 광고는 '이 사람이 나온다고?'라고 놀랄 정도의 유명인이 등장한다. 그때마다 커다란 화제가 되며, 그들이 출연한 광고의 유튜브 영상은 소셜 미디어에서 확산되어 세상 사람들에게 지속적으로 인지된다. 어떤 광고든 목적은 브랜드에 이미지를 부여하는 것이다. 이미지란 개성이다. 항상 똑같은 이미지를 부여해야 하고 효과기 사라질 때까지 계속해야 한다.

④ 많은 인원이 모여서 결정하지 않는다

라이잡의 창업자인 세토 다케시 사장은 창업 초기에 저칼로리로 포만감을 얻을 수 있는 두유 쿠키를 팔아서 사업을 성장시켰다. 세토 사장이 고등학생 시절에 사귀었던 여자 친구의 다이어트를 도왔던 것에서 힌트를 얻어서 만든 상품이었다고 한다. 70킬로그램에서 43킬로그램까지 살을 빼면서 성격도 밝아졌지만, 다이어트를 하는 여자 친구의 모습은 참으로 괴로워 보였다. 그래서 '좀 더 편하게 다이어트를 할 수는 없을까?'라는 생각에 저칼로리로 포만감을 얻을 수 있는 과자를 만들었던 것이다.

이후에도 세토 사장은 항상 '사람은 변할 수 있다.'라는 이념을 잃지 않았고, 그 결과 만들어 낸 것이 라이잡이었다. '결과를 약속하는 라이잡'은 세토 사장의 이념 그 자체였다.

오길비는 "적은 인원이 머리를 쥐어짜며 궁리해야 한다."라고 말했다. 관계자가 많으면 광고는 실패한다. '○○위원회' 같은 것은 그중에서도 최악이다. 누군가 아이디어를 내놓아도 트집이 잡히기 일쑤이며 그런 식으로 시간만 보내다 결국 적당히 타협하게 된다. 물론 그렇게 해서 만들어진 광고는 성공하지 못한다.

⑤ 자화자찬보다 누군가의 추천

라이잡의 광고는 꾸준히 양산되고 있지만, 광고에 라이잡의 관계자가 나온 적은 단 한 번도 없다. 정말로 라이잡에서 자신의 몸을 변화시키는 데 성공한 사람들만이 나오기에 신뢰받는 것이다. 광고에서 자화자찬하기보다는 누군가가 추천하는 편이 사람들을 설득할 수 있다. 라이잡의 사례를 보면 오길비의 제언이 오늘날에도 유효함을 알 수 있다.

인쇄 매체 광고로 성공하는 방법

인쇄 매체 광고는 아직도 홍보의 주요 수단이다. 인쇄 광고를 제대로 된 고민 없이 즉흥적으로 만드는 사람이 많은데, 고객을 매료시키는 인쇄 매체 광고를 만들기 위한 절대적이고 확실한 공식이 이미 존재한다.

[헤드라인] 헤드라인을 읽는 사람은 바디카피를 읽는 사람의 5배다. 헤드라인에 호소력이 없다면 광고비 80퍼센트를 낭비한 것이나 다름없다. 뉴스 가치가 있는 헤드라인은 언제나 효과적이다.

[도판] 일러스트보다는 사진이 좀 더 사람들을 매료시키고 신빙성이 높게 느껴지며 기억에 남는다. 사진 한 장은 1,000마디의 말과 동등한 가치가 있다. 사람들의 호기심을 자극하는 주제의 도판을 고르는 것이 중요하다. 또한 사용 전과 후를 보여 주는 도판은 판매 성적을 끌어올린다.

[바디카피] 바디카피를 읽는 독자는 전체의 5퍼센트에 불과하지만, 이것은 독자의 수가 1,000만 명인 매체라면 50만 명이나 된다는 의미이기도 하다. 군중이라고 생각하지 말고 한 사람 한 사람에게 편지를 쓰는 심정으로 이인칭 단수를 사용한다. 오길비의 경험에 따르면 짧은 카피보다 긴 카피가 더 효과가 좋다고 한다. 독자로 하여금 '뭔가 중요한 말을 하고 싶은 게 틀림없어.'라는 생각이 들어서 읽어 보게 만들기 때문이다. 다만 흔한 카피는 기억에 남지 않으므로 삼가는 것이 좋다.

[배치] 광고를 보는 사람은 먼저 도판에 시선을 빼앗기고, 다음에는 헤드라인을 보며, 마지막으로 바디카피를 읽는다. 각 요소도 이 순서대로 배치한다. 도판 아래에 헤드라인을 배치하면 도판 위에 배치하는 것보다 읽힐 확률이 10퍼센트 상승한다. 도판에는 반드시 캡션을 넣는다.

"검은 바탕에 흰 글자는 읽기 힘들다."라는 사실을 알게 된 지도 수십 년이 흘렀건만, 여전히 검은 바탕에 흰 글자를 사용하는 광고가 많다는 것은 참으로 개탄스러운 일이다. 반드시 흰 바탕에 검은 글자를 써야 한다. 오길비는 검은 바탕에 흰 글자를 사용한 기부 모집 광고를 흰 바탕에 검은 글자로 바꿨는데, 그러자 기부금이 2배로 증가했다고 한다. 신은 디테일에 깃들어 있는 것이다.

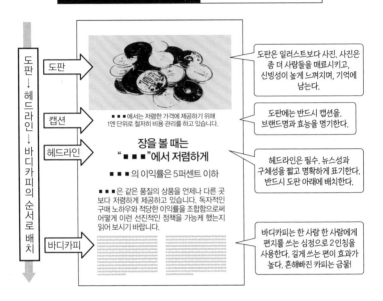

인쇄 매체 광고로 성공하는 방법

| 검은 바탕에 흰색 글자가 아니라 | 반드시 흰 바탕에 검은 글자 |

도판 → 헤드라인 → 바디카피의 순서로 배치

도판

캡션

헤드라인

바디카피

장을 볼 때는
"■■■"에서 저렴하게

■■■의 이익률은 5퍼센트 이하

■■■은 같은 품질의 상품을 언제나 다른 곳보다 저렴하게 제공하고 있습니다. 독자적인 구매 노하우와 적당한 이익률을 조합함으로써 어떻게 이런 선진적인 정책을 가능케 했는지 읽어 보시기 바랍니다.

■■■에서는 저렴한 가격에 제공하기 위해 1엔 단위로 철저히 비용 관리를 하고 있습니다.

도판은 일러스트보다 사진. 사진은 좀 더 사람들을 매료시키고, 신빙성이 높게 느껴지며, 기억에 남는다.

도판에는 반드시 캡션을. 브랜드명과 효능을 명기한다.

헤드라인은 필수. 뉴스성과 구체성을 짧고 명확하게 표기한다. 반드시 도판 아래에 배치한다.

바디카피는 한 사람 한 사람에게 편지를 쓰는 심정으로 2인칭을 사용한다. 길게 쓰는 편이 효과가 높다. 흔해빠진 카피는 금물!

※ 《광고 불변의 법칙》을 바탕으로 필자가 작성

웹 마케팅으로 감각을 키워라

오길비가 아직 광고 대행사의 신참이었을 때, 한 고객이 "500달러의 예산으로 신축 호텔의 고객을 모집하는 광고를 내고 싶소."라고 의뢰했다. 이에 오길비는 엽서를 사서 근처의 부유한 사람들에게 편지를 보냈는데, 그 결과 호텔은 개업 당일에 만실을 기록했다. 이 일을 통해 오길비는 다이렉트 메일의 위력을 깨달았다고 한다.

다이렉트 메일은 광고가 얼마나 도움이 되었는지를 금방 파악할 수 있다. 오길비는 "카피라이터는 2년 동안 다이렉트 메일 광고를 써야 한다."라고 말했다.

이것을 현대식으로 표현하면 "마케터는 먼저 웹 마케팅을 담당해야 한다."가 된다. 나도 인터넷에서 정보를 발신하고 있는데, 결과를 금방 알 수 있기에 마케팅 감각을 매일같이 갈고닦을 수 있다.

오길비는 이 책에서 [Book 5]《브랜드는 어떻게 성장하는가》의 저자 바이런 샤프의 스승인 에렌버그의 말을 다음과 같이 인용했다. "소비자는 비누나 세제를 구입할 때 단일 브랜드가 아니라 자신의 취향에 맞는 복수 브랜드의 범주에서 고른다. 이 브랜드의 범주는 거의 바뀌지 않으며, 규칙적이고 습관성이 있다. 또한 소비자는 자신이 사용하지 않는 브랜드의 광고에는 거의 관심을 보이지 않는다."

이 브랜드의 범주는 [Book 7]《확률 사고의 전략론》에서 소개한 '고려 상품군'이다. 그리고 광고의 역할은 그 브랜드의 범주 속에 있는 자사의 브랜드를 자주 사도록 만드는 것이다.

[Book 27]《마케팅 반란》에 나오듯이, 현대의 광고는 과거와는 역할이 달라졌다. 그러나 오길비는 광고의 본질을 적확히 꿰

뚫어 봤다. 광고와 관계된 일을 하는 사람이라면 반드시 읽어 봐야 할 책이다.

Book 27

마케팅 반란

광고의 종언,
PR의 대두

《The Fall of Advertising &
The Rise of PR》

알 리스 · 로라 리스
Al Ries · Laura Ries

세계에서도 손꼽히는 마케팅 컨설턴트인 알 리스가 딸 로라 리스와 함께 경영하는 컨설팅 회사 리스는 《포춘》지 선정 500대 기업에 들어가는 일류 기업(IBM, 머크, AT&T, 제록스 등) 다수를 고객으로 확보하고 있다. 또한 집필 활동에도 힘을 쏟아 다수의 베스트셀러를 냈다. 로라 리스와의 공저로는 《브랜딩 불변의 법칙》 등이 있으며, 잭 트라우트와의 공저로는 《포지셔닝》 등이 있다.

여러분이 다음 브랜드를 알게 된 계기는 무엇인가? 스타벅스, 애플, 구글, 유튜브, 페이스북……. 모두 강력한 브랜드인데, 여러분이 이 브랜드들을 알게 된 계기는 아마도 광고가 아니라 미디어 기사일 것이다. 최근의 강력한 브랜드는 광고에 의존하지 않는 경우도 많다.

이 책은 광고에 의존하지 않는 시대에 브랜드를 구축하는 방법을 가르쳐 준다. 포인트는 광고와 PR의 역할 차이다. PR은 퍼블릭 릴레이션(Public Relation, 홍보)을 의미하며, 퍼블리시티(Publicity, 공적 홍보)는 PR 방법 중 하나다. 퍼블리시티는, 신문이나 텔레비전 등의 미디어를 통해 간접적으로 메시지를 전하는 방법이다. 광고와 달리 메시지를 미디어에게 맡겨야 하고 기업의 뜻대로 바꿀 수 없기 때문에 언뜻 비효율적으로 생각되지만, 커다란 이점이 있다. 제삼자의 정보이기에 소비자가 신뢰한다는 것이다.

이 책의 메시지는 "먼저 PR로 브랜드를 구축하고, 그런 다음 광고로 브랜드를 지켜라."이다. 저자는 [Book 3]과 [Book 12]의 저자인 알 리스와 그의 딸 로라 리스다. "최초 선점으로 포지션을 확보하라."라는 그의 주장은 이 책에서도 일관되게 전개된다.

PR이 브랜드를 만드는 시대

우리는 광고에 돈을 쓰고 있다. 국내 총광고비를 기준으로 1인당 광고비를 계산하면 금액이 상당하다. 10년 사이에 큰 폭으로 증가했는데 최근 50년 동안에는 물가 상승분을 빼고도 2배 이상 증가했다. 광고에 엄청난 돈이 들어가고 있다는 말이다.

그러나 광고는 신뢰받지 못하고 있다. 미국에서 실시한 직업별 '정직성과 윤리성' 조사를 보면, 광고 제작자는 최저 등급인 13퍼센트로 정치가와 비슷한 수준이다(갤럽사의 2019년 조사). 오늘날 소비자들은 기업이 광고에 큰돈을 들이고 있다는 사실을 알고 있으며, 광고를 곧이곧대로 믿지 않는다.

광고 효과도 약해졌다. 여러분은 오늘 아침에 신문에서 본 광고를 기억하고 있는가? 오늘날에는 광고에 큰돈을 들여도 강력한 브랜드를 만들 수 없게 됐다. 코카콜라는 레드불로부터 에너지 드링크의 왕좌를 탈환하고자 에너지 드링크 KMX를 발매했으며, 닥터페퍼의 성공을 보고 미스터 피브(Mr PiBB)를 발매했다. 그러나 둘 다 실패로 끝났다. 코카콜라의 KMX 광고를 본 소비자는 이렇게 생각한다. '코카콜라도 상품을 내놓는 걸 보니 에너지 드링크는 장래성이 있는 시장이군. 레드불의 성공으로 코카콜라가 초조해진 모양이야.'

[Book 26] 《광고 불변의 법칙》의 저자인 데이비드 오길비가 활약하던 20세기는 광고가 빛을 발하는 시대였다. 그때는 광고를 내면 팔렸다. 그러나 소비자는 자신이 사용하지 않는 브랜드의 광고에는 거의 관심을 보이지 않는다. 게다가 오늘날에는 정보가 범람하는 까닭에 광고에서 들어 본 적도 없는 이름을 보더라도 무시해 버릴 뿐이다. 그러나 편견이 없는 미디어에서 발신되는 PR이라면 신뢰한다.

자라(ZARA)는 1년에 두 차례의 할인 기간을 제외하면 광고를 하지 않는다. 그러나 패션 업계에서는 최초로 도요타와 같은 저스트 인 타임(JIT)을 도입해 일반적으로 디자인부터 납품까지 9개월이 걸리는 것을 15일로 단축함으로써 끊임없이 최신 패션을 제공하고, 다품종 소량 생산의 '다 팔리면 끝' 방식으로 상품 회전율을 높여 상품의 신선도를 유지하는 동시에 폐기 손실도 줄인 것이 언론에 보도되면서 내점객이 증가했다.

오픈 소스인 리눅스는 애초에 소유자가 없기 때문에 광고도 없지만, 다양한 미디어에 소개된 결과 강력한 브랜드가 됐다.

PR이 브랜드를 만든다는 것은 나도 실제로 경험한 바 있다. 나는 IBM에서 일하던 2000년대 초반에 콜센터 솔루션 사업의 마케팅 전략 책임자가 돼 대기업의 콜센터 센터장을 상대했다. 당시 대기업은 사내에 콜센터를 다수 보유하고 있었지만 각 센터가 연결돼 있지 않고 따로따로였다. 그래서 이리저리 전화를 돌리는 데 지친 고객의 불만이 하늘을 찌를 듯했고, 이 때문에 콜센터의 통합이 문제 해결을 위한 긴급 현안으로 떠오르고 있었다.

IBM은 이미 자사의 콜센터를 통합한 경험이 있었기에 고객에게 '풍부한 경험에 입각해 대기업 콜센터 통합을 실현할 수 있음'을 어필했다. 먼저 콜센터 센터장의 커뮤니티를 만들고, 미디어도 초대해 IBM과 고객의 선진 사례를 소개하는 100명 규모의 반나절 세미나를 격월로 개최했다. 이 세미나의 내용은 미디어에도 소개됐다. 예전 같았나면 광고로 "콜센터 통합 때문에 고민하고 있다면 실적이 풍부한 IBM에 맡겨 주십시오."라고 홍보했겠지만, 예산 문제도 있었기에 광고는 전혀 하지 않았다.

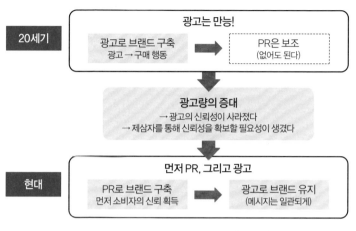

광고와 PR의 역할이 역전되었다

20세기	**광고는 만능!**

광고로 브랜드 구축
광고 → 구매 행동

➡

PR은 보조
(없어도 된다)

⬇

광고량의 증대
→ 광고의 신뢰성이 사라졌다
→ 제삼자를 통해 신뢰성을 확보할 필요성이 생겼다

⬇

현대	**먼저 PR, 그리고 광고**

PR로 브랜드 구축
먼저 소비자의 신뢰 획득

➡

광고로 브랜드 유지
(메시지는 일관되게)

※ 《마케팅 반란》을 바탕으로 필자가 작성

1년 후, 조사 회사의 시장 인지도 조사에서 IBM은 압도적인 1위를 차지했다. 시장에서 IBM의 브랜드 인지도가 극적으로 높아진 것이다.

다만, 그저 미디어에 소개되는 것만이 전부가 아니다. '이 회사가 최고'라고 인정하는 내용이어야 한다. 가령 스타벅스라면 "스페셜티 커피 부문에서 최고"로 소개되는 것이다. "우리는 스타벅스가 아니야. 화제가 될 만한 것이 하나도 없다고."라고 말하는 사람도 많이 있겠지만, 그런 화제가 없다면 만들어야 한다. 범위를 좁혀서 자사가 최고가 될 수 있는 영역을 찾아내는 일이 현대 PR 전략이다. PR의 역할은 미디어를 통해 신뢰를 얻어서 브랜드를 구축해야만 한다.

광고의 새로운 역할은 브랜드 방어

광고에도 역할이 있다. PR로 구축한 브랜드를 방어하는 것이다. 광고가 할 수 있는 일은 소비자의 마음속에 구축된 브랜드 인지를 높이는 것이다. [Book 7]《확률 사고의 전략론》에서 소개한 선호를 높여, 이른바 고려 상품군 중에서 선택될 확률을 높이는 것이다.

그런데 이때 큰 문제가 있다. 광고 업계에서는 '따라 하는 것은 수치'라고 생각한다. 그래서 광고 대행사는 "창조적인 광고를 만들자."라며 완전히 별개의 메시지를 만들어 내는 경향이 있다. 그러나 광고의 역할은 추인(追認) 작업이다. 새로운 메시지는 혼란을 만들어낼 뿐이다.

돋보기안경을 만드는 하즈키루페의 텔레비전 광고에서는 배우 와타나베 겐이 "나 참, 요즘은 글자들이 너무 작아서 읽을 수가 없다니까!"라며 화를 내는데, 본래 광고 대행사에서 제안한 것은 밀라노를 무대로 와타나베 센이 멋지게 등장하는 광고였다고 한다. 그러나 하즈키루페의 사장이 "100억 엔을 들였어. 1초에 2억 엔이라고. 말라노 풍경 같은 건 돈 낭비야. 내가 직접 만들지."라며 거부해 결국 현재의 광고가 제작됐다.

하즈키루페는 가전제품 양판점의 내점객이 배송 신청을 하는 카운터에 "작은 글자가 잘 보입니다."라며 자사의 돋보기안경을 비치해 호평을 받고 텔레비전 홈쇼핑에서 시니어 세대를 상대로 돋보기안경을 판매하는 등의 방법으로 꾸준히 브랜드를 구축해 왔다. 그리고 이렇게 구축한 브랜드를 잘 알고 있는 사장이 직접 그 광고를 만들어 냈다.

소비자의 관심이 집중되어야 할 대상은 광고 자체가 아니라 제품이다

미국 광고 업계는 이 책을 크게 비판했다. 미국 광고 협회장은 "광고로 브랜드를 구축한 사례는 수백 건도 넘는다. 근거도 사례도 전부 일방적이다."라고 비판했고, 광고 제작자도 "읽기가 괴로운 책이다."라고 말했다. 그러나 [Book 26]《광고 불변의 법칙》에서 오길비가 "모든 광고는 브랜드 이미지에 공헌해야 한다."라고 말했던 광고의 힘이 광고의 범람과 신뢰성의 저하로 약화되고 있는 것 또한 사실이다.

경영자도 PR이 브랜드 구축에 도움이 된다는 사실을 인식하고 대응을 시작했다. 가전제품 제조사인 발뮤다의 사장은 신제품에 대한 본인의 생각을 자신만의 특별한 표현으로 이야기한다. 특이한 복장으로 언론 홍보 자리에 나타나 기발하고 재치 있는 말장난으로 언론의 주목을 모으기도 한다. 마케팅 커뮤니케이션에 관여하고 있는 사람이라면 이 책에서 배울 점이 많을 것이다.

POINT

PR의 존재가치는 브랜드 구축에 있다. 광고의 존재가치는 브랜드 방어에 있다. 광고로 이목을 확실하게 끌더라도 소비자의 관심이 광고 자체가 아니라 최종적으로 제품에 꽂히게 만들어야 한다.

Book 28

꽂히는 광고

광고는 예술이 아니다.
개선이 필요하다

《What Sticks: Why Most
Advertising Fails and How to
Guarantee yours Succeeds》

렉스 브릭스 · 그렉 스튜어트
Rex Briggs · Greg Stuart

브릭스는 마케팅 효과를 조사하고 컨설팅하는
회사 '마케팅 에볼루션'의 창업자다. CRM, 브랜
딩, 다이렉트 마케팅 등의 분야에서 다수의 상을
수상했다. 스튜어트는 구글, MSN, 야후 등 300
개가 넘는 인터넷 관련 기업이 가입한 '인터랙티
브 광고 협의회'의 CEO다. 오랜 기간 동안 다수
의 대기업과 광고 대행사, 전 세계의 새로운 미디
어 기업에서 광고 관련 업무를 맡아 왔다.

여러분은 많은 기업이 광고에 거
액을 투입하고 있지만 그 대부분
이 돈 낭비에 그치고 있다는 충격
적인 사실을 알고 있는가? 가령
미국의 연간 광고비 300조 원 가
운데 110조 원은 아무런 효과도
얻지 못하고 낭비된 돈이다. 이 책은 그런 낭비를 박멸하고 소비
자에게 꽂히는 광고를 만드는 방법을 가르쳐 준다.

하버드 대학교와 펜실베이니아대학교 와튼스쿨은 이 책을 교
재로 사용하고 있으며, 미국의 광고 업계 전문지인 《애드에이
지》도 이 책을 마케팅 분야에서 최고의 책으로 선정했다.

또한 이 책의 내용은 광고와 관련이 없는 사람에게도 도움이

된다. 상품을 개발할 때 상품에 어떤 메시지를 담을 것인가? 가게의 새로운 메뉴를 어떻게 소개할 것인가? 이런 것들도 마케팅 커뮤니케이션과 관련이 있기 때문이다.

저자인 렉스 브릭스는 시장 조사 컨설팅 전문 회사인 마케팅 에볼루션의 창립자 겸 CEO다.

광고는 효과를 설명할 책임을 지지 않는다

"이 광고가 매출에 얼마나 공헌을 할까요?" 이렇게 물어보면 대부분의 광고 관계자는 '이 사람이 뭘 모르는군.'이라는 표정으로 이렇게 말한다.

"음…… 광고라는 건 말이지요, 예술입니다."

"광고의 목적은 브랜딩입니다. 귀사의 이미지를 높이는 데 공헌하지요."

"애초에 광고의 효과는 숫자로 측정할 수 있는 것이 아닙니다."

광고가 매출에 어떻게 공헌하고 있는지 대답할 수 있는 경우는 매우 적디.

한 경영자는 이렇게 말했다. "광고에 들이는 경비 절반이 낭비라는 건 잘 알고 있습니다. 다만 어떤 절반이 낭비인지를 알 수 없을 뿐이지요."

분명히 광고는 낭비가 아니다. [Book 27]《마케팅 반란》에서 저자인 리스도 광고에는 PR로 구축한 브랜드 인지를 유지하고 매출을 높이는 효과가 있다고 말했다. 그러나 광고는 때때로 수억 원에서 수십억 원이나 들어가는데도 얼마나 효과가 있는지를 파악할 수가 없다. 설명 책임(accountability)이 없는 것이다. 다만 '절반이 낭비'라는 말은 '절반은 효과가 있다.'라는 뜻이기도 하다. 그래서 광고를 안 할 수가 없다는 것이 기업의 딜레마다.

도요타의 생산 현장에서는 1원 이하의 낭비도 용납하지 않고 철저히 개선(가이젠)을 한다. 광고에서 해야 할 일도 이와 똑같다. "광고는 예술이다."라며 방치하지 말고 개선을 하는 것이다.

광고 캠페인을 최적화한다

애초에 목표가 없거나, 멤버 개개인이 서로 다른 목표를 생각하고 있거나, '소비자는 왜 이 상품을 사는가?', '소비자에게 어떤 메시지를 전할 것인가?'가 불명확한 상태에서는 광고 캠페인을 한들 성과가 나지 않는다. 그러나 이런 광고 캠페인이 참으로 많다.

이런 상황을 방지하기 위해서는 광고 캠페인을 커뮤니케이션

최적화 프로세스(COP)로 최적화해야 한다. 구체적으로는 팀을 만들고, 관계자를 모아서, 다음 그림처럼 회의를 합계 3회 실시한다. 첫 번째 회의에서는 '왜 하는가?'라는 목표를 결정하고, 두 번째 회의에서는 '어떻게 할 것인가?'를 결정하며, 세 번째 회의에서는 테스트 결과를 바탕으로 개선을 꾀한다.

이들 회의에서는 항상 광고의 4요소인 4M을 의식하며 최적화에 힘써야 한다. 4M은 "왜 살까?(Motivation)", "무엇을 전할 것인가?(Message)", "어떻게 전할 것인가?(Media)", "수익이 나는가?(Maximization: 최대화)"의 머리글자를 딴 것이다. 다음과 같이 COP를 통해 4M을 개선해 나간다.

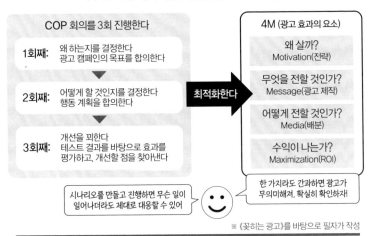

마케팅 커뮤니케이션을 '개선'한다
시나리오 작성+평가+행동=같은 예산으로 더 나은 성과

COP 회의를 3회 진행한다

1회째: 왜 하는지를 결정한다
광고 캠페인의 목표를 합의한다

2회째: 어떻게 할 것인지를 결정한다
행동 계획을 합의한다

3회째: 개선을 꾀한다
테스트 결과를 바탕으로 효과를 평가하고, 개선할 점을 찾아낸다

최적화한다

4M (광고 효과의 요소)

왜 살까?
Motivation(전략)

무엇을 전할 것인가?
Message(광고 제작)

어떻게 전할 것인가?
Media(배분)

수익이 나는가?
Maximization(ROI)

시나리오를 만들고 진행하면 무슨 일이 일어나더라도 제대로 대응할 수 있어

한 가지라도 간과하면 광고가 무의미해져. 확실히 확인하자!

※ 《꽂히는 광고》를 바탕으로 필자가 작성

"고객은 이 상품을 왜 살까?"라는 질문에
모두가 같은 대답을 할 수 있어야 한다

4M의 첫 번째인 "고객은 이 상품을 왜 살까?"라는 질문에 대한 광고 캠페인 멤버의 대답이 제각각이라면 성공할 수가 없다. 그러므로 전원이 질문에 같은 대답을 할 수 있어야 한다.

맥도날드는 새로운 샌드위치 상품의 발매에 맞춰 광고 캠페인을 실시하기로 했다. "맥도날드는 햄버거뿐이다."라는 인식이 많기 때문에 "소비자에게 새로운 맛도 있음을 알리고 싶다."라고 생각한 것이다. 최우선 과제는 "새로운 샌드위치 상품을 소비자에게 인식시킨다."였다. 그리고 고객이 왜 새로운 샌드위치를 선택할지 생각했다. 팀의 결론은 "새롭고 맛있으니까."였다.

그러면 광고 캠페인에서는 "새롭고 맛있으니까."라는 메시지를 전달하는 데 집중하면 된다. 이렇게 해서 광고 대행사가 만들어 낸 온라인 광고는 치즈, 두툼한 치킨, 신선한 상추와 토마토를 끼운 샌드위치에 "신상품"이라고 적힌 노란색 말풍선이 나오는 영상이었다. 너무나도 군침이 도는 영상이었기에 "모니터 화면을 덥석 물어도 책임지지 않습니다."라는 경고문까지 집어넣었다.

현실의 광고 캠페인에서는 "고객은 이 상품을 왜 살까?'가 공유되지 않은 채 광고 대행사에 영상의 제작을 전부 맡겨 버리는 경우가 많다. 그리고 '인상적인 광고를 만들자.'라고 생각한 광고 대행사의 크리에이터가 궁리를 거듭한 끝에 느닷없이 빨간색과 노란색 줄무늬 옷을 입은 닭이 나와 시끄럽게 떠드는 영상을 만들기도 한다. 분명히 인상적인 광고이기는 하지만, 이래서는 상품의 매출로 연결되지 않는다.

"무엇을 전할 것인가?"를 결정하려면?

4M의 두 번째인 "무엇을 전할 것인가?"를 결정할 때 마케터의 고민은 메시지가 소비자의 마음에 꽂히지 않는다는 것이다. 그 원인은 마케터의 노력이 부족해서가 아니다. 오히려 너무 노력을 많이 해서다.

마케터는 긴 시간 동안 브랜드에 관해 생각한다. 그러나 소비자는 상품 진열대의 일부나 스마트폰 화면의 한구석에서 잠깐 그 브랜드를 볼 뿐이다. 시간을 들여서 생각할수록 소비자와 같은 시선으로 브랜드를 바라볼 수 없게 된다. 소비자의 시선과 비교했을 때 마케터의 시선은 크게 왜곡돼 있는 것이다.

그래서 필요한 것이 객관적으로 소비자를 이해하는 방법이다. 사실 광고 업계는 수십 년 전부터 대책을 세워 왔다. 이를테면 소비자에게 "광고를 어느 정도 기억하고 있으며, 그 광고가 행동에 어떤 영향을 끼쳤습니까?"라고 물어보는 방법이다. 그러나 이것은 전혀 의미가 없는 대책이다. P&G는 어떤 상품에 대해 1,000명이 넘는 소비자를 대상으로 "이 상품의 광고를 어디에서 보셨습니까?"라는 질문을 했는데, 절반이 '텔레비전 광고'라고 대답했다. 그러나 사실 그 상품의 광고는 온라인 광고뿐이었으며 텔레비전 광고는 만든 적이 없었다. 요컨대 소비자는 우리가 생각하는 것 이상으로 자신의 인식이나 행동을 이해하고 있지 않다. 소비자에게 물어본들 무의미한 것이다.

현실의 소비자는 광고를 기억하고 있지 않아도 무의식중에 광고로부터 영향을 받아서 행동한다. 그러므로 광고가 소비자의 태도나 행동에 어떤 차이를 가져왔는지를 조사해야 하는데, 가장 강력하고 간단한 방법은 [Book 43]《빅데이터를 지배하는 통계의 힘》에서 소개하는 A/B 테스트다. A/B 테스트에서는 소비자를 해당 광고를 본 그룹(실험군)과 전혀 관계가 없는 광고를 본 그룹(대조군)으로 나누고 광고의 차이에 따른 영향을 측정한다. 이렇게 하면 광고의 영향만을 추출해서 광고가 소비자에게 어떤 영향을 끼치는지 파악할 수 있다. 이 방법은 웹 마케팅의 세계에서도 활용되고 있다.

IBM에서는 실험군에게 IBM의 광고를, 대조군에게는 적십자 등의 공익 광고를 보여준 다음 'IBM은 테크놀로지 분야의 세계적 리더'라는 이미지에 강하게 동의하는지 물어보고 각 그룹의 회답을 비교한다. 그 결과 "강하게 동의한다."라고 대답한 비율이 같다면 IBM의 광고는 아무런 영향도 끼치지 못한 셈이 된다.

미디어를 활용해 메시지를 증폭시킨다

4M의 세 번째인 "어떻게 전달할 것인가(메시지의 배분)?"와 네 번째인 "이익이 나는가(최대화)?"도 마케터의 고민거리다.

여러분은 서라운드 스피커를 아는가? 자신을 둘러싼 스피커에서 현장감 넘치는 소리가 들려 마치 오케스트라 속에 있는 듯한 기분을 느낄 수 있다. 광고도 마찬가지다. 서로 다른 미디어에서 일관된 메시지를 전하면 소비자에게 강력한 경험을 만들어낼 수 있다.

유니레버는 피부를 정돈하고 영양을 보급하는 고형 비누를 개발했다. 그리고 상품의 강점을 표현하기 위해 비누를 핑크색과 흰색의 2색 줄무늬로 만들었다. 핑크색은 보습과 영양(비타민 E)을, 흰색은 청결한 피부를 만들어 준다는 약속을 표현한 것으로, 광고에서는 이 점을 소구했다. 텔레비전 광고에서는 두 색의 줄무늬가 섞여서 하나가 됐다가 다시 나뉘는 영상을, 잡지 광고에서는 두 색의 비누를 크게 보여주고 "비타민E의 배합으로 피부에 영향을 끼친다."라는 문구를 넣었다. 또한 온라인 광고에서도 텔레비전 광고와 마찬가지로 시각에 호소했다.

같은 광고를 같은 미디어에서 세 번 보여 주기보다 다른 미디어에서 나눠서 보여 주는 편이 소비자에게 끼치는 영향력이 높으며 광고 효과가 증폭된다. 모든 고객의 터치 포인트에서 일관된 목소리를 전달해야 한다. 또한 광고 비용, 빈도, 광고 효과를 고려해 똑같은 예산으로 최적의 조합을 찾아냄으로써 광고 효과의 최대화를 꾀한다.

'당연한 것'을 이행하지 못하는 이유

'엄청난 비결이라도 있는 줄 알았는데 전부 당연한 소리잖아?'라고 생각할 수도 있다. 그 생각대로다. 저자는 "당연한 것을 하지 못하는 원인은 마케팅 업계의 독특한 문화에 있다."라고 말했다.

첫째는 '마케팅은 감성적인 것이며 예술이다. 숫자로는 측정할 수 없다.'라는 문화가 뿌리 깊게 자리하고 있다는 점이다. 둘째는 마케팅 부문이 좀처럼 실패를 인정하지 않는다는 것이며, 셋째는 앞에서도 이야기했듯이 긴 시간을 들여서 브랜드에 관해 생각하는 마케터 시선이 소비자의 시선과 비교했을 때 크게 왜곡돼 있다는 것이다.

현재의 광고는 아직 불완전한 점이 많다. 발상을 바꾸면, 광고의 본래 역할인 매출 향상을 실현하기 위해 효율화를 꾀할 여지가 매우 크다는 뜻이다. 이것은 기회이기도 하다.

여러분이 최고 경영자가 아니라 일개 마케팅 담당자라 하더라도 이 책의 방법론으로 자신의 광고 캠페인을 크게 개선할 수 있다. 나도 20년 전에 일개 담당자였던 시절부터 팀 전체가 '고객이 사는 이유'를 공유하고 행동 계획을 결정하며 진척 상황과 결과를 끊임없이 공유하며 성과를 올려 왔다. 되돌아보면 그것은 이 책에 나오는 COP를 통한 4M 최적화 그 자체였다. 그리고 독립한 지금은 같은 방법론을 기업 연수에서도 활용해, 연수의 목표와 진척 상황을 클라이언트와 공유하고 있다.

먼저 모두가 함께 '왜 하는가?'를 결정하고 '어떻게 할 것인가?'를 공유하며 결과를 보고 개선한다는 이 책의 방법론은 광고 캠페인뿐만 아니라 다양한 업무에서 성과를 올리는 데 도움을 줄 것이다.

POINT

광고의 4요소에 집중하여 최적화시키자. 팀 전체가 광고의 목표와 고객에 대한 이해를 완벽하게 공유해야 한다. 미디어에 광고를 올릴 때는 미디어 특성을 통해 메시지를 증폭시키는 데 집중하자. 당연한 것들을 이행하지 못하게 가로막는 업계의 악습은 과감히 떨쳐 버리자.

Book 29

티핑 포인트

사람들의 네트워크가
유행을 만들어 낸다

《The Tipping Point: How
Little Things Can Make a Big
Difference》

말콤 글래드웰
Malcolm Gladwell

영국에서 태어나 캐나다에서 성장한 저널리스트. 《워싱턴 포스트》의 비즈니스, 과학 담당 기자를 거쳐 잡지 《뉴요커》의 전속 기자로 활약 중이다. 첫 저서인 《티핑 포인트》는 세계적인 베스트셀러가 되었으며, 그 밖의 저서로 《타인의 해석》, 《아웃라이어》, 《블링크》 등이 있다. 현재 뉴욕 시에 살고 있다.

말콤 글래드웰은 미국의 저널리스트다. 2000년에 출판된 이 책은 그의 첫 번째 저서인 동시에 대형 베스트셀러가 돼 말콤 글래드웰이라는 이름을 세상에 널리 알렸으며, 아마존을 비롯한 다양한 미디어에서 2000년대의 베스트셀러로 선정됐다. 무엇인가가 어느 날 갑자기 유행하는 현상을 인간의 행동 원리에 입각해서 해명한 이 책의 내용은 본질을 꿰뚫은 통찰이다. 출판된 지 20년이 지난 지금도 전혀 빛이 바래지 않았다. 마케터라면 반드시 읽어 봐야 할 책이다.

2019년의 타피오카, 2018년의 인디 영화 〈카메라를 멈추면 안 돼!) 등, 세상에는 잘 모르겠지만 어째서인지 유행하는 것들이 있다. 이런 열풍에는 감염증과 공통된 패턴이 존재한다. 감염증도 유행도 단기간에 확대되며, 소수 인원의 행동이 커다란 영향을 끼친다. 그리고 감염증처럼 유행이 단숨에 확대되는 포인트가 바로 '티핑 포인트(Tipping Point)'다. 티핑 포인트에는 소수의 법칙, 고착성 요소, 상황의 힘이라는 세 가지 원칙이 있다.

티핑 포인트 1
소수의 법칙: 유행을 확대시키는 세 가지 유형

유행은 영향력이 큰 커넥터(연결시키는 사람), 메이븐(박식한 사람), 세일즈맨이라는 세 유형의 인물이 관여할 때 확대된다.

① 커넥터

내 지인 중에 정말 사교적인 사람이 있다. 사람들을 끌어당겨 연결시켜 주기를 굉장히 좋아한다. 수시로 파티를 개최하고, 파티에 참가하면 달려와서 사람들을 소개시켜 준다. 그야말로 사교가다. 커넥터는 이처럼 교제 범위가 매우 넓으며 친분을 만드는 솜씨가 뛰어나다.

사람의 네트워크는 극소수의 사람이 많은 사람과 연결됨으로써 형성된다. 사회학자인 스탠리 밀그램은 미국인 중에서 무작위로 서로 면식이 없는 두 사람을 선택하고 지인에게 편지를 쓰게 했을 때 평균 5명의 지인을 거치면 그 두 사람이 연결된다는 사실을 실험으로 보여줘 '좁은 세상'을 실증했다. 이 실험에서는 24통의 편지가 상대에게 도착했는데, 그중 4분의 3은 단 한 명을 경유해서 상대에게 전달됐다. 커넥터는 이처럼 많은 사람을 연결하는 인간관계의 허브인 것이다.

또한 사회학자인 마크 그라노베터는 '약한 연결의 힘'이라는 개념을 제창했다. 약한 연결이란 느슨하게 연결되는 인간관계를 의미한다. 약한 연결은 도움이 되지 않는 것처럼 생각되지만, 간단히 만들 수 있기에 많은 사람과 폭넓게 연결되어 여러 가지 새로운 지식을 얻을 수 있다. 실제로 커넥터는 약한 연결을 많이 보유하고 있다. 그런 까닭에 입소문이 어딘가에서 커넥터의 입을 거치면 단숨에 확산되는 것이다. 다만 커넥터 자신은 정보를 가지고 있지 않다. 정보를 가르쳐 주는 메이븐이 필요하다.

② 메이븐

메이븐은 타인의 문제를 해결하는 데서 삶의 보람을 느낀다. 새로운 IT 기기가 발매되면 "내가 베타테스터가 되어 주지."라며 제일 먼저 구입해 사용해 보고는 그 결과를 다른 사람들에게 가르쳐 주기도 하고, 새로운 카페에 제일 먼저 가 보고 괜찮은 곳이면 다른 사람들에게 소개해 주기도 한다. 이해관계에 얽매이지 않고 전문적인 입장에서 의견을 말하기에 설득력이 강하며, 입소문의 전염을 시작하는 지식과 사교적 기술을 지니고 있다. 다만 커넥터와 메이븐만으로는 사람들을 움직이지 못하는데, 바로 이때 세일즈맨이 등장하게 된다(참고로, 메이븐(Maven)은 이디시어로 '지식을 쌓은 사람'이라는 의미다).

③ 세일즈맨

나는 어느 지인의 별장에 초대를 받은 적이 있다. 깊은 숲속에 자리한 별장에서 참으로 즐거운 한때를 보냈는데, 그 지인은 내게 별장 생활의 즐거움을 이야기했다.

"여기에 오면 영혼이 재충전돼. 인생이 달라진다니까? 그 가치에 비하면 별장 가격은 정말 얼마 안 하는 거야."

그리고 다음 날, 나와 아내는 내 소유의 집조차 없는데도 별장 견학을 신청했다. 완전히 세뇌된 것이다. 돈이 없기에 별장 구입까지는 이르지 못했던 것이 불행 중 다행이었다.

세일즈맨은 이 지인 같은 사람이다. 카리스마가 있고 최면술사처럼 강력한 설득력을 갖추고 있어서 상대를 자신의 뜻대로 조종한다. 안 그래도 '이거 좋은데?'라는 감정은 전염되기 쉬운데, 세일즈맨은 대화의 흐름을 지배하며 자신의 감정을 듣는 이에게 전염시킨다.

이처럼 커넥터, 메이븐, 세일즈맨이라는 세 유형의 인물이 관

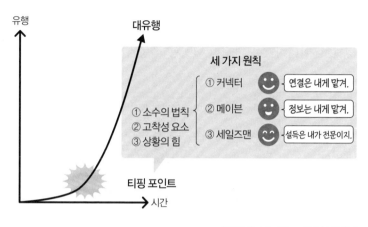

티핑 포인트를 이용하면 대유행을 일으킬 수 있다.

유행

대유행

세 가지 원칙

① 커넥터 😊 – 연결은 내게 맡겨.

② 메이븐 😊 – 정보는 내게 맡겨.

③ 세일즈맨 😊 – 설득은 내가 전문이지.

① 소수의 법칙
② 고착성 요소
③ 상황의 힘

티핑 포인트

시간

※ 《티핑 포인트》을 바탕으로 필자가 일부 추가

여해 유행이 탄생한다. 그들은 요즘 식으로 말하면 인플루언서다.

또한 유행에서는 메시지의 내용도 중요한 역할을 담당한다. 그것이 '고착성 요소'다.

티핑 포인트 2
고착성 요소: 행동을 끌어내는 메시지

무엇인가가 유행하려면 메시지가 사람의 기억에 고착될 필요가 있다. 마케팅에서는 "광고를 기억하게 하려면 최소한 6회는 반복해야 한다."라고 하는데, 그러려면 방대한 자금이 들어간다.

그러나 적은 비용으로 메시지를 강하게 고착시키는 방법이 있다. 예일대학교는 학생이 파상풍 예방 접종을 받도록 설득할 수 있는지 실험을 실시했다. 먼저 학생을 두 그룹으로 나눈 다음 한 그룹에는 '공포도가 높은 자료(파상풍의 무서움을 사진과 함께 설명)'를 보여주고, 다른 그룹에는 '공포도가 낮은 자료(사진 없이 순화한 표현을 사용)'를 보여줬다. 직감적으로는 '전자의 예방 접종률이 더 높겠군.'이라고 생각이 들 터인데, 결과는 달랐다. 그 후에 실제로 예방 주사를 맞은 사람의 비율은 두 그룹 모두 3퍼센트였다. 두 그룹 사이에 차이는 없었으며, 양쪽 모두 행동으로 이어지지 않았다. 메시지에 고착성이 없었던 것이다.

그래서 작은 변화를 주고 재실험을 실시했다. 자료에 대학 보건소의 지도와 예방 접종 시간을 기재한 것인데, 그러자 28퍼센트가 예방 접종을 받았으며 두 그룹의 예방 접종률은 똑같았다. 구체적인 정보(지도와 진료 시간)를 추가해 자료의 추상적인 정보가 실천적인 의료 조언으로 탈바꿈한 것이다.

요컨대 공포를 부추긴다고 해도 효과는 없으며, 조금 궁리해서 정보를 보여주면 상대의 기억에 고착되어 행동을 이끌어낼 수 있다. 기억에 고착시키는 방법은 [Book 30] 《스틱》에서 좀 더 자세히 소개하겠다.

티핑 포인트 3
상황의 힘: 작은 문제부터 해결한다

유행을 할지 어떨지는 시기와 장소의 조건이나 상황에 따라 크게 달라진다. 이것이 상황의 힘이다.

나는 1980년대 후반에 처음으로 뉴욕 출장을 갔다. 당시 뉴욕은 살인이 빈발하는 소란스러운 범죄 도시였다. 평화로운 미국 교외에 비해 정말로 무서운 곳이었다. 특히 지하철은 어수선하기 이를 데 없고 낙서가 가득하며 범죄가 다발하는 지역이어서, "지하철은 위험하니 절대 타지 마."라는 주의를 받았다.

그러나 1990년을 기점으로 뉴욕의 범죄는 크게 감소했는데, 그 계기는 '깨진 유리창 이론'이었다. 곳곳에 유리창이 깨져 있는 무법 지대의 분위기는 '여기에서는 뭘 해도 상관없군.'이라고 생각하게 만들어 범죄를 유발한다는 이론이다. 뉴욕의 지하철은 깨진 유리창 이론에 입각해 '낙서는 지하철 붕괴의 상징'이라고 생각하고 낙서를 철저히 박멸했다. 누군가가 낙서를 하면 즉시 그 위에 덧칠을 해서 지움으로써 '낙서는 절대 용납되지 않는다.'라는 강한 메시지를 전했다. 또한 무임승차도 엄격하게 처벌했다.

그 후 이 활동을 지휘한 지하철 경찰 책임자는 뉴욕 경찰국장이 돼 이 전략을 뉴욕시 전체로 확대했고, 그 결과 범죄는 크게 감소했다. 흉악 범죄 급감의 티핑 포인트는 언뜻 사소해 보이는

Chapter 4 | 마케팅 커뮤니케이션   **277**

생활 범죄의 단속이었던 것이다.

우리는 '범죄 박멸'이라고 하면 제도나 실업, 격차 확대 등에서 원인을 찾게 된다. 그러나 이 사례는 사실 진짜 문제는 사소한 것 속에 숨어 있음을 가르쳐 준다. 범죄를 박멸하려면 큰 문제를 해결하려 하기보다 먼저 환경 속의 티핑 포인트를 바꿔야 하는 것이다.

이처럼 유행을 하느냐 하지 않느냐의 차이는 의외로 디테일에 숨어 있다. 이 책에는 예산도 시간도 없는 가운데 지혜를 짜내서 성과를 올린 사례들이 소개돼 있다. 소수의 특수한 사람들을 활용하고 정보를 보여 주는 방식을 살짝 바꾸면 유행을 일으킬 수 있는 것이다.

POINT

감기가 빠르게 전염되는 것처럼 유행이 단숨에 확대되는 포인트가 있다. 이 '티핑 포인트'를 만들어 내는 3가지 원칙이 있다. 소수의 법칙, 고착성 요소, 상황의 힘으로 유행을 직접 만들어 내 보자.

Book 30

스틱

고객의 기억에 각인되는
메시지를 만들기 위한
6개의 원칙

《Made to Stick: Why Some
Ideas Survive and Others Die》

칩 히스 · 댄 히스
Chip Heath · Dan Heath

칩 히스는 스탠퍼드대학교 경영대학원 교수로, 전문 분야는 조직 행동론이다. 구글과 갭을 비롯한 세계적 기업의 컨설팅도 하고 있다. 과거에는 시카고대학교 경영대학원과 듀크대학교 푸쿠아 경영대학원에서 교편을 잡기도 했다. 댄 히스는 하버드 대학교 비즈니스 스쿨에서 MBA를 취득했으며, 듀크 대학교 사회적 기업가 센터의 선임연구원이다. 온라인 교육 대학교인 씽크웰의 공동창업자이기도 하다.

바에서 어떤 매력적인 여성이 다가오더니 "같이 한 잔 하지 않을래요? 내가 살게요."라며 술을 산다. 그 술을 마시고 얼마 후 기억이 끊어지고, 정신을 차려 보니 욕조 안에 누워 있었다. 옆에서는 "구급차를 불러."라고 적힌 메모지와 전화기가 놓여 있었다. 잘 움직이지 않는 손으로 간신히 전화를 걸자 교환수가 받았다. 왠지 내게 무슨 일이 벌어졌는지 알고 있는 듯했다.

"혹시 옆구리에 튜브가 꽂혀 있지는 않나요?" 확인해 보니 정말로 튜브가 있었다.

"신장을 하나 적출당하신 겁니다. 이 동네에 암약하고 있는 장기 매매단의 소행이지요. 지금 구급차가 그곳으로 향하고 있으니 움직이지 말고 기다리세요."

이 장기 적출 이야기는 한 번 들으면 절대 잊지 못한다. 기억에 각인되는 것이다.

메시지가 상대 기억에 각인되면 마케팅은 성공이다. [Book 29]《티핑 포인트》의 '고착성 요소'를 더욱 깊게 파고든 이 책은 2007년의 미국 비즈니스 부문 베스트셀러로 선정됐다. 저자인 칩 히스는 스탠퍼드대학교의 교수이고, 댄 히스는 컨설턴트다. 형제인 이 두 저자는 아이디어를 기억에 각인시키는 메커니즘을 연구해 왔다. 성공하는 아이디어는 다음의 6원칙을 지킨다.

① 단순명쾌   ② 의외성   ③ 구체적
④ 신뢰성   ⑤ 감정에 소구   ⑥ 스토리성

현실에서는 기억에 각인되는 아이디어보다 따분한 아이디어가 훨씬 많은데, 그 범인은 '지식의 저주'다. 이런 실험이 있다. 피험자를 두 그룹으로 나누고 한 그룹이 노래 25곡 가운데 한 곡을 골라서 멜로디에 맞춰 손으로 박자를 두드리면 다른 한 그룹이 곡명을 맞히는 실험이다. 정답률은 2.5퍼센트였는데, 문제를 낸 그룹이 예상한 정답률은 50퍼센트였다. 그들의 뇌 속에서는 멜로디가 흐르고 있어서 '이 곡, 알겠지?'라고 생각하지만, 들

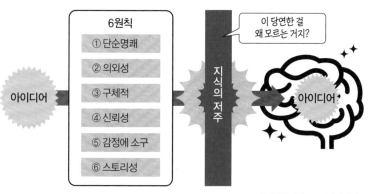

6원칙으로 '지식의 저주'를 돌파한다.

아이디어를 상대의 뇌 속에 각인시키려면?

6원칙

① 단순명쾌
② 의외성
③ 구체적
④ 신뢰성
⑤ 감정에 소구
⑥ 스토리성

지식의 저주

이 당연한 걸 왜 모르는 거지?

아이디어

아이디어

※ 《스틱》을 바탕으로 필자가 작성

는 쪽에서 전혀 다른 곡을 대답하는 걸 보면서 '아니 왜 모르는 거지?'라고 의아해한다.

이와 같이 상대가 모르는 것을 이해하지 못하는 것이 바로 '지식의 저주'인데, 그 '지식의 저주'를 돌파하는 무기가 이 6원칙이다.

[각인 원칙 ①] 단순명쾌하다

할리우드에서는 아직 기획 단계인 영화에 1,000억 원을 투자할지 말지 결정해야 한다. 스토리, 감독, 배역, 예산이 조금만 달라져도 완성도와 흥행 성적 모두 완전히 달라지는데도 말이다. 그래서 투자자들은 '명확한 콘셉트'를 요구한다.

영화 '에일리언'의 콘셉트는 '우주를 무대로 한 죠스'였다. 지극히 단순명쾌하다. 이것이 결정되면 '우주선은 허름하게, 도망칠 곳이 없는 선상에서 초조함과 불안감을 느끼면서 죽느냐 사느냐의 판단을 내린다.'라는 아이디어의 핵이 생긴다. 이 핵이 어설프면 안 되는 것이다. 한편 콘셉트가 '우주를 무대로 한 사랑과 추억의 드라마'라면 어떤 명감독이 메가폰을 잡더라도 영화를 살리지 못한다.

[각인 원칙 ②] 의외성이 있다

유쾌한 가족이 탄 미니밴이 도로를 달린다. 잠시 후 교차로에서 신호를 기다리다가 출발했는데, 맹렬한 속도로 달리던 자동차가 교차로에서 미니밴의 측면을 그대로 들이받는다. 충돌음과 함께 유리가 깨지고 금속이 찌그러지면서 화면이 어두워지고, 메시지가 흐른다.

"예상도 못 하셨지요? 누구나 그렇습니다. 안전벨트를 매십시오."

이것은 미국 광고 협의회에서 제작한 텔레비전 광고다. '이렇게 될 것이다.'라는 상대의 예상을 깨면 상대는 깜짝 놀란다. 메시지의 핵을 파악하고 의외인 점을 찾아내 상대의 예상을 깬 다음 추측을 수리한다. 요컨대 결론이 중요하다. 이 광고의 결론은 "안전벨트를 매십시오."이다.

상대의 흥미도 중요하다. 인기 만화《귀멸의 칼날》은 매회 새로운 적의 등장 같은 복선을 남겨서 '다음에는 어떻게 되려나?'라고 생각하게 만들며 끝난다. 나는 이 책을 집필할 때 애니메이션을 전부 봤고 만화책도 전권 독파했다.《귀멸의 칼날》은 틈새 이론을 따른다. 호기심은 자신의 지식에 틈새가 생겼을 때 생겨난다. '다음에는 어떻게 되려나?'라는 틈새는 고통을 낳으며, 정보를 갈망하게 만든다. 의외성이 있는 아이디어는 지식에 틈새를 만들어 상대를 조바심 나게 하면서 유혹하는 것이다.

[각인 원칙 ③] 구체적이다

교사는 수학 시간에 이런 식으로 질문을 한다.

"1,000원을 가지고 있는데 700원짜리 공책을 샀습니다. 남은 돈은 얼마일까요?"

이처럼 추상적인 수학의 개념도 구체적인 예를 이용하면 알기 쉽게 설명할 수 있다. 반대로 구체적인 토대가 없는 상태에서 추상적인 개념을 가르치는 것은 공중에 집을 짓는 것과 같다.

기억을 벨크로(찍찍이)라고 하면, 구체적인 예는 벨크로의 작은 갈고리다. 대량의 갈고리가 다른 쪽의 고리에 걸려서 달라붙듯이, 구체적인 예가 많을수록 기억에 잘 각인된다.

[각인 원칙 ④] 신뢰성이 있다

현대의 소비자는 메시지를 믿지 않는다. 대신 통계는 신뢰한다. 여러분이 상어 보호 기금의 책임자라면 "상어에게 죽는 사람은 연평균 0.4명밖에 없습니다."가 아니라 "사슴에게 죽을 확률은 상어에게 죽을 확률의 300배나 됩니다."라고 말하는 편이 더 설득력이 있다.

시나트라 테스트라고 부르는 사례를 이용하는 방법도 있다. 프랭크 시나트라의 명곡 '뉴욕, 뉴욕'에 나오는 "이곳(뉴욕)에서 성공하면 어디를 가더라도 성공할 수 있어."라는 구절에서 유래한 것인데, 예를 들어 "이 보안 소프트웨어는 국방부에서 사용되고 있습니다."라고 말하면 모두가 '신뢰성이 높군.'이라고 믿게 된다.

[각인 원칙 ⑤] 감정에 호소한다

사람은 "300만 명이 굶고 있습니다."라는 통계적인 숫자에는 움직이지 않는다. 그러나 "로키아라는 7세의 소녀는 가난 속에서 힘들게 살고 있으며, 심각한 굶주림에 생명을 위협받고 있습니다." 같은 개인의 이야기에는 마음이 움직여 행동하게 된다. 행동을 촉구하려면 감정에 호소해야 하는 것이다. 사람은 분석적으로 생각할 때는 감정적이 되지 않는다.

[각인 원칙 ⑥] 스토리성이 있다

좋은 이야기는 사람을 행동으로 이끈다. 어떤 사건을 머릿속에서 그리면 실제 행동과 같은 뇌의 부위가 활동을 시작한다. 이야기는 행동을 추체험해 기억에 각인시키는 것이다.

써브웨이는 지방 함량이 6그램 이하인 제품 7개에 '7 언더 6'이라는 명칭을 붙이고 캠페인을 진행했다. 그러나 같은 시기에 실시한 재러드 포글의 이야기를 바탕으로 한 캠페인에는 상대가 되지 않았다. 이 캠페인의 계기는 신문 기사였다. 당시 몸무게는 190킬로그램이나 되었던 대학생 재러드는 의사로부터 이대로는 35세까지 살 수 없을 것이라는 말을 들었다. 이 말에 충격을 받아 다이어트를 결심한 그는 7 언더 6을 알고 자신만의 방식으로 써브웨이 다이어트를 시작해 몸무게를 82킬로그램까지 빼는 데 성공했으며, "써브웨이는 내 생명의 은인이다."라고 말했다. 그리고 이 신문 기사를 계기로 광고 대행사가 제작한 써브웨이의 텔레비전 광고는 미국 전역에서 커다란 반향을 불러일으켰다.

자레드의 이야기는 6원칙을 전부 충족시켰다.

① 단순명쾌하다……써브웨이 샌드위치를 먹고 몸무게가 감소했다.
② 의외성이 있다.……패스트푸드를 먹고 살을 뺀 것은 상식과는 정반대의 결과다.

③ 구체적이다……너무 커져서 입을 수가 없게 된 바지와 가늘어진 허리.

④ 신뢰성이 있다……재러드가 경험한 사실에 바탕을 두고 있다.

⑤ 감정에 호소한다……재러드는 써브웨이 덕분에 다이어트에 성공했다.

⑥ 스토리성이 있다……심각한 장애를 극복하고 성공을 거머쥔 이야기는 사람들에게 용기를 준다.

이 이야기는 신문 기사가 계기였다. 기억에 각인되는 아이디어를 반드시 자신이 직접 만들어낼 필요는 없다. 좋은 이야기를 찾아낼 수 있도록 항상 귀를 쫑긋 세우고 있다면 되는 것이다.

나는 이 책을 읽고 깜짝 놀랐다. 내가 지금까지 내 나름대로 시행착오를 거치면서 터득해 활용해 왔던 방법론이 그대로 담겨 있었던 것이다. 덕분에 다시 한번 나 자신의 방법론을 정리할 수 있었다.

이 방법론은 마케팅 커뮤니케이션에도 크게 도움이 된다. 여러분도 활용해 보기 바란다.

POINT

마케팅 메시지는 고객의 기억에 각인되어야 한다는 이 불변의 목표를 실행하기 위한 6가지 원칙이 있다. 단순명쾌한 메시지를 구체적으로 전달하되 의외성을 부각하며 신뢰를 얻자. 메시지는 감정에 호소하는 스토리에 실어 전하자.

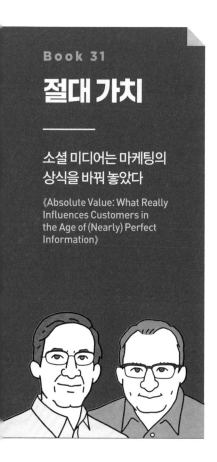

이타마르 시몬슨 · 엠마뉴엘 로젠
Itamar Simonson · Emanuel Rosen

시몬슨은 스탠퍼드대학교 경영대학원의 마케팅 교수다. 소비자의 의사 결정에 관한 세계적인 권위자로 평가받고 있으며, 소비자의 선택, 구매자의 의사 결정을 움직이는 요인, 맞춤형 대량 생산의 한계 등 마케팅의 중심적 개념에 관한 새로운 식견을 발표해 왔다. 로젠은 베스트셀러가 된 《버즈 입소문으로 팔아라》의 저자다. 이 책에서 '입소문 마케팅' 시대의 도래를 예견했고, 훗날 이 예견이 실현됨으로써 주목을 받았다.

Book 31

절대 가치

소셜 미디어는 마케팅의
상식을 바꿔 놓았다

《Absolute Value: What Really
Influences Customers in
the Age of (Nearly) Perfect
Information》

'압도적으로 강력한 브랜드를 만드는 것이 중요하다.'

'기존의 고객과의 유대를 강화하는 것이 최우선 과제다.'

일반적으로 우리는 이렇게 생각한다. 그러나 이 책의 저자들은 "소셜 미디어가 주류인 투명한 시대에 이런 발상은 구시대적 사고방식일 뿐이다."라고 단언하며 새로운 고객 커뮤니케이션 방법을 제창했다.

미국의 저명한 인사들도 이 책에 찬사를 보냈다. [Book 13] 《전략적 브랜드 관리》의 저자인 케빈 레인 켈러는 "독자적이고 폭넓은 통찰력으로 새로운 소비자의 세계를 그려냈다."라고 평가했으며, [Book 30]《스틱》의 저자인 칩 히스는 "모든 마케팅 담당자가 반드시 읽어 봐야 할 책이다."라고 추천했다. 또한《포브스》지는 "기술이 소비자를 얼마나 현명하게 만드는지 알고자 하는 마케터의 필독서."라고 평했다.

저자인 이타마르 시몬슨은 스탠퍼드대학교 경영대학원 교수이며, 엠마뉴엘 로젠은 기존의 마케팅 방식을 신봉하는 카피라이터였다. 그러나 정설에 의문을 품게 된 두 사람은 공동으로 연구를 진행했고, 그 결과 이 책이 탄생했다.

절대 가치 1
무명의 타이완 컴퓨터 제조사가 세계적 기업이 된 이유

나는 코로나 때문에 재택근무를 시작하면서 IT 기기를 대량으로 사들였다. 강의를 녹화하기 위한 프로젝터, 스크린, 화이트보드, 여기에 웹 카메라와 대형 디스플레이, 대형 컬러 프린터 복사기까지. 구입 전에 실제 상품을 직접 시험해 보지는 못했지만, 인터넷에서 구매 체험담을 꼼꼼히 확인한 덕분에 실망스럽지 않은 상품을 손에 넣을 수 있었다.

불과 20년 전까지만 해도 물건을 사는 것은 도박에 가까웠다. 팸플릿이나 잡지 기사를 참고해서 상품을 샀지만 '이건 꽝이네.'라고 생각한 적도 많았다. 그러나 지금은 그런 일이 크게 줄어들었다. 소비자에게 정말 좋은 시대가 된 것이다.

타이완의 무명 위탁 제조사였던 ASUS(에이수스)가 성장한 것도 그 덕분이다. 그들이 자사 브랜드로 컴퓨터를 판다고 말했을 때, 주위에서는 "브랜드를 확립하려면 큰돈이 필요하다고. 실패할 거야."라고 말렸다. 그러나 ASUS는 2012년에 컴퓨터 출하대수에서 세계 5위에 올랐다. 성능과 스펙에 신경을 쓰면서도 가격이 저렴했기에 인터넷에서 높은 평가를 받은 결과 많은 사람이 ASUS의 제품을 사게 된 것이다.

가게 맨 앞에 진열된 상품도 그 자리에서 스마트폰으로 사용자 리뷰를 검색하면 품질이나 사용 편의성을 한눈에 알 수 있다. 가격 비교 사이트를 통해 어떤 가게에서 싸게 파는지도 알 수 있다. 그리고 이런 상황이 되자 마케팅의 상식도 달라졌다.

절대 가치 2
합리적으로 생각하게 된 소비자는 속일 수 없다

마케터가 자주 사용하는 수법 중 하나로 미끼 효과가 있다. 가령 레스토랑에 8,000원 코스와 12,000원 코스가 있으면 대부분은 8,000원 코스를 선택한다. 그런데 여기에 20,000원 코스를 투입하면 12,000원 코스를 선택하게 된다. 20,000원 코스는 거의 선택되지 않지만 12,000원 코스를 선택하도록 만들기 위한 미끼인 것이다.

그러나 인터넷 시대인 지금은 이 미끼 효과가 효과를 잃고 있다. 한 연구자가 온라인 쇼핑몰과 마찬가지로 다양한 가격 정보와 소비자 리뷰를 보여준 다음 이 실험을 실시했는데, 그러자 미끼 효과는 흔적도 없이 사라져 버렸다고 한다.

스마트폰을 사용하는 현대의 소비자는 마케터의 의도에 쉽게 조종당하지 않는다. 이것은 소비자의 뇌가 진화한 것이 아니다. 기술이 진화한 결과다. 지금은 리뷰 사이트 등에서 실제 경험담에 바탕을 둔 성능·기능·스펙 등의 사실을 깔끔하게 정리된 상태로 입수할 수 있다. 세상의 정보량은 계속 증가하고 있지만 우리는 그 늘어나는 정보량에 대응하고 있으며, 그 결과 새로운 의사 결정 패턴이 탄생했다.

감정적으로 생각하지 않고 합리적으로 생각하면서 사게 된 것이다.

20세기에는 기업이 마케팅을 통해 소비자를 감정적으로 부추기는 수법이 효과를 발휘했다. 그러나 지금은 감정에 소구하는 수법이 그다지 효과를 보지 못한다.

절대 가치 3
브랜드의 가치가 사라져 간다

청소기 시장에서는 다이슨이 압도적으로 강력한 브랜드다. 한편 샤크는 무명이지만 인터넷에서 평가가 높으며 다이슨보다 저렴하다. 그래서 다이슨을 살 생각으로 매장에 온 고객 중 다수가 생각을 바꿔 샤크 청소기를 사게 됐다.

[Book 14]《브랜드 성공을 주도하는 20가지 원칙》에서 저자인 데이비드 아커는 브랜드 자산의 요소로 브랜드 인지, 브랜드 연상, 브랜드 로열티를 꼽았다. 그런데 이 가운데 브랜드 연상의 가치가 서서히 사라지고 있다. 리뷰 사이트의 등장으로 유명 브랜드의 우위성이 저하되고 있는 것이다.

브랜드는 지금도 중요하다. 지금도 다이슨은 강력한 브랜드 덕분에 잘 팔리고 있다. 그러나 브랜드만이 품질의 평가 기준이 되는 일은 줄어들었다. 앞에서 소개한 ASUS처럼 브랜드 파워가 없는 기업도 시장에 뛰어들기가 수월해졌다. 여담이지만, 아커도 지인의 조언으로 ASUS의 컴퓨터를 구입했다고 한다. 브랜드의 대가도 이제는 브랜드에 얽매이지 않는 것이다.

절대 가치 4
로열티는 과거의 것이 된다

전작《사장을 위한 MBA 필독서 50》의 [Book 11]《로열티 경영》에서 라이히헬드가 제창한 고객 로열티라는 개념이 확산됨에 따라 마케터는 고객과 장기간의 관계를 구축하고자 노력해 왔다.

그러나 지금은 상황이 변했다. 컨설팅 회사인 딜로이트의 조사에 따르면, "매번 같은 브랜드의 호텔에 숙박한다."라고 말한 사람은 8퍼센트에 불과했다. 또한 세계의 휴대폰 업계의 마케팅 간부를 대상으로 한 조사를 보면 그들이 최우선으로 여기는 과제는 '기존 고객과 유대를 쌓는 것'이었지만, '나는 충성스러운 고객이다.'라고 생각하는 사용자는 29퍼센트에 불과했다. 오히려 "통신 회사 따위는 어디라도 상관없다. 저렴하고 서비스가 좋은 곳이 있다면 갈아탈 것이다."라고 대답한 사람이 많았다.

요컨대 기업 측은 '우리 회사와 고객은 함께 하겠다고 굳게 맹세한 사이다.'라고 생각하지만, 소비자는 '그런 맹세는 한 기억이 없는데…….'라고 생각하고 있다. 여러분도 지금보다 저렴하고 속도가 빠른 통신 서비스가 등장한다면 갈아탈 것을 검토하지 않을까? 이렇게 해서 소비자는 기업의 생각과는 반대로 점점 다른 회사로 갈아탄다. 그렇다면 대체 왜 이렇게 되어 버린 것일까?

20세기의 소비자는 정확한 정보를 입수할 방법이 없었다. 그렇다 보니 과거에 만족했던 상품을 계속 살 수밖에 없었고, 따라서 고객 로열티도 높은 것처럼 보였다. 그러나 지금은 구입 전에 정확한 정보를 입수할 수 있다. 과거의 경험과는 상관없이, 좋으면 사고 나쁘면 사지 않는다. 올바른 정보를 입수할 수 있다면 과거의 경험에 연연할 필요는 없다.

지금까지의 이야기를 마술에 비유하면 이런 식이다. 20세기의 소비자는 마케터의 마술을 순진하게 믿었다. 그러나 지금은 인터넷에 들어가면 마술의 트릭을 폭로해 주는 사람들을 쉽게 만날 수 있는 상태다. 그렇다면 마케터는 어떻게 해야 할까?

절대 가치 5
'영향력 믹스'로 파악한다

자사가 이 상황에 얼마나 해당되는지 파악할 수 있는 수단이 영향력 믹스다. 사람은 구매 판단을 할 때 다음의 세 가지 정보원(源)을 조합해서 결정한다.

P(Prior): 그 사람이 전부터 가지고 있었던 취향, 신념, 경험
O(Other): 다른 사람들이나 정보 서비스
M(Marketer): 마케터

스마트폰 구입을 예로 들면, P는 그 사람의 스마트폰 이용 경험, O는 친구들의 의견, M은 제조사의 말이다. 'POM'의 비율은 상황에 따라 변화한다. 가령 O가 증가하면 P와 M이 감소한다. 그리고 소비자는 POM의 균형을 생각하면서 의사 결정을 한다.

이때 핵심은 O의 의존도다. 이것은 다음의 요인에 따라 결정된다.

[요인 ①] 의사 결정의 중요성⋯⋯고액의 상품(자동차나 컴퓨터)일 경우는 O에 의존한다. 일용품 구매 시에는 의사 결정에 수고를 들이지 않는다.

[요인 ②] 질에 관한 정보는 어느 정도 중요한가?⋯⋯제품의 기능이나 품질에 차이가 크다면 O에 의존한다.

[요인 ③] 리스크와 불확실성⋯⋯'제품에 문제가 있다.' 같은 리스크가 있으면 O에 의존한다.

[요인 ④] 카테고리의 변화 속도⋯⋯IT 기기처럼 끊임없이 최신형이 나오는 것일 경우는 O에 의존한다.

[요인 ⑤] 사람들 앞에서 사용하는 상품인가?⋯⋯자동차나 스마트폰은 사람들 앞에서 사용하는 것이기에 O에 의존한다.

P도 O도 중요하지 않을 경우 비로소 마케터(M)가 영향력을 지닌다. 예를 들어 일용품(치약 등)을 살 때는 굳이 인터넷에서 품질이나 가격을 확인하지 않는다. 점포에 괜찮아 보이는 상품이 있으면 비로 산다. 이때는 M의 영역인 브랜드, 상품 배치, 패키지가 중요하다. [Book 5]《브랜드는 어떻게 성장하는가》에 나오듯이, 정신적 가용성과 물리적 가용성이 열쇠가 된다.

절대 가치 6
광고의 역할은 '인지 획득'에서 '관심의 환기'로 바뀌고 있다

O에 의존하는 세계에서는 광고도 달라진다. 광고로는 인지 획득도 설득도 불가능하기 때문에 고객의 관심을 낳는 데 전념해야 한다.

삼성은 미국에서 갤럭시노트를 발매할 때 NBA의 슈퍼스타인 르브론 제임스의 아들이 스타일러스 펜으로 아버지의 얼굴 사진에 장난을 치고, 르브론 제임스가 큰 화면으로 화상 통화를 하는 90초짜리 광고를 제작했다. 이 광고의 목적은 브랜드명을 각인시키는 것이 아니라 사용자에게 스타일러스 펜과 화상 통화, 커다란 화면 크기에 관심을 갖고 검색하게 만드는 것이었다. 이 광고는 유튜브에서 4,000만 회가 넘게 재생되는 등 높은 관심을 불러 모았고, 매출로 이어졌다. 이처럼 광고는 브랜드 인지보다 고객의 시점에서 제품의 장점을 소구해 관심을 불러일으키는 역할을 해야 한다.

또한 O에 의존하는 새로운 세계에서는 사용자나 전문가의 솔직한 의견도 가시화해야 한다. 이를 위해서는 [Book 27]《마케팅 반란》에서 알 리스가 말했듯이 전문가의 관심을 끌기 위한 PR이 중요하다.

그리고 소셜 미디어의 활용 방법을 오해하고 있는 마케터가 많다. 소셜 미디어를 '설득의 도구'라고 생각해 대량의 상품 정보를 흘려보내기도 하며, '소셜 미디어를 이용하면 소비자가 브

'영향력 믹스'로 소비자의 행동을 파악한다

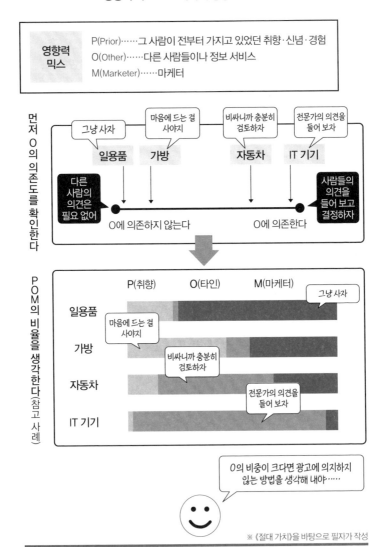

영향력 믹스
P(Prior)……그 사람이 전부터 가지고 있었던 취향·신념·경험
O(Other)……다른 사람들이나 정보 서비스
M(Marketer)……마케터

먼저 O의 의존도를 확인한다

그냥 사자 — 일용품
마음에 드는 걸 사야지 — 가방
비싸니까 충분히 검토하자 — 자동차
전문가의 의견을 들어 보자 — IT 기기

다른 사람의 의견은 필요 없어
O에 의존하지 않는다
O에 의존한다
사람들의 의견을 들어 보고 결정하자

POM의 비율을 생각한다(참고 사례)

P(취향)　O(타인)　M(마케터)

일용품
그냥 사자

마음에 드는 걸 사야지
가방

비싸니까 충분히 검토하자
자동차

전문가의 의견을 들어 보자
IT 기기

O의 비중이 크다면 광고에 의지하지 않는 방법을 생각해 내야……

※ 《절대 가치》을 바탕으로 필자가 작성

랜드의 팬이 되어 응원해 줄 거야.'라고 생각하는 경우도 있다. 그러나 이런 것들은 본래 O로서 활용해야 할 소셜 미디어를 M 으로서 사용하는 구시대적인 발상이다.

한편 O에 의존하지 않는 치약 같은 일용품의 세계에서는 예전과 마찬가지로 M과 P가 매출을 결정한다.

소셜 미디어 전성기인 오늘날, 어떤 방법이 올바른지는 자사의 비즈니스가 O에 의존하느냐 그렇지 않느냐에 따라 크게 달라진다. 이 책은 자사의 비즈니스에 적확한 방법을 생각하는 데 커다란 힌트가 되어 줄 것이다.

POINT

사람들이 구매 여부를 판단할 때 조합하는 세 가지 정보원 가운데 '다른 사람들이나 외부의 정보'에 얼마나 의존하는지에 따라 광고를 포함한 마케팅 전략 전체가 완전히 달라져야 한다.

Chapter 5

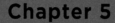

채널과 판매
Channels and Sales

영업은 마케팅 믹스 채널 그 자체다.

고객에게 가치를 전달하는 중요한 역할을 맡고 있다.

영업에서 팔아야 하는 건 제품이 아니라 고객이 추구할 가치다.

드릴을 사는 사람에게 팔아야 하는 건 드릴이 아니라 구멍이다.

영업에는 소매 영업(B2C)과 법인 영업(B2B)이 있는데 디지털 시대가 되면서 판매 양상 또한 크게 변화하고 있다.

이 장에서는 유통 채널 전략, 소매 영업, 법인 영업, 나아가 디지털 시대의 영업에 관해 가르쳐 주는 명저 10권을 소개한다.

Book 32

유통 채널의
전환 전략

고객의 니즈를
충족시키기 위해 '채널
전략'을 실행하라

V. 카스투리 란간
V. Kasturi Rangan

하버드 비즈니스 스쿨 교수. 인도에서 공학 학위를
취득한 뒤 노스웨스턴대학교 켈로그 경영대학원에
서 매니지먼트 박사 학위를 취득했다. 미국에 오기
전에는 다국적 기업의 영업과 마케팅 담당자로서
실무 경험을 쌓았다. 하버드 비즈니스 스쿨에서는
MBA 코스의 마케팅 전반을 가르치며, 경영 간부를
대상으로 한 B2B 전략, 기업의 사회적 책임에 관한
프로그램 등도 담당해 왔다.

여러분이 만든 옷이 주위에서 큰 인기를 끌었다. 그 옷을 팔 방법을 생각해 보자. 먼저, 야외 페스티벌 등에 가져가서 파는 방법이 있다. 고객의 생생한 의견을 들을 수 있지만, 번거로울 뿐만 아니라 파는 동안에는 옷을 만들 수 없다는 문제점도 있다. 인터넷에서 팔면 24시간 판매가 가능하다. 그러나 인터넷에 관한 지식이 필수이며, 배송과 대금 회수가 번거로워진다. 가게에 상품을 진열하면 편하게 팔 수 있다. 그러나 상품을 진열해 줄 가게를 개척하는 것은 쉬운 일이 아니다. 다수의 가게에 상품을 도매하는 도매업자와 거래를 할 수 있다면 순식간에 판로를 확대할 수 있다. 다만

300

이 경우는 고객의 생생한 의견을 들을 수가 없게 된다. 이런 상품 판로들을 채널이라고 하며, 채널을 어떻게 구성하고 관리하느냐가 채널 전략이다. 채널 전략은 마케팅 믹스(4P)의 중요한 요소다.

이 책은 채널의 변혁 전략에 관해 상세히 해설한 몇 안 되는 이론서이자 실천서다. 저자인 V. 카스투리 란간 교수는 "모든 채널 전략의 출발점은 고객의 니즈다. 고객의 니즈를 충족시키기 위해 채널을 구축하라."라고 말한다. 당연한 말처럼 들리겠지만, 실제로는 그렇지 않은 경우가 많다. 어느 식품 제조 회사의 영업 부장을 만났을 때 있었던 일이다.

"김 부장님은 '가치로 승부하라.'라고 말씀하시지만, 그건 이상론일 뿐입니다. 현실에서는 할인 판매밖에 방법이 없어요."

"귀사의 상품은 품질이 어떻습니까?"

"물론 최고이지요. 요즘 사람들은 진짜의 맛을 모릅니다. 그래서 저희 회사의 상품을 먹어 보면 다들 깜짝 놀라지요."

"그렇게 맛이 있는데 할인 판매를 하는 이유가 뭔가요?"

"네? 듣고 보니……. 왜일까요……?"

이야기를 자세히 들어 보니, 그 회사의 영업 사원은 소비자를 거의 만나지 않는다고 했다. 평소에 매장 영업을 다니니 그의 상대는 도매업자였다. 그래서 왜 소비자가 '최고의 맛'이라고 말하면서도 사지 않는지를 알지 못하며, 그 결과 영업 상대인 도매업자는 상담에서 "맛이 최고인 건 알았어. 그러니까 얼마나 싸게 줄 건데?"라며 압박했다.

소비자를 만난 적이 없는 영업 사원이 많다. '고객은 도매업자나 소매업자'라고 착각한 채 영업을 하고 있다. 란간 교수도 "채널 전략에서 고객 지향의 사고방식이 실천되고 있지 않다."라고 탄식했다. 도매업자도 소매업자도 물론 중요하지만, 그들은 고객 니즈를 충족시키기 위한 중계점이지 고객이 아니다. 진짜 고객은 상품에 가치를 느껴서 돈을 내는 소비자다. 채널 관계자는 고객을 위해 일치단결해야 한다. 그러나 고객 부재의 상태에서 무의미한 다툼을 벌이는 경우도 적지 않다.

미국의 나이키와 신발 소매업체인 풋로커는 오랜 기간 동안 긴밀하게 협력하며 나이키의 신발을 팔아서 성장해 왔다. 그러나 풋로커가 할인 캠페인을 시작하면서 대립이 발생했다. 나이키가 "할인 판매를 멈춰 주시오."라고 말하자 풋로커는 '부당한 요구'라고 반발하며 2,000억 원분의 주문을 취소했고, 나이키는 이에 대응해 인기 모델의 공급을 중지했다. 그리고 진흙탕 싸움이 계속된 결과 나이키도 풋로거노 매출 부진에 빠져 버렸다.

'채널의 다른 구성원에게 영향을 끼치는 능력'을 채널 파워라고 한다. 강력한 제품을 보유한 나이키는 제품 파워, 수많은 소

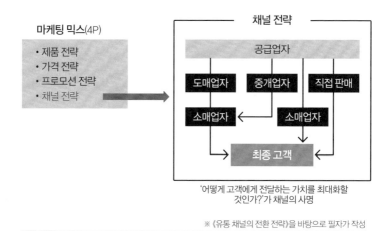

채널 전략은 마케팅 믹스의 중요한 요소 중 하나

마케팅 믹스(4P)

• 제품 전략
• 가격 전략
• 프로모션 전략
• 채널 전략

채널 전략

공급업자

도매업자 중개업자 직접 판매

소매업자 ← 소매업자

최종 고객

'어떻게 고객에게 전달하는 가치를 최대화할
것인가?'가 채널의 사명

※《유통 채널의 전환 전략》을 바탕으로 필자가 작성

매점포를 보유한 풋로커는 시장 파워라는 강력한 채널 파워를
지니고 있다. 그러나 양사는 자사의 이익을 위해서만 채널 파워
를 사용했고, 그 결과 실적이 악화되고 말았다. 고객 부재의 다
툼을 벌인 결과였다. 그렇다면 어떻게 해야 할까?

유통 채널 전환 전략 1
무엇이 고객에게 최선인지 파악하라

공급업자로부터 고객으로 이어지는 상품의 흐름을 채널 가치

사슬(CVC, Channel Value Chain)이라고 한다. CVC에서는 다양한 관계자가 연결되어서 릴레이로 고객에게 상품을 전달한다. 다음의 위쪽 그림처럼 따로따로 행동한다면 고객은 떠나 버린다.

CVC를 통해 고객에게 '가치'를 전달할 필요가 있다. 그래서 란간 교수는 채널 스튜어드십(Channel Stewardship)이라는 개념을 제창했다. 채널 스튜어드십에서는 채널 스튜어드(채널의 조정을 담당하는 회사)가 다음의 아래쪽 그림처럼 관계자들에게 "무엇이 고객에게 최선일지 함께 생각해 봅시다."라고 호소해 모두가 함께 궁리하면서 CVC를 조정한다.

세계 최대의 소매업자인 월마트는 채널 스튜어드십을 발휘한 좋은 사례다. 월마트에서는 점포부터 제조사의 공장까지 CVC가 연결되어 있으며 자동화되어 있다. 점포의 재고가 줄어들면 제조사는 스스로 판단해 점포에 상품을 직접 보충한다. 한편 월마트는 판매 정보를 무료로 제조사에 제공한다. 이것은 제조사가 상품을 개발할 때 매우 유익한 정보가 된다. 월마트의 연간 매출액은 약 570조 원이다. 월마트는 그 압도적인 규모의 채널 파워를 활용해 고객에게 '저렴함'을 제공하며 제조사에도 공정하게 이익을 공유한다.

이와 같이 고객에 시선 초점을 맞추고 어떻게 해야 고객의 니즈를 충족시킬 수 있을지 관계자 전원이 이해하고 있는 상태를 만들어야 한다. 참고로, 스튜어드십(Stewardship)이란 '타인

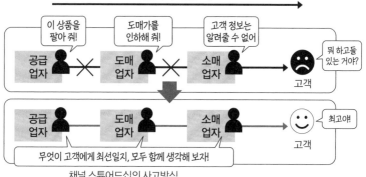

채널 스튜어드십의 목적

목적: 고객 가치를 최대화하기 위해 CVC를 조정하는 것

채널 가치 사슬(CVC)

이 상품을 팔아 줘!

도매가를 인하해 줘!

고객 정보는 알려줄 수 없어

공급 업자 ✕ 도매 업자 ✕ 소매 업자

뭐 하고들 있는 거야?

고객

공급 업자 → 도매 업자 → 소매 업자

최고야!

고객

무엇이 고객에게 최선일지, 모두 함께 생각해 보자!

채널 스튜어드십의 사고방식

※ 《유통 채널의 전환 전략》을 바탕으로 필자가 작성

의 자산을 맡아서 관리한다.'라는 의미다. 말 그대로 CVC라는 자산을 맡아서 관리하는 것이다.

유통 채널 전환 전략 2
고객을 위해 '채널 파워'를 사용하라

제조사도 채널 스튜어드십을 발휘할 수 있다. 네트워크 기기를 판매하는 시스코 시스템즈(이하 시스코)는 판매업자를 채널로서 활용해 성장했다. 그러나 미국 IT 버블의 붕괴로 고객의 수요가 급격히 축소되자 채널 전략을 재검토하고 대폭 수정했다. '고객을 충실하게 지원하는 판매업자를 중점적으로 지원하자.'라고 생각한 것이다.

그전까지는 매출에 상응해서 판매업자에게 가격을 인하했었는데, 그것을 전부 중지하는 대신 새로운 기술에 상응해서 가격을 인하하기로 했다. 높은 기술력을 보유한 판매업자는 저렴한 가격으로 상품을 매입해 판매함으로써 이익을 낼 수 있게 된 것이다. 반대로 전문 기술이 없는 판매업자는 시스코의 제품을 팔 수 없게 되었고, 그 결과 판매업자의 수가 절반으로 줄었다. 그리고 3년 후, 판매업자의 고객 만족도는 크게 상승했으며 투하 자본 이익률도 50퍼센트 증가했다. 시스코가 고객에게 제공하는 가치는 크게 상승했고, 실적도 향상된 것이다.

이처럼 철저히 고객 입장에서 CVC 전체 효율을 추구하는 것이 채널 구성원 전원에게 가치를 가져다줄 유일한 방법이다.

채널 파워는 고객을 위해 사용해야 한다. 고객 가치를 높이고자 기술력이 낮은 판매업자를 퇴출하는 데 채널 파워를 사용한 시스코는 채널 파워를 올바르게 사용한 좋은 사례다. 나이키나 풋로커처럼 상대를 굴복시키기 위해 채널 파워를 사용해서는 아무런 가치도 만들어낼 수 없다.

채널 전략은 전략의 폭을 넓혀 준다. 해외에 진출하려 하는 일본 기업이 판매력 강화를 위해 해외의 판매 회사를 인수하는 경우가 있는데, 인수는 실패할 때가 많다. 자사가 판로를 보유하지 않더라도 채널 전략을 궁리하면 판매력을 강화할 수 있다. 시스코는 뛰어난 채널 전략을 세우고 판매업자와 함께 자사·판매업자·고객이 이익을 얻을 수 있는 종합 채널을 만들어 냈다.

그러나 현실에서는 제품 전략, 가격 전략, 프로모션 전략은 생각하면서도 채널 전략은 방치하는 기업이 많다. 채널 전략은 허술해지는 경향이 있는데, 그렇기에 더더욱 채널 전략의 재검토가 효과를 볼 가능성이 높다. 그리고 채널 스튜어드십이라는 개념을 알아 둔다면 채널 전략을 재검토할 때 반드시 도움이 될 것이다.

POINT

채널 전략은 허술해지기 십상이다. 채널 전략을 재검토하고 기세를 전환하라. 확실히 효과를 볼 것이다.

Book 33

샘 월튼
불황 없는
소비를 창조하라

'세계 최대의 소매 기업'은
우직하며 압도적인
노력에서 탄생했다

《Sam Walton: Made in America》

샘 월튼
Sam Walton

세계 최대의 소매 기업인 월마트의 창업자. 1918년 미국 오클라호마주의 농장을 경영하는 집안에서 태어나, 미주리대학교를 졸업하고 27세에 소매 업계에 투신, 1962년에 할인점인 월마트 스토어를 창업했다. 《포브스》지는 1985년부터 1988년까지 월튼을 '세계 최고의 부자'로 소개했다. 장학금 제도를 창설하는 등 자선 사업에도 적극적으로 참여해, 1992년에 대통령 자유 훈장을 받았다. 1992년 4월에 세상을 떠났다.

'싸게 팔면 팔리게 돼 있다. 그래도 팔리지 않을 때는 가격을 더 내리면 된다.'라고 안일하게 생각하는 소매 업자가 많다. 그러나 이것은 큰 착각이다. 가격 경쟁의 승자는 업계에서 가장 가격이 저렴한 단 한 회사 뿐이다. 지극히 어려운 일인 것이다.

그 가격 경쟁의 무대에서 세계 최고의 승자는 월마트다. 매출액 570조 원을 자랑하는 세계 최대의 소매 기업이다. 이 책은 그런 월마트의 창업자인 샘 월튼의 자서전으로, 싸게 팔기 위해서는 철저히 고객의 처지에 서서 전략의 실천을 우직하게 반복하는 압도적인 노력과 집요함이 필요함을 가르쳐 준다.

실제로 샘 월튼은 이 책의 앞머리에서 "내가 성공한 비결은 그저 목표를 향해 한 걸음 한 걸음 착실히 나아간 것이다.", "지극히 평범한 사람들이 똘똘 뭉침으로써 비범한 결과를 이루어 온 것이 월마트의 스토리다."라고 말했다. 그리고 이것은 절대 겸손이 아니다. 사실 수십 년 동안 목표를 향해 한 걸음 한 걸음 착실히 나아가는 것은 매우 어려운 일이다. 다시 말해, 정말로 그런 노력을 계속할 수 있다면 성공을 손에 넣을 수 있다.

샘 월튼의 한마디 1
1달러를 절약할 때마다
다른 회사보다 앞서 나갈 수 있다

1985년, 샘 월튼은 월마트의 성공으로 미국 최고의 부자가 됐다. 그러나 본인은 미국의 시골인 아칸소주에서 낡은 트럭을 타고 다니고, 월마트의 로고가 박힌 모자를 즐겨 쓰며, 동네 이발소에서 이발을 하며 지극히 소박하게 생활했다.

근면, 성실, 정직한 부모 밑에서 자란 월튼은 결코 풍족하지 않은 삶을 살아왔다. 대학 시절까지 신문 배달로 가계를 도우면서 1달러를 버는 것의 어려움과 그 1달러를 벌었을 때의 기쁨, 그리고 돈을 모으는 가장 확실한 방법은 불필요한 지출을 하지 않는 것임을 몸으로 배웠다.

월마트를 경영할 때도 마찬가지였다. 사원이 출장을 갔을 때는 반드시 저렴한 호텔에서 두 명이 한 방에 묵게 했고, 식사는 패밀리 레스토랑을 이용하게 했다. 이것도 1달러의 가치를 잘 알고 있기 때문이었다. 1달러를 절약할 때마다 다른 회사와의 경쟁에서 한발 앞서 나갈 수 있다.

여담이지만, 현재 월마트와 패권을 다투고 있는 아마존도 '검약'이 기업 문화다. 세계 최고의 자산가이자 아마존의 창업자인 제프 베조스는 오랫동안 혼다 어코드를 타고 다녔으며, 해외 출장을 갈 때는 이코노미 클래스를 이용하고 저렴한 호텔에서 묵는다. '고객과 상관없는 것에 돈을 쓰지 않는다.'는 원칙을 철저히 지키고 있다.

검약의 실천은 할인 소매 회사가 성공하기 위한 필수 기업 문화라고 할 수 있을 것이다.

월튼은 1962년에 월마트를 창업하기 전에 20년 가까이 소매업에서 경험을 쌓았는데, 소매업에 관해 완전히 무지했던 것이 행운이었다고 한다. 당시 소매업 지침서는 하나 같이 전혀 도움이 되지 않았던 것이다. 월마트 철학의 토대는 처음에 자신이 소유했던 점포에서 실제로 경험하면서 배운 것들이었다. 가령, 80센트에 매입한 상품은 1달러 20센트에 팔기보다 1달러에 파는 편이 3배 이상 잘 팔렸다. 1개당 이익은 절반이지만 총이익은 1.5배였다. 가격을 낮춰서 판매량을 늘리면 비싼 가격에 팔 때보다 더 이익을 낼 수 있다. 박리다매로 수익을 내는 할인 판매의 본질을 몸으로 깨우친 것이다.

월튼은 미국 중부에 위치한 아칸소주의 어느 작은 마을에서 자금도 없고 융자도 받지 못한 채로 소매업을 시작했다. 창업 초기의 월마트는 허름한 점포였지만, '다른 어느 곳보다도 저렴한 가격에 판다.'라는 생각을 10년 동안 철저히 지킨 결과 고객과 좋은 관계를 쌓아 올려 매출을 확대할 수 있었다. 지역의 고객들은 '월마트'라고 하면 '저렴한 가격과 만족을 보증하는 곳'이라는 이미지를 떠올리게 됐다. 바로 이것이 브랜드 연상이다. 그리고 월마트는 마침내 다점포 전개를 시작했다.

샘 월튼의 한마디 2
월마트는 작은 마을에 지속적으로 출점해서 세계 최고의 소매 기업이 됐다

창업 초기의 월마트는 경영자인 월튼이 직접 여성용 속옷을 왜건에서 내리고 커피가 묻은 노란색 공책을 들고 점포를 어슬렁거리는, 어딘가 수상쩍은 인상의 시골 가게였다. 그러나 월튼은 항상 '최고의 소매 기업을 만들고 싶다.'고 생각하며 미국 전역의 다양한 점포와 체인스토어 본부를 찾아가 할인점의 체인화에 관해 공부했다. 매니지먼트 경험자를 고용했고, '매입과 판매

데이터를 종이에 관리하면 멀리 떨어져 있는 점포의 상황을 파악할 수 없기 때문에 먼 지역에 출점할 수 없다.'는 사실을 깨닫자 전산화에 관해서도 공부했다.

물류도 현안이었다. 구석진 시골의 점포에서 상품을 발주한들 언제 도착할지 알 수가 없는데, 상품은 적절한 타이밍에 진열되어 있어야 하기에 이것은 골치 아픈 문제였다. 그래서 이 문제를 해결하기 위해 각지의 물류 센터를 견학한 월튼은 자사가 직접 물류 센터를 보유하고 정보 시스템과 통합해야 한다는 사실을 깨달았다. 지금은 많은 기업이 실시하고 있는 방식이지만, 월튼은 1960년대에 이미 10년 후 찾아올 컴퓨터의 시대를 내다봤다.

이렇게 해서 월마트는 체인화의 수법과 전문 경영진, 성장을 뒷받침할 지원 체제 같은 성장의 기틀을 1960년대 말엽까지 갖춰 놓는 데 성공했다. 오늘날에도 다점포 전개를 뒷받침할 체제가 갖춰져 있지 않은 상태에서 점포를 늘렸다가 고객이 이탈해 실적이 악화된 기업이 적지 않은데, 월튼은 다양한 소매 기업을 보고 배움으로써 그런 일이 일어나지 않도록 사전에 준비를 마쳤다.

월마트의 출점 전략은 지극히 단순했다. "다른 회사가 관심을 보이지 않는 작은 마을에 적당 규모의 할인점을 연다."

미국은 '마을'의 개념이 독특하다. 사람이 밀집해서 사는 일본의 경우는 마을과 마을이 이어져 있다. 그러나 미국의 경우는 마을과 마을이 수 킬로미터에서 수십 킬로미터의 거리를 두고 띄엄띄엄 존재한다. 하나의 마을이 하나의 닫힌 상권을 형성하고 있는 것이다.

당시 소매업의 최강자였던 K마트는 인구 5만 명 이하의 마을은 상권이 너무 작다며 출점하지 않았다. 월튼은 인구 5,000명 이하의 마을에 할인점을 내면 과점화가 가능함을 알고 있었다. 요컨대 작은 마을이라면 경쟁 없이 승리할 수 있다. 그리고 미국에는 그런 마을이 수없이 많다. 엄청난 기회가 숨겨져 있는 것이다.

먼저 마을을 과점화할 수 있는 규모의 할인점을 출점, 한 마을의 상권을 과점화한다. 이어서 인근 마을에도 출점해 지역 복수상권(상세권商勢圈)을 과점화한다. 점차 지역을 넓혀서 다른 점포가 노리지 않는 상세권을 월마트의 색으로 물들여 간다.

또한 점포를 물류 센터의 커버 범위 안에 두고 관리하기 위해 본부와 물류 센터로부터 자동차로 하루에 도착할 수 있는 거리(반경 560킬로미터)에 점포를 뒀다. 각 점포를 본부가 장악하고, 정보 시스템을 구사해 철저히 점포를 지원한다. 그 결과 물류비용도 관리 비용도 크게 하락했다. 지역을 과점화하면 광고를 하지 않아도 입소문을 듣고 고객이 찾아오므로 광고비도 절약할 수 있었다. 그리고 물류 센터 반경 560킬로미터의 지역을 과점화하면 다른 물류 센터를 짓고 같은 전략을 반복한다. 월마트는 이 방법으로 매출을 늘려 나갔다.

월마트의 출점 전략

다른 회사가 관심을 보이지 않는 작은 마을(인구 5,000명 이하)에 점포를 하나하나 출점해 착실히 상권→상세권→지역을 과점화하고, 시간을 들여서 확대해 나간다

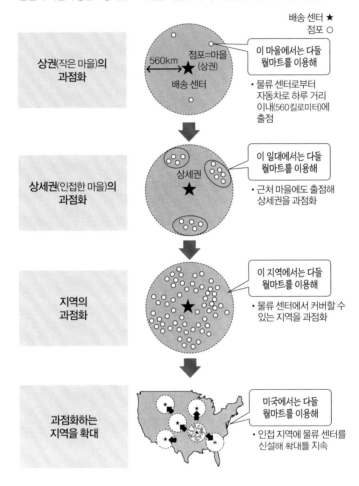

※ 《샘 월튼 불황 없는 소비를 창조하라》를 바탕으로 필자가 작성

1970년	32점포, 총매출 340억 원
1980년	276점포, 총매출 13,200억 원
2001년	4,414점포, 총매출 2조 41,780억 원
2019년	11,361점포, 총매출 56조 58,460억 원

　월마트는 단순한 전략을 우직하게 반복해서 경이적인 성장을 이뤄냈다.

샘 월튼의 한마디 3
고객 제일주의를 철저히 실천하라

소매업의 성공 비결은 '고객이 원하는 상품을 제공하는' 것이다. 월마트는 이 당연한 비결을 우직하고 철저히 실천하고 있다. [Book 1] 《테드 레빗의 마케팅》에서도 소개했듯이, 창업할 때 정가 1달러 98센트, 매입가 50센트인 상품을 부하가 "1달러 25센트에 팔면 어떨까요?"라고 제안하자 월튼은 이렇게 말했다고 한다.

　"매입가가 50센트이니 거기에 30퍼센트를 얹자고. 그 이상은 안 돼. 싸게 매입해서 얻은 이익은 고객에게 환원해야지."

　월마트의 바이어가 납품 업자를 상대로 철저히 가격 인하 협상을 하는 것도 고객을 위해서다. 고객은 저렴한 가격에 상품을 살 권리가 있다. 그래서 월마트 바이어는 최저가로 사는 것에 집착한다.

창업 초기에 월마트는 납품 업자인 P&G와 치열한 교섭을 벌였는데, 그러다 양사의 경영 간부가 "우리의 철학은 둘 다 고객 지향임에도 서로 협력하지 않아 불필요한 비용이 발생하고 있소. 완전히 새로운 파트너십을 맺읍시다."라고 합의하고 컴퓨터를 이용해 정보를 공유했다. 이에 따라 P&G는 월마트의 P&G 상품의 판매 상황을 바탕으로 생산·출하 계획을 세울 수 있게 되었고, 그 결과 저렴한 가격과 높은 품질의 양립이 가능해짐에 따라 판매 가격의 인하로 이어졌다.

샘 월튼의 한마디 4
탐욕스럽게 배워 나가라. 과거를 과감히 버리고 전환하라

샘 월튼은 "내 자랑거리는 미국의 어떤 체인 스토어의 경영자보다도 많은 가게를 견학했다는 것."이라며, "내가 해 온 일은 대부분 타인의 모방이다."라고 말했다. 철저한 현장주의와 반세기에 걸쳐 온갖 대상에서 탐욕스럽게 배워 나가는 것으로 월마트를 세계 최고 소매 기업으로 만든 것이다.

그 후 월마트는 아마존에 추월당해 소매업 시가 총액 1위의 자리에서 내려왔는데, 이후 아마존에 대항하기 위해 인터넷 판매에 힘을 쏟기 시작했다. 이 같은 노력에도 오랜 기간 고전해 왔지만 2020년의 코로나 팬데믹 속에서 인터넷 판매 분야가 성장세를 보였다. 월튼은 이 책에서 "우리의 기업 문화의 장점은 과거를 버리고 방향 전환을 할 수 있다는 것이다."라고 썼는데, 과연 월마트가 새롭게 방향 전환을 할 수 있을지 귀추가 주목된다.

소매업에서 싸게 파는 것은 결코 시대에 뒤떨어진 발상이 아니다. 그러나 월마트의 이야기는 싸게 팔려면 우직하고 압도적인 노력이 필요하다는 사실을 우리에게 가르쳐 준다. 어중간하게 특가 판매로 싸게 팔아서는 '싸게 팔 때만 노리는' 체리피커만 끌어들이고 좋은 고객은 이탈할 뿐이다.

POINT

판매 전략을 '싸게 팔기'로 결정을 했다면 저비용으로 고객에게 전달하는 것에 모든 역량을 집중하자. 고객 제일주의를 철저히 실천하는 것이 중요하다. 그리고 작은 상권에는 닫힌 상권이라는 잠재력이 있음을 잊지 말자.

쇼핑의 과학

소매업자는 고객에 대해
너무나도 무지하다

《Why We Buy: The Science of
Shopping》

파코 언더힐

Paco Underhill

마케팅 컨설팅 회사인 인바이로셀사의 창업자이자
CEO. 뉴욕을 거점으로 전 세계의 온갖 업종과 형태
의 점포에서 고객 행동을 추적했으며, 이를 통해 도
출된 점포 만들기의 노하우는 수많은 일류 기업에
서 활용되고 있다. 마케팅과 컨설팅 분야에 '고객 구
매 행동 분석'이라는 완전히 독자적인 수법을 확립
한 공적으로 '쇼핑계의 인류학자', '쇼핑계의 셜록
홈스'라는 평가를 받고 있다.

내 아내는 혼잡한 매장을 끔찍하게
싫어한다. 아무리 마음에 드는 상품
이 있어도 "나중에 사면 돼."라며 절
대 들어가려 하지 않는데, 이 책 앞
머리에 그 이유가 소개돼 있었다.
바로 엉덩이 부딪힘 효과다.

이 책의 저자인 파코 언더힐은 백화점의 넥타이 매장에서 상
품을 고르던 고객이 다른 고객에게 엉덩이를 밀리자 그 자리에
서 쇼핑을 그만두고 떠나는 모습을 목격했다. 그래서 매장을 통
로로부터 떨어진 곳으로 옮기자 매출은 급상승했다고 한다. 게
다가 같은 현상이 다양한 매장에서 일어나고 있었다. 매출 때문
에 고민하는 가게가 많은데, 사실 매출은 아주 작은 궁리로도 크

게 상승시킬 수 있다. 그리고 이 책에는 그런 힌트가 가득 실려 있다.

원서의 부제이자 번역서의 제목인 '쇼핑의 과학'이란 고객이 구매를 하고 싶어지도록 가게나 상품을 바꾸기 위한 발상이다. 저자의 회사는 기업의 의뢰를 받으면 훈련된 조사원이 다양한 점포에서 눈치 채이지 않도록 고객을 따라다니며 모든 행동을 기록, 분석해 고객이 상품을 사도록 만들기 위한 힌트를 찾아내는 일을 한다. 전 세계에서 서비스를 제공하고 있으며, 《포춘》지 상위 100개 기업 중 3분의 1을 고객으로 두고 있다.

과거에 기업은 광고를 이용해 소비자에게 '이 상품을 사고 싶다.'고 생각하도록 만들어서 상품을 팔았다. 그러나 지금은 이 방법이 효과가 없다. 현대의 고객은 가게 안에서 무엇을 살지 결정하기 때문이다. 실제로 할인 잡화점인 돈키호테의 고객들은 마치 정글 같은 점내로 들어온 다음에 무엇을 살지 결정하며, 우리도 평소에 똑같은 행동을 하고 있다. 그러나 소매업자들은 의외로 고객에 관해 전혀 알지 못한다.

쇼핑의 과학 1
고객의 체류 시간이 길수록 매출은 증가한다

대부분 소매업자가 모르는 고객 실태 몇 가지 소개하겠다.

- 물건을 산 고객이 가게에 머무는 시간을 조사한 저자는 쇼핑 시간과 매출의 상관관계를 발견했다. 전기 기구 판매점의 경우, 비구매자는 평균 5분 6초를 머물렀고 구매자는 평균 9분 29초를 머물렀다. 완구점에서는 비구매자가 평균 10분, 구매자가 17분 이상을 머물렀다. 비구매자와 구매자의 체류 시간에 3~4배의 차이가 나는 곳도 많았다. 일본의 쓰타야 가전은 시간을 잊고 즐길 수 있는 편안한 공간이다. 책이나 세련된 상품이 쾌적한 공간에 진열돼 있는데, 매출도 높다고 한다. 쓰타야 가전은 이 이론을 실천하고 있는 것이다.

- 내점객 가운데 실제로 물건을 사는 고객의 비율을 구매 전환율(Conversion Rate)이라고 한다. 저자가 어느 소매점의 간부에게 점포의 구매 전환율을 물어보자 "저희 가게를 찾아오는 고객은 모두가 목적 구매형이라서 거의 100퍼센트입니다."라고 대답했다. 그러나 실제로 조사한 결과는 48퍼센트였다. 이처럼 가게를 찾아오는 방대한 수의 고객을 빤히 보면서도 놓치고 있다는 사실을 전혀 깨닫지 못하는 소매업자가 매우 많다.

- 종업원과 고객이 접촉하는 비율을 응대율(Interception Rate)이라고 한다. 응내율이 높을수록 매출은 증가한다. 종업원이 좀 더 고객과 접촉해야 하는 것이다. 그러나 실제로는 반대로 종업원의 수를 줄여서 매출을 떨어뜨리는 가게가 많다.

'두 개의 손'이 쇼핑에 끼치는 영향

쇼핑에는 인간의 생물학적인 특징도 영향을 끼친다. 가령 인간에게는 손이 두 개 있는데, 이 점을 감안해서 편하게 쇼핑을 할 수 있는 환경을 만들면 매출은 증가한다.

- 시부야 도큐 백화점 본점의 경우, 1층의 휴대품 보관소에서 수화물을 맡아 준다. 그 덕분에 빈손으로 편하게 쇼핑을 할 수 있다. 점포는 수고가 들지만, 이 서비스가 점포의 매출 확대에 크게 공헌하고 있다. 손이 두 개밖에 없는 인간은 양손에 더는 무엇인가를 들 수 없게 되면 쇼핑을 종료하기 때문이다.

- 저자는 어느 점포의 쇼핑 기록 비디오에서 짐을 잔뜩 안고 있는 고객의 모습을 보고 이런 생각을 떠올렸다. '장바구니를 사용하면 좋지 않을까?' 그래서 "상품을 3개 이상 들고 있는 고객에게 장바구니를 드리면 어떨까요?"라고 점포에 제안했고, 점포가 이를 실천해 보니 매출에 유의미하게 상승했다. 점포의 흑자와 적자를 가르는 것은 사소한 '기왕 온 김에 사기'다. 고객이 '하나를 더 사려면 장바구니가 필요할 텐데…….'라고 생각했을 때 그곳에 장바구니가 있는 것이 중요하다.

- 점포의 입구 부근에 놓여 있는 장바구니나 전단지는 아무도 이용하지 않는 경우가 많다. 사람은 가게에 들어온 직후 무의식적으

로 점내를 관찰하고 소리, 냄새, 온도를 분석하는 데 집중하기 때문이다. 이 시점에는 아직 진정으로 점포 안에 있는 상태가 아니다. 이동 지대(Transition Zone)라고 불리는 상태다 이후 가게 안쪽으로 몇 발을 더 들여놓았을 때 비로소 고객은 장바구니나 전단지의 존재를 깨닫는다. 이동 지대를 줄이면 점포 공간을 더욱 효과적으로 활용할 수 있게 된다. 입구를 자동문으로 만드는 것은 언뜻 편리해 보이지만, 입점객의 보행 속도가 감소하지 않기 때문에 오히려 이동 지대를 확대하게 된다. 문이나 문턱을 만들면 보행 속도가 느려지며, 그 결과 이동 지대가 줄어들게 된다. 입구에서 직원이 장바구니를 건네주거나 의류 판매점의 입구에 대량의 스웨터 등을 전시해 잠시 발걸음을 멈추게 하는 것도 좋은 방법이다.

- 고객 대부분은 오른손잡이이기에 오른쪽으로 손을 뻗는 것을 더 편하게 느낀다. 고객이 물건을 사도록 만들고 싶다면 고객이 서 있는 위치의 오른쪽에 상품을 진열하는 것이 좋다.

- 의자를 놓으면 대부분 점포에서 매출이 즉시 증가한다. 남성은 여성의 쇼핑을 방해하지 않고 기다리게 되며, 여성도 눈치 보지 않고 쇼핑을 할 수 있다.

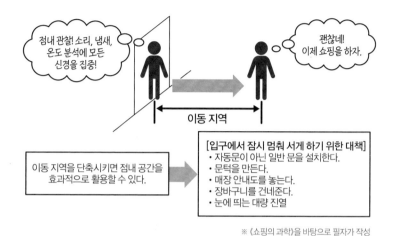

'이동 지대'를 최소화한다.

점내 관찰! 소리, 냄새,
온도 분석에 모든
신경을 집중!

괜찮네!
이제 쇼핑을 하자.

이동 지역

이동 지역을 단축시키면 점내 공간을
효과적으로 활용할 수 있다.

[입구에서 잠시 멈춰 서게 하기 위한 대책]
• 자동문이 아닌 일반 문을 설치한다.
• 문턱을 만든다.
• 매장 안내도를 놓는다.
• 장바구니를 건네준다.
• 눈에 띄는 대량 진열

※ 《쇼핑의 과학》을 바탕으로 필자가 작성

쇼핑의 과학 3
고객이 물건을 사게 만드는 법

우리 집 근처에는 수입 식품 판매점인 '칼디'가 있다. 가게 앞에서는 점내에서 파는 원두로 커피를 내려서 종이컵에 담아 나눠준다. 점내에는 커피 향기가 가득하고, 밝은 분위기의 라틴 음악도 흐른다. 미각·후각·청각에 호소해 고객이 물건을 사고 싶어지도록 만들기 위함이다.

백화점의 여성용 속옷 매장에서는 속옷이 포장되지 않은 채 진열돼 있다. 여성은 자신의 피부에 닿는 물건은 직접 만져 보고 싫어 하기 때문이다. 고객은 직접 눈으로 보고, 냄새를 맡고, 만지고, 맛을 보고, 시험해 본 다음 만족한 것을 산다.

현대의 소비자는 '사기 전에 시험해 보고 싶다.'고 생각한다. 시각, 촉각, 후각, 미각, 청각은 쇼핑에 커다란 영향을 끼친다. 점포 역할은 상품을 만지게 해 주는 것인데, 이 사실을 이해하지 못하는 점포가 많다. 프린터에 전원이 연결되고 인쇄지가 보급된 상태로 프린터를 파는 가게는 거의 없다.

의류품 판매점의 피팅룸은 보통 보잘것없다. 옷을 입어 보기 위해 피팅룸까지 온 손님은 살 생각이 가득한데, 그 기회를 놓치는 점포가 많다. 빛 종류를 전환하면서 상황별로 어떤 느낌인지 확인할 수 있도록 조명을 다양화하고, 거울은 크고 양질의 제품으로 바꾸며, 매일 청소하고 있음을 알 수 있도록 생화를 장식하면 매출은 상승한다.

식품의 신제품이 팔리지 않는 이유는 먹어 본 적이 없기 때문이다. 고객에게 시식을 시켜야 한다. 간장 제조사인 기꼬만은 미국 시장에서 간장을 팔기 시작했을 때 간장을 사용한 요리의 시식 코너를 미국 전역에 만들어서 간장의 맛을 몰랐던 당시의 미국인들에게 간장의 맛을 알렸다.

고객이 기다리는 시간을 활용하라

고객이 점포의 서비스를 평가할 때 가장 영향을 끼치는 것은 기다리는 시간이다. 이 시간이 짧으면 평가가 상승하지만, 길면 모든 노력이 물거품이 된다. 기다리는 시간이 90초를 넘어가면 고객의 시간 감각은 왜곡되며 짜증이 나기 시작한다. 이것을 짧게 느끼도록 만드는 것이 중요하다. 얼마나 기다려야 하는지 시간을 표시하는 것은 그 방법 중 하나다.

기다리는 고객은 한 곳에 서서 한 방향을 향하며, 게다가 따분한 상태다. 현명한 소매업자는 기다리는 시간을 '보이지 않는 자산'으로 생각한다. 예를 들면 기다리는 고객에게 메뉴를 건네거나 흥미를 자아내는 메시지를 보내는 방법도 있다. 사람은 문자를 읽고 있으면 기다리는 시간을 짧게 느끼게 된다. 또한 기다리는 고객에게 시식품을 제공하면 기다리는 시간을 효과적으로 활용할 수 있다.

자사의 점포에 가 보려 하지 않는 기업 간부가 많은데, 실제 점포에서 고객과 직원들에게 어떤 일이 일어나고 있는지 직접 체험하는 것은 중요한 일이다. 점포뿐만 아니라 고객의 취향이나 행동도 끊임없이 진화하고 있으며 쇼핑이 변화하고 있음을 이해해야 한다.

마케팅이라고 하면 거창한 마케팅 전략에 눈이 가기 쉽지만,

실제로는 현장에서의 실천이 비즈니스의 결과를 크게 좌우하는 경우가 많다. 이 책은 우리의 고정관념을 불식하고 소매 현장에서 무슨 일이 일어나고 있는지 이해하는 데 큰 도움이 될 것이다.

POINT

매출에 황금열쇠가 있다면 그건 고객의 심리다. 고객의 심리를 파악하는 데 주력하면 판매를 급등시킬 수 있다. 마음속의 원리를 파악하고자 한다면 현장에서 일어나고 있는 현상에 주목하자. 현상에 심리가 숨어 있다.

유통 혁명 오프라인의 반격

점포는 '물건을 파는 장소'에서
상품에 흥미를 갖게 하는
'미디어'로 변화하고 있다

《Reengineering Retail: The Future
of Selling in a Post–Digital World》

더그 스티븐스
Doug Stephens

세계적으로 유명한 소매 컨설턴트이며, 리테일 프로젝트사의 창업 사장이다. 인구 동태, 테크놀로지, 경제, 소비자 동향, 미디어 등의 메가트렌드에 입각한 그의 미래 예측은 월마트와 구글, 세일즈포스, 존슨앤드존슨, 홈디포, 디즈니, BMW, 인텔 등의 글로벌 브랜드에 영향을 끼치고 있다.

얼마 전, 자신이 아마존에서 매년 얼마를 썼는지 확인하는 방법을 알게 된 나는 즉시 확인해 보고 깜짝 놀랐다. 최근 10년 사이 내 지출액이 매년 꾸준히 20퍼센트씩 증가해 온 것이다. 특히 코로나 팬데믹으로 재택근무가 계속된 2020년 9월 시점에는 전년 대비 2배를 기록했다. 분명히 실제 매장을 방문해 쇼핑을 하는 경우가 서서히 줄어들고 있었다.

인터넷 쇼핑이 소매 전체에서 차지하는 비율은 전 세계에서 매년 증가하고 있으며, 코로나 팬데믹을 계기로 급속히 가속되었다. 그런 시대인 오늘날에 실점포가 지향해야 할 미래를 그린이 책은 미국의 미디어와 소매점 경영자로부터 '필독서'로 평가받고 있다. 저자는 세계적인 소매 컨설턴트다.

예전에는 "옷은 인터넷에서 사면 안 된다."라는 말이 있었지만, 지금은 인터넷 쇼핑몰에서 옷을 사는 사람이 많다. 현재는 가정용 식재료부터 가구에 이르기까지 인터넷에서 팔지 않는 것이 없다. 자동차 제조사인 테슬라도 체험이 가능한 쇼룸 점포만 남기고 인터넷 판매로 전면 이행했다. 스마트폰으로 책을 사는 것과 같은 감각으로 테슬라 자동차를 구입할 수 있는 것이다. 소매에서 인터넷 판매가 손을 뻗치지 않은 영역은 존재하지 않는다.

아마존의 스마트 스피커인 '에코'를 사용하면 음성으로 상품을 주문할 수 있다. 또한 VR(Virtual Reality, 가상 현실) 기술을 통해 전 세계 점포에서 가상적인 쇼핑 경험을 할 수도 있다. 감촉이나 냄새를 인터넷을 경유해 체험할 수 있는 기술도 개발 중이다. 배송의 경우는 우버이츠 등의 벤처가 속속 등장하고 있고, 아마존도 드론 배송 실험과 배송 센터의 자동화, 항공기 조달 등을 통해 신속한 배송을 원하는 니즈에 급속해 대응하고 있다.

온라인 쇼핑이 폭발적인 진화를 거듭하면서 원하는 상품을 즉시 손에 넣을 수 있게 됐다. 한편 실점포는 이 신화를 전혀 따라잡지 못하고 있다. 시대는 격변하고 있는데 상품을 파는 실점포의 기본적인 시스템은 최근 200년 사이 변화한 것이 없다. 원하는 상품을 찾기는 매우 번거롭고, 소매의 실적을 측정하는 잣대(매장 면적당 매출, 직원당 매출, 기존 점포 기반의 성장률, 재고 회전율 등)도 변하지 않았다. 그 결과 '매출 악화→합리화→매출 악화'의 악순환이 계속되고 있다. 백화점도 부진을 면치 못하고 있다. 실점포는 어떻게 해야 할까?

코스트코가 가르쳐 주는 '실점포의 미래'

경기가 부진에 빠진 중에도 창고형 할인 마트인 코스트코는 호조를 이어갔다. 코스트코의 점내는 그야말로 정글이라는 말이 딱 어울린다. 상품이 다소 어수선하게 쌓여 있다. 깔끔함이나 정돈과는 거리가 먼, 이런 창고형 상품 배치를 따라 하는 동네 마트들도 생겨났다.

이런 코스트코의 비밀을 암시하는 실험이 있다. 열쇠는 뇌 속에서 생성되며 쾌락과 의욕을 좌우하는 도파민이라는 쾌락 물질이다. 이 실험에서는 원숭이가 작업을 한 뒤에 포상을 주는 방식으로 원숭이의 뇌 속에서 도파민이 생성되는 조건을 살폈는데, 실험 결과 가장 도파민이 분비되는 시기는 상을 받는 순간이 아니라 곧 실험이 시작됨을 알리는 램프에 불이 들어오는 것을 본 순간이었다. 상을 받을 수 있다는 기대감에서 뇌가 쾌감을 느낀 것이다. 재미있게도 상을 받을 수 있는 확률을 낮추자 도파민은 오히려 상승했고, 확률 50퍼센트에서 최고 수준이 됐다. 확실히 상을 받을 경우는 오히려 도파민의 분비가 감소했다.

쇼핑을 온 고객에게 이 실험 결과를 대입하면 어떻게 될까? 찾고 있었던 상품을 손에 넣은 순간 도파민이 분비되며, 숨겨진 보물을 찾고 있는 상태에서는 도파민 분비량이 더욱 증가한다는 의미가 된다. 다시 말해 잘 정리된 온라인 마트처럼 온갖 상품을 금방 발견할 수 있는 상태는 도파민 분비를 저하시킬 수 있다. 온라인 판매로 쇼핑이 편리해지면 사람들은 반대로 체험에 대한 굶주림을 느끼는 것이다.

코스트코처럼 실점포에 무질서함을 도입하면 오히려 발견에 대한 기대감이 생겨난다. 즐거운 쇼핑 체험은 합법적인 마약이다. 뇌 속에 도파민을 만들어 낸다. 체험을 만들어낼 수 있다는 것은 실점포만의 특징이다. 편리한 인터넷 쇼핑의 전성시대인 오늘날, 고객은 실점포에서 체험을 원하고 있다.

그러나 지금의 점포는 체험을 원하는 소비자의 욕구에 부응하지 못하고 있다. 가전제품 전문 마트는 어디를 가든 깨끗하고 화려하며 신나는 음악이 흘러나온다. 10년 전과 다른 점을 찾기 이렵다. 간판과 BGM을 세외하면 서의 차이가 없다. 온라인 쇼핑몰이 실점포를 죽이고 있는 것이 아니다. 변화하지 않는 점포는 자신의 목을 스스로 조르고 있는 것이다.

오프라인의 반격 2
실점포는 '체험'의 제공이라는 형태로 진화한다

[Book 34] 《쇼핑의 과학》에서 소개했듯이, 쓰타야 가전은 소비자에게 체험을 제공하고 있다. 약간 어둡고 차분한 점내의 조명은 안락한 분위기를 연출한다. 상품은 하나같이 정성이 느껴지는 것들로, 점내에는 문구와 아웃도어 용품, 세련된 잡화 등 다양한 매장이 있다. 그저 구경하는 것만으로도 즐거움을 느낄 수 있으며, 고객은 소파에서 느긋하게 시간을 보낸다. 쓰타야 가전은 안락한 공간을 만들어 낸 것이다.

쓰타야 가전을 운영하는 컬처 컨비니언스 클럽의 마스다 무네아키 사장은 '인터넷으로 대체 가능한 것은 하지 않는다. 실세계에서만 할 수 있는 것을 발굴하자.'라는 생각으로 다양한 도전을 하고 있다. 쓰타야 가전도 그런 도전 중 하나다.

최근에는 스타트업 기업이 인터넷에서 고객에게 직접 상품을 판매하는 D2C(Direct to Consumer)라는 비즈니스 모델이 성장 중이다. 그러나 실점포를 내는 D2C 기업이 적지 않다. 미국에서 큰 인기를 끌고 있는 온라인 안경 판매점 와비파커도 그런 기업 중 하나다. 안경을 집에서 시험 착용해 볼 수 있는 서비스를 제공하기에 처음에는 '실점포는 필요 없다.'라고 생각했는데, 주문이 쇄도하는 바람에 자택 시험 착용 서비스를 중단하자 "회사에서 시험 착용을 해 볼 수 있습니까?"라는 문의 전화가 많았다고 한다. 그래서 아파트에 시험 착용이 가능한 공간을 만들고 고객을 상대하게 되었는데, 이를 통해 대면 판매가 고객과의 관계를 만드는 데 중요한 역할을 차지함을 깨닫고 다수의 실점포를 내게 됐다.

가전제품 제조사인 소노스는 고객에게 자사의 스피커를 알게 된 계기를 물어봤는데, "친구 집에서 놀다가 알게 됐다."라는 대답이 많았다. 그래서 같은 경험을 제공하기 위해 음향 특성을 완벽히 조정한 아파트풍의 방에 가구와 인테리어를 갖춰 놓은 완전 밀폐형 리스닝 룸을 개설했다. 이곳을 찾아온 고객은 제품을 체감할 수 있다.

어느 의류 계열 D2C 기업의 CEO는 이렇게 말했다.

"거리에 출점을 하면 온라인에서만 판매할 때와 비교했을 때 지역의 인지도와 매출이 4배 증가합니다."

이제 상품을 파는 것은 실점포의 부차적인 기능일 뿐이다. 최우선 기능은 고객 체험의 제공인 것이다.

오프라인의 반격 3
체험형 소매점의 시대

실점포는 물건을 파는 장소에서 고객에게 즐거움을 주고 상품에 흥미를 갖도록 만드는 장소로 변화했다.

미국 서해안 지역에 있는 b8ta(베타)의 점내에는 스타트업 기업이 개발한 로봇이나 드론 같은 개성적인 제품이 진열되어 있다. 이 점포의 목적은 고객에게 제품을 경험시키는 것이다. b8ta는 카메라 등으로 점포 내 고객의 반응을 기록, 수집해 제조사에 데이터를 판매한다. 고객이 자사의 제품에 어떻게 반응하는가는 제조사에 매우 귀중한 정보다. 일본에서도 쓰타야 가전이 쓰타야 가전+라는 차세대 쇼룸에서 같은 도전을 하고 있다.

뉴욕 맨해튼에 위치한 편집숍인 STORY는 점내에 전시 판매하는 상품을 갤러리처럼 4~8주마다 완전히 교체한다. 점내를 한 권의 잡지로 간주하고, 주제를 정해서 각 브랜드의 스토리를 소구한다. 질레트, GE, 홈디포 등의 회사는 자사 브랜드의 스토리를 이야기하기 위해 이곳에 돈을 낸다. 또한 STORY는 점내에 있는 고객의 움직임을 측정하는 기술도 도입해서, 각 회사는 고객이 자사의 상품을 어떻게 받아들이고 있는지를 데이터로 파악할 수 있다. 이 점포의 매장 면적당 매출액은 백화점인 메이시스의 12배라고 한다.

미디어와 점포의 역할은 서로 뒤바뀌고 있다. 소비자의 심리 변화를 깔때기에 비유한 구매 깔때기(Purchase Funnel)라는 모델이 있다. 소비자는 상품을 인지하고, 흥미·관심을 가지며, 비교 검토를 한 뒤 구입에 이른다. 기존에는 먼저 미디어에서 상품을 알리고, 최종적으로 실점포에서 판매했다. 그러나 현대에는 이것이 역전됐다. 실점포가 미디어가 되어서 상품을 알린다. 그리고 스마트폰을 이용하면 어디에서나 상품을 즉시 살 수 있다.

'상품을 매입해 소비자에게 팔아서 차익을 벌어들인다.'라는 소매 비즈니스 모델은 붕괴되고 있다. 파는 것만이 목적인 소매는 이미 시대에 뒤떨어진 방식이다.

체험형 소매점의 시대가 찾아온 것이다.

b8ta, STORY, 쓰타야 가전+와 같이 소매업자는 제조사를 대신해서 훌륭한 고객 체험을 만들어 제공한 뒤 브랜드를 소개한 대가를 요구할 수 있도록 진화해야 한다.

실점포는 미디어가 된다

구매 깔때기(Purchase Funnel)

인지
흥미·관심
비교 검토
구입

디지털화 이전 ➡ 디지털화 이후

미디어에서 인지 / 실점포에서 체험

이거 갖고 싶네 / 거 괜찮네

사자 / 사야겠다

실점포에서 산다 / 스마트폰으로 산다

※ 《유통 혁명 오프라인의 반격》을 바탕으로 필자가 작성

그렇다면 점포 직원의 미래는 어떻게 될까?

오프라인의 반격 4
점포 직원은 브랜드 홍보 대사가 된다

얼마 전, 나는 한 가전제품 양판점에서 점원에게 상품에 관해 질문을 했다. 그러나 그 점원이 "모르겠네요."라고 대답했기 때문에 결국 스마트폰으로 검색해서 알아냈다. 이처럼 지금은 점원보다 구글에서 검색하는 편이 더 빠르고 정확하다.

어떤 재고 관리 로봇은 점내를 자동으로 순회하면서 진열장을 스캔해 상품 수천 점의 재고 상황을 확인·기록할 수 있으며, 그 정확도도 거의 완벽에 가깝다고 한다. 한편 같은 작업을 인간이 하려면 일주일에 25~40명은 필요할 뿐만 아니라 정확도도 떨어진다고 한다.

이렇게 보면 점포 직원의 미래는 어두워 보이지만, 완전히 다른 미래도 있다. 우리 집 근처에 있는 모 여성 의류 브랜드 판매점의 판매원 E양은 바로 그런 미래의 모델과도 같은 존재다. E양은 그 브랜드를 사랑하며 애용하고 있다. 역시 그 브랜드를 애용하는 내 아내는 그 가게로 종종 쇼핑을 하러 가는데, E양은 아내의 취향을 완전히 숙지하고 있어서 어울릴 것 같은 상품이 들어오면 즉시 아내에게 전화를 건다. E양이 일하는 모습을 보면 자신이 하는 일을 얼마나 좋아하는지가 전해진다.

미래의 점포 직원에게 요구되는 것은 E양과 같은 인간적인 모습이다. 브랜드의 좋은 점을 고객의 시선에서 알리는 브랜드 홍보 대사 역할을 담당하는 것이다.

20년 전만 해도 음악가 수입 중 대부분은 음반 판매에서 나왔는데, 그랬던 것이 지금은 6퍼센트로 감소했다. 나머지 수입은 주로 라이브 공연이다. 그리고 소매업에서도 같은 변화가 일어날 것이다. 바로 라이브형 점포 체험의 제공이다. '물건을 팔 필요는 없다.'라고 발상을 전환하면 여러 가지 새로운 가능성이 생겨나게 된다.

일본에도 이미 이 방향으로 방향키를 전환한 소매 기업이 있다. 2019년 5월, 마루이는 디지털 네이티브 스토어라는 콘셉트를 공개하고 "인터넷 판매를 전제로 상품 체험과 고객이 모이는 커뮤니티 장소를 제공한다."라고 발표했다. 점포에는 주문 제작 정장을 D2C로 제공하는 FABRIC TOKYO, 일본에 최초로 상륙한 b8ta, 펜 태블릿 제조사인 와콤의 제품을 사용해 볼 수 있는 곳 등 '상품을 팔지 않는 가게'가 속속 입점 중이다. 가게의 평가 기준도 '매출과 매출 총이익'에서 '고객의 수와 고객 생애 가치'로 바뀌어 길 것이다. 또한 마루이는 D2C 스타트업 기업을 지원하는 회사도 설립했다. 진심으로 디지털 네이티브 스토어의 진화를 위한 발걸음을 시작한 것이다.

소매업은 죽지 않는다. 변화할 뿐이다. 현재의 비즈니스 모델은 다시 만들어질 것이다. 아무것도 하지 않는다면 붕괴의 길을 걷겠지만, 스스로 파괴를 시도한다면 소매업은 미래를 만들어 낼 수 있을 것이다.

POINT

온라인 쇼핑몰이 실점포를 죽이는 게 아니다. 변하지 않는 점포들이 스스로를 죽이고 있다. 실점포는 제공할 수 있는 체험을 진화시켜 '미디어'가 되어야 한다.

Book 36

당신의 세일즈에 SPIN을 걸어라

소형 세일즈의 성공 패턴이
대형 세일즈에서는 실패를
불러온다

《SPIN Selling》

닐 라컴
Neil Rackham

영국 세필드대학교에서 행동 심리학을 연구한 뒤 허스웨이트사를 창업했다. 12년에 걸쳐 세계 3만 5,000건의 영업 사례를 조사 연구해 독자적인 영업 방법을 개발했으며, 영업에 관한 컨설팅과 훈련, 세미나를 통해 기업을 성장시킨다. 마이크로소프트와 IBM, GE 등 《포춘》지 선정 500대 기업의 절반 이상이 허스웨이트의 영업 프로그램을 채용했다.

"팔리지 않는 이유는 간단해. 영업을 제대로 안 하니까 그런 거야. 반드시 팔겠다는 마음가짐으로 영업을 하면 못 팔 게 없다고."

사업부 간부 회의에서 영업 부장이 이렇게 일갈한다. 모두가 고개를 끄덕이지만, 어딘가 석연치 않다……. 구체적으로 어떻게 팔아야 하는지에 관해서는 아무런 언급도 없었던 것이다.

영업에는 소비자를 상대로 하는 소매 영업과 기업을 상대로 하는 법인 영업의 두 종류가 있다. 후자는 B2B(Business to Business) 영업이라고도 불리는데, 이 책은 그 B2B 영업에 관한 것이다. 우리는 평소에 B2B 영업을 접할 일이 없다. 그들의 주

338

된 전장은 기업의 사무실이기 때문이다.

현실에서는 이 영업부장처럼 정신력과 근성을 앞세워서 영업을 하는 B2B 영업 사원도 적지 않다. 그런 상황 속에서 1987년에 간행된 이 책은 이제 B2B 영업의 상식이 된 '컨설팅 영업'을 만들어 내는 계기가 됐다. 당시의 상식을 완전히 뒤엎는 내용이었던 까닭에 간행 전에는 다섯 곳의 출판사가 출판을 거부했다고 한다. 그러나 시간이 흘러 2013년에는 "영업을 예술에서 과학으로 바꿔 놓은 필독서"로 평가받게 되었고, '가장 큰 영향을 끼친 비즈니스 서적 10권'에도 선정됐다.

| 세일즈 SPIN 1
B2B 영업에는 소형 세일즈와 대형 세일즈가 있다

B2B 영업에서는 보통 어떤 식으로 영업을 할까? F씨는 작은 회사를 찾아가 컴퓨터를 파는 영업의 달인이다. 그는 이런 식으로 컴퓨터를 판다.

"고객님은 정말 운이 좋으십니다! 갓 출시된 이 컴퓨터를 무려 70퍼센트나 할인된 단돈 50만 원에 구입하실 기회를 얻으셨거든요! 하지만 기회는 오늘뿐입니다. 괜히 망설이다 이 좋은 기회를 놓치지 말고 당장 주문서에 서명하시지요!"

빈말로라도 품격이 있다고는 말할 수 없는 사람이지만, F씨의 영업 성적은 늘 좋았다. 고객은 '사람은 짜증 나지만 상품 자체는 싼 것이 맞고, 이 사람하고는 더 만날 일도 없고….'라는 생각에서 얼른 F씨를 보내고자 50만 원을 내고 컴퓨터를 구입한다.

그 후, F씨는 '좀 더 고액의 상품을 팔고 싶어.'라고 생각해 회사를 옮겼다. 그러나 옮긴 회사에서는 정신없이 바쁘게 일해도 매출 꼴찌를 면치 못했다. 영업 방식을 바꾸지 않았기 때문이다.

"귀사의 차기 시스템, 저희 회사에 맡겨 주십시오. 1억 원에 전부 해결해 드리겠습니다. 게다가 지금 계약하시면 무료 도입 서비스까지 추가해 드립니다. 여기 계약서를 가지고 왔으니 지금 당장 계약하시지요."

그러나 F씨는 방문한 기업으로부터 '출입 금지' 조치를 당하고 말았다.

컨설팅 회사인 허스웨이트사를 창업한 저자 라컴은 3만 5,000건에 이르는 영업 사례를 자세히 조사 분석한 뒤 '소형 세일즈에서 성공을 거둔 영업 기술이 대형 세일즈에서는 실패의 원인이 된다.'라는 결론을 내렸다.

B2B 영업에는 소형 세일즈와 대형 세일즈가 있는데, 이 둘은 영업 방식이 완전히 다르다.

[소형 세일즈] 1회의 영업으로 완결된다. 구매자는 혼자서 의사 결정을 한다. 소액이므로 손해를 보더라도 허용 범위 이내다.

영업 사원의 상품 지식이 성패를 결정한다. 강압적 영업이 의외로 통한다.

[대형 세일즈] 복수의 인원이 관여하며 영업이 완결되기까지 몇 달이 걸린다. 고액이기에 손해를 보면 고객의 책임 문제로 발전한다. 고객의 과제를 해결해 줄 필요가 있다. 섣부르게 강압적 영업을 했다가는 F씨처럼 '출입 금지'로 이어진다.

B2B 영업에서 크게 성공하려면 매출 규모가 큰 대형 세일즈를 성공시킬 필요가 있다. F씨의 방법으로는 안 되는 것이다. 그렇다면 대형 세일즈를 성공시키기 위해서는 어떻게 해야 할까?

세일즈 SPIN 2
고객의 니즈를 파악하는 질문을 만들어라

생각해야 할 것은 고객의 니즈다. 고객의 니즈에는 다음의 두 종류가 있다.

① 잠재 니즈: 고객이 말한 문제. 예를 들면 "기계의 성능이 불만스럽습니다."
② 현재 니즈: 고객이 말한 욕구. 예를 들면 "업무 완료를 위해 고성능 기계가 있었으면 좋겠습니다."

라컴이 실제 영업 사례를 관찰한 결과, 잠재 니즈를 파악하면 소형 세일즈의 성사 확률은 높아졌지만 대형 세일즈의 성사 확률은 높아지지 않았다. 그러나 구체적인 현재 니즈를 파악하면 소형 세일즈와 대형 세일즈 모두 성사 확률이 크게 높아졌다. 실제로 숙련된 B2B 영업 사원에게 이야기를 들어 보니, 그들은 잠재 니즈를 전혀 믿지 않았으며 현재 니즈를 발전시키기 위해 온 힘을 다하고 있었다.

성공의 열쇠는 '잠재 니즈를 어떻게 현재 니즈로 발전시키는가'에 있었던 것이다.

그리고 이때 성패를 가르는 것이 질문이다. B2B 영업의 상담(商談)을 분석한 결과, 성공한 상담은 실패한 상담보다 질문이 많았다. 질문을 통해 구매자가 말을 하게 해서 고객 니즈를 명확히 밝혀내는 것이다. 그러나 가망 고객은 지루한 질문 공세를 극단적으로 싫어한다. 요컨대 그저 질문을 많이 하면 되는 것이 아니다. 고객의 시간은 소중하기에 의미 있는 질문을 해야 한다. 흔히 볼 수 있는 상담은 이런 패턴이다.

판매자 "○○(라이벌 제품)을 사용해 보셨습니까?"
구매자 "3대를 쓰고 있습니다."
판매자 "쓰기 불편하지는 않나요?"
구매자 "담당자 세 명이 사용법을 배웠기 때문에 불편하지는 않습니다."

판매자 "저희 회사의 ×××는 사용법을 배우지 않아도 누구나 쉽게 다룰 수 있습니다."

구매자 "가격은 얼마인가요?"

판매자 "기본 시스템은 1억 원입니다."

구매자 "네? 1억 원이요? 지금 농담 하신 거죠?"→ 이 시점에 영업은 실패다.

이 방법으로는 1억 원짜리 컴퓨터는 팔 수 있을지 몰라도 대형 세일즈를 성사시키기는 무리다. 첫 대면에서 "저와 결혼을 전제로 사귀어 주십시오."라고 말하는 것과 다름없는 갑작스러운 전개이기 때문이다.

이에 라컴은 성공 사례에서 사용된 질문법을 정리했다. 그것이 바로 네 가지 질문인 'SPIN'이다.

① **상황 질문(Situation)**……"어떤 설비를 가지고 계십니까?"와 같은 식의 질문으로 사실을 수집한다. 다만 이 질문을 연발하면 고객은 짜증을 내므로 필요 최소한으로 억제한다.

② **문제 질문(Problem)**……"그 설비에 만족하십니까?"와 같은 식의 질문으로 잠재 니즈를 말하게 한다.

③ **시사 질문(Implication)**……"설비가 낡아서 유지 비용이 많이 들어가고 있지는 않습니까?"와 같은 식의 질문으로 잠재 니즈가 지닌 문제의 심각성에 초점을 맞춰 현재 니즈를 부각시킨다.

④ **해결 질문(Need-payoff)** ·····"설비를 새로 바꾸면 어떻게 될까요?"와 같은 식의 질문으로 가망 고객에게 해결책의 가치를 말하게 한다.

앞에서 소개한 실패 사례에서는 "쓰기 불편하지는 않나요?"라는 문제 질문을 한 직후에 다짜고짜 "저희 회사의 ×××는······."이라고 해결책을 제시했다. 이래서는 상대가 수긍하지 않는다. 항상 문제의 심각성과 해결에 들어가는 비용의 균형이라는 가치의 방정식을 머릿속에 그리면서 이야기해야 한다. 시사 질문을 하면 앞의 예는 이렇게 달라진다.

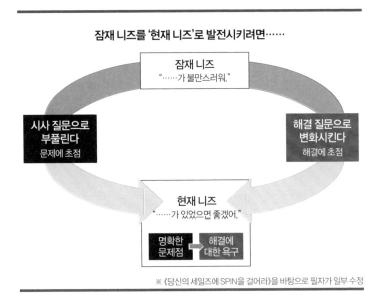

잠재 니즈를 '현재 니즈'로 발전시키려면······

잠재 니즈
"······가 불만스러워."

시사 질문으로
부풀린다
문제에 초점

해결 질문으로
변화시킨다
해결에 초점

현재 니즈
"······가 있었으면 좋겠어."

명확한
문제점 → 해결에
대한 욕구

※《당신의 세일즈에 SPIN을 걸어라》을 바탕으로 필자가 일부 수정

구매자 "담당자 세 명이 사용법을 배웠기 때문에 불편하지는 않습니다."

판매자 "사용법을 아는 사람이 세 명뿐이어서 곤란한 경우는 없었습니까?"(시사 질문)

구매자 "담당자가 그만뒀을 때 좀 난감하기는 합니다. 그러고 보니 '사용하기가 너무 까다롭다.'라면서 그만두는 경우가 가끔 있었네요."

판매자 "사용법을 배우는 데는 비용이 얼마나 듭니까?"(시사 질문)

구매자 "비용은 1인당 500만 원입니다. 6개월마다 다섯 명이 교육을 받고 있습니다."

판매자 "항상 담당자 세 명이 유지되고 있나요?"(시사 질문)

구매자 "그렇지는 않습니다. 인원이 부족할 때는 야근을 시키거나 외주를 줘서 어떻게든 해결하고 있는데, 생각해 보면 그럴 때마다 추가 비용이 발생하고 있기는 하네요."

판매자 "품질은 어떤가요?"(시사 질문)

구매자 "외주를 준 부분에 대해서는 품질에 불안감이 있습니다."

판매자 "정리해 보면, ○○가 사용이 까다로운 탓에 담당자의 이직률이 높고, 교육비로 반년마다 2,500만 원이 들어가며, 결원이 발생해서 야근 비용이나 외주 비용이 추가로 들어가고, 품질에도 불안감이 있군요."(정리)

구매자 "듣고 보니……. 문제가 크기는 하군요."

판매자 "특별한 교육이 필요 없이 누구나 금방 다룰 수 있는 기기로 바꾸면 어떻게 될까요?"(해결 질문)

구매자 "교육이 필요 없으니 교육비도 안 들고, 인원이 부족해지는 일도 안 생길 테니 외주도 필요가 없어지겠지요."

판매자 "저희 회사는 그런 시스템을 기본 1억 원에 제공해 드릴 수
　　　　있습니다."
구매자 "좀 더 자세히 설명해 주실 수 있겠습니까?"

이와 같이 문제에 초점을 맞춘 시사 질문으로 잠재 니즈를 부풀려서 고객의 내부에 "……가 있었으면 좋겠어."라는 현재 니즈를 만들어 내고, 해결에 초점을 맞춘 해결 질문을 통해 문제의 심각성이 해결 비용을 웃돌게 만든다.

시사 질문은 상담 전의 준비가 중요하다. 상담 전에 다음의 세 가지를 미리 생각해 놓는다. ① 가망 고객의 문제점을 가정해서

항상 '가치의 방정식'을 머릿속에 그린다

흔히 볼 수 있는 상담	SPIN 상담
"네? 지금 농담 하신 건가요?"	"좀 더 자세히 설명해 주실 수 있겠습니까?"

흔히 볼 수 있는 상담

사용이 까다롭다 ── 1억 원

문제의 심각성　　　해결 비용

SPIN 상담

품질 저하
외주비
야근 비용
이직률
교육비 반년 2,500만 원
사용이 까다롭다 ── 1억 원

문제의 심각성　　　해결 비용

※ 《당신의 세일즈에 SPIN을 걸어라》을 바탕으로 필자가 일부 수정

종이에 적는다, ② 관련된 다른 문제가 없을지 생각한다, ③ 각 문제에 대해 어떤 질문을 할 수 있을지 생각한다.

오른쪽의 그림은 앞에서 소개한 사례의 패턴이다. 숙련된 영업 사원은 사전 준비를 게을리하지 않는다.

문제 질문의 경우는 다음과 같은 연습이 효과적이다. ① 친구나 가족에게 가망 고객의 역할을 맡긴다, ② 상대의 니즈를 가정한다, ③ 상대에게 니즈가 충족됐을 때의 이점을 이야기하게 한다.

예를 들어 신형 아이폰을 갖고 싶다는 상대에게 "왜 갖고 싶은 거야?"라고 질문하면 좋은 연습이 된다.

숙련된 영업 사원이라면 아마도 '그런 건 상식이잖아?'라고 생각할 것이다. 맞는 말이다. 이 책은 숙련된 영업 사원의 행동을 관찰해서 만들어 낸 모델을 누구나 활용할 수 있도록 정리한 세계 최초의 책이기 때문이다. 그런 까닭에 이 책의 방법론은 현대의 B2B 영업 연수에서 널리 활용되고 있다. B2B 영업에 관여하는 사람이라면 그 원류를 이해하기 위해서라도 꼭 읽어 보기 바란다.

시사 질문은 '상담 전'이 중요!

① 가망 고객의 문제점을 가정해서 종이에 적는다
② 관련된 다른 문제가 없을지 생각한다
③ 각 문제에 대해 어떤 질문을 할 수 있을지 생각한다

[문제] ○○은 사용이 까다롭다

→ [문제] 담당자의 불만 → [질문] 이직으로 이어지고 있지는 않은가?

→ [문제] 교육 비용 → [질문] 교육 비용은 얼마나 들어가는가?

→ [문제] 사용할 줄 아는 사람이 부족 → [질문] 인재 확보는 어떻게 하고 있는가?

→ [문제] 품질 문제가 있는지도 → [질문] 불합격품의 비율은?

※ 《당신의 세일즈에 SPIN을 걸어라》을 바탕으로 필자가 일부 수정

POINT

잠재 니즈를 현재 니즈로 발전시키면 당신의 실적이 급상승한다. '시사 질문'
과 '해결 질문'을 이용하라. 고객의 니즈에 변화의 계기를 투입하라.

Book 37

챌린저 세일

B2B 고객은 '솔루션 영업'이라면 진저리를 낸다

《The Challenger Sale: Taking Control of the Customer Conversation》

매튜 딕슨·브렌트 애덤슨
Matthew Dixon·Brent Adamson

매튜 딕슨은 세계 유수의 자문 회사인 CEB의 이 그제큐티브 디렉터, 브렌트 애덤슨은 역시 CEB 의 매니징 디렉터였다. CEB는 수천 개에 이르는 클라이언트 기업의 성공 사례와 선진적인 조사 수법, 인재 분석을 조합해 경영진에게 사업 변혁 을 위한 통찰과 솔루션을 제공하며, 그 독자적인 접근법으로 전 세계의 경영자들로부터 주목을 받 고 있다. 다른 공저로 《챌린저 커스터머》가 있다.

내가 이전 직장에서 인재 육성 부 장이었을 때, 연수 서비스를 제공 하는 A사 영업 사원이 나를 찾아 와 영업을 했다. 몇 차례 미팅을 하면서 과제를 물어본 뒤 최종적 으로 해결책을 제안했는데, 별로 마음에 들지 않았다.

그리고 얼마 후, 역시 연수 서비스를 제공하는 B사의 담당과 만나 고민을 이야기하자 그 담당은 "아, 그거? 문제는 이거야. 대 책은 이거고."라며 정확하게 지적해 줬다. 나는 그 자리에서 사원 연수를 의뢰했다. 대체 무엇이 달랐을까? 이 책에 그 답이 있다.

1970년대, 고객의 과제를 이해하고 해결책을 제공하는 솔루션 영업이라는 개념이 탄생했다. A사의 영업 사원은 이 방법을 실천한 것이지만, 이 방법은 현재 한계에 부딪혔다. 저자들은 CEB사에서 새로운 B2B 영업 방식을 기업에 제언해 왔으며, 2011년에 출판된 이 책에는 그 지혜가 담겨 있다.

솔루션 영업은 A사의 영업 사원처럼 고객의 과제를 파악하고 개별적으로 해결책을 제안한다. 그러나 오늘날 기업은 다양한 과제를 안고 있기 때문에 과제를 파악하는 데 많은 수고가 들어간다. 여기에 고객에게도 부담이 간다. 그 결과 고객은 '솔루션에 대한 피로감'을 느끼고 있으며, 이 때문에 들이는 수고에 비해서는 판매가 되지 않는다.

그런데 B사의 담당처럼 제안에 수고를 들이지 않고 판매에 성공하는 사람도 있다. 그 차이는 무엇일까?

영업 사원 유형 5

CEB사는 전 세계의 영업 사원 6,000명을 조사해, 영업 사원에는 다섯 가지 유형이 있음을 발견했다.

[유형 ①] 챌린저형……인생을 두려워하지 않고 고객에게 자기주장을 한다.

[유형 ②] 외로운 늑대형……자신감이 넘치며 항상 자신만의

길을 걷는다.

[유형 ③] 하드워커형……누구보다 많이 전화를 걸고 고객을 방문한다.

[유형 ④] 수동적 문제 해결형……요청에는 반드시 대응한다.

[유형 ⑤] 관계 중심형……고객을 위해서라면 필사적으로 일한다.

기존에는 '이상적인 유형은 관계 중심형'이라고 생각되었지만, 다음의 그림처럼 실적은 가장 나빴다. 한편 독보적으로 실적이 좋은 유형은 '챌린저형'으로, 우수 실적자 중 40퍼센트에 가까운 비율을 차지했다.

챌린저형은 어떤 의미에서 '위에서 내려다보는 시선'으로 고객을 바라본다. 고객에게 독자적인 통찰을 제공하고, "이렇게 해야 해."라는 좋은 의미의 압박을 가하며, 건설적인 긴장감을 만들어 고객을 지도한다. 관계 중심형은 반대로 '아래에서 올려다보는 시선'으로 고객을 바라본다. 고객과 친해지려고 긴장감을 완화시키며 협력을 촉구한다. 긴장감이라는 측면에서 양자는 정반대다.

현대의 B2B 영업에서는 복잡한 문제 해결이 필수다. 그리고 문제 해결을 위해서는 고객이 행동을 바꿀 필요가 있는데, 챌린저형은 고객에게 변화를 촉구해 성공한다. 한편 관계 중심형은 변화를 만들어 내지 못해 실패한다.

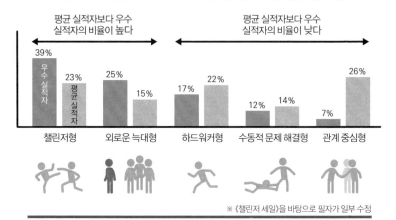

유형별 '우수 실적자'와 '평균 실적자'

독보적으로 실적이 좋은 유형은 챌린저형   가장 실적이 나쁜 유형은 관계 중심형

평균 실적자보다 우수
실적자의 비율이 높다

평균 실적자보다 우수
실적자의 비율이 낮다

우수실적자 39%
평균실적자 23%

25%
15%

17%
22%

12%
14%

7%
26%

챌린저형   외로운 늑대형   하드워커형   수동적 문제 해결형   관계 중심형

※ 《챌린저 세일》을 바탕으로 필자가 일부 수정

평범한 B2B 영업 사원도 훈련을 하고 조직적인 지원을 받으면 챌린저형처럼 영업을 할 수 있다. 그리고 이를 위해서는 지도, 맞춤, 지배라는 세 가지 기술이 필요하다.

차별화를 위한 영업 사원 지도법

"프레젠테이션을 할 테니 원하는 걸 가르쳐 주십시오."라며 달라붙어서 일일이 가르쳐 줘야 하는 사람과 "원하는 거, 이거죠?"

라며 그 자리에서 기대를 뛰어넘는 훌륭한 프레젠테이션을 하는 사람. 상대를 흥분시키는 쪽은 당연히 후자일 것이다. 현대의 B2B 영업도 마찬가지다.

대부분의 고객은 자신의 과제가 무엇인지 모르고 있다. 과제를 가르쳐 주는 방법이 효과적인 것이다. 고객이 모르는 통찰 (Insight)을 제공하고 고객의 사고방식을 바꾼다. 고객은 '자신이 모르는 더 나은 비즈니스 방법', 즉 영업 사원의 통찰을 중요하게 여긴다. 말을 하지는 않지만 영업 사원에게 자신의 생각을 뒤엎을 힘을 기대한다. 고객이 "당신이 말한 그대로입니다."가 아니라 "어? 그런 건 생각해 본 적도 없었네요!"라고 말하게 만들고 다음 행동을 촉구해야 하는 것이다. 이를 위해서는 설득력 있는 스토리와 통찰이 요구된다.

그러나 그 통찰도 상담(商談)으로 이어지지 않는다면 의미가 없다. 지적한 과제를 자신의 회사만이 해결할 수 있음을 설득하고 "왜 다른 회사가 아니라 당신의 회사에서 사야 하는가?"라는 질문에 대답할 수 있어야 한다.

W. W. 그레인저사(이하 그레인저사)는 다양한 부품과 공구 등의 기업용 소모성 자재MRO[Maintenance(유지), Repair(보수), Overhaul(점검)]라고 부르는 기업용 소모성 자재를 판매하는 기업이다. 200만 곳에 이르는 기업 고객을 보유하고 있으며, 수십만 종류의 제품을 취급한다. 그레인저사는 고객과의 장기 구

매 계약을 지향하지만, 고객은 그레인저사를 단순한 제품 공급자로 보기 때문에 영업 사원은 당장의 가격 교섭에 시달려 왔다.

고객은 MRO에 연간 수십 억 원이나 되는 돈을 쓴다. 올바르게 관리한다면 많은 돈을 절약할 수 있을 터이다. 그래서 그레인저사는 '왜 고객은 다른 회사가 아니라 우리 회사에서 제품을 사야 할까?'를 사내에서 논의했다. 그레인저사는 폭넓은 상품 라인업을 자랑하지만, 비슷한 수준의 상품 라인업을 갖춘 경쟁사는 이미 존재한다. 점포 수가 많지만 같은 수의 점포를 보유한 경쟁자도 이미 존재한다. 이렇다 보니 논의는 교착 상태에 빠졌다.

그 후 고객 인터뷰를 통해 시장 조사를 실시하고 논의를 거듭한 그레인저사는 결국 두 가지 결론에 도달했다.

[결론 ①] 대부분의 고객 기업은 MRO에 연간 수십억 원을 지출하고 있다는 사실을 알지 못한다.

[결론 ②] 폭넓은 상품 라인업과 많은 수의 점포를 모두 보유한 곳은 그레인저사뿐이다.

요컨대 그레인저사라면 고객이 언제 어디에서 무엇을 필요로 하느냐노 확실히 제공할 수 있다. 고객의 대폭적인 지출 절감을 도울 수 있으며, 전략적인 파트너가 될 수 있다. 그래서 고객에게 "MRO 관리 방법을 재검토하기만 해도 큰 폭의 비용 절감이 가능합니다."라고 제안하기 위해 영업 자료를 준비했다. 영업 사원은 상담을 6단계로 진행한다. 순서대로 살펴보자.

[단계 ①] '땅 고르기' ……고객과의 첫 번째 회의에서 영업 사원은 고객이 평소에 직면하고 있는 다양한 과제를 언급한다. 그리고 그레인저사가 알고 있는 다른 회사 상황을 설명한다. 이 단계에서는 과제를 묻지 않으며, 그 대신 '과제의 가설'을 제시한다.

[단계 ②] '재구성' ……고객이 깨닫지 못하고 있는 관점을 제시한다. 이때 MRO의 구매에 관한 분석 그래프를 보여준다. MRO의 구매 중 예정 내의 구매가 차지하는 비율은 60퍼센트, 예정 외의 구매가 차지하는 비율은 40퍼센트다. 고객은 "예정 외의 구매가 40퍼센트라고? 그런 줄은 꿈에도 몰랐는데."라고 반응한다.

[단계 ③] '근거 제시' ……데이터를 이용해 예정 외 구매 비용을 구체적으로 보여준다. 예정 외 구매는 빈도가 낮지만 수고가 많이 들어가며, 쌓이면 막대한 비용이 된다. 예정에 없이 구매한 17달러짜리 해머는 인건비를 포함하면 사내 비용이 117달러에 이른다. 고객은 '이런 비용이 전체의 40퍼센트를 차지한다고? 그렇다면 회사 전체로는 어떻게 되는 거지?'라고 생각하게 된다.

[단계 ④] '마음을 흔들기'……고객에게 개인적이고 절실한 과제로 느끼게 한다. 예를 들면 '사장실의 오래된 에어컨이 한여름이 고장이 난다.'라는 실제로 있을 법한 이야기를 한다. "오래된 에어컨이라서 부품을 구하기도 쉽지 않아 난감할 겁니다. 혹시 모르니 예비용 부품도 구입해야 하겠지요." 이렇게 해서 당사자 의식을 심는다.

[단계 ⑤] '새로운 방법의 제시'……어떻게 비즈니스를 개선할지 구체적이고 새로운 방법을 제시한다. 회사 전체의 MRO에 대한 지출을 관리할 수 있다면 예정 외 구매에 따른 불필요한 지출을 줄여 비용을 크게 절감할 수 있다.

[단계 ⑥] '솔루션의 제안'…… 그 방법을 제공할 수 있는 곳은 자사뿐임을 보여준다. 그레인저사는 상품 라인업이 풍부하고 점포가 많으며 장기 구매 계약도 있다. 해결 방법을 제공할 수 있는 유일한 곳인 것이다.

이렇게 해서 그레인저사는 '17달러짜리 해머를 파는 회사'에서 '해머를 사느라 117달러의 비용을 들이지 않기 위한 전략적 파트너'가 된다. 중요한 포인트는 '자사의 소개는 제일 마지막에 하는 것'이다. 많은 영업 사원이 시작부터 자사를 소개하는 바람에 실패한다. 고객은 사신의 과제만 흥미가 있을 뿐이다.

공감을 얻기 위한 '맞춤'의 의미

기존에는 "영업 사원은 고객의 의사 결정권자(경영 간부)를 설득해야 한다."라고 했다. 그러나 CEB사의 조사에 따르면 현대의 의사 결정권자는 폭넓은 지지를 중시한다. 그래서 사내의 인플루언서가 의사 결정자의 판단에 커다란 영향을 끼치게 됐다. 인플루언서는 구매하는 상품·서비스의 사용자 또는 전문가로서 의사 결정권자가 믿고 의지하는 사람을 가리킨다.

의사 결정권자는 인플루언서의 솔직한 의견을 원한다. 승리 패턴이 바뀐 것이다. 경영 간부에게 끼치는 영향력은 영업 사원보다 인플루언서 쪽이 훨씬 크다.

영업 사원의 힘 관계가 변화함에 따라 승리 패턴이 바뀌었다

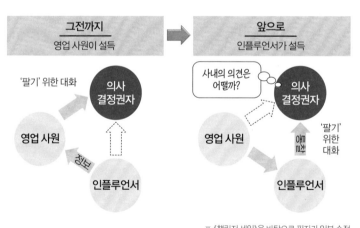

※ 《챌린저 세일》을 바탕으로 필자가 일부 수정

영업 프로세스를 '지배'한다는 것

영업 사원은 고객을 움직이고, 돈 이야기를 꺼리지 않으며, 영업 프로세스 전체에 걸쳐 주도권을 유지할 필요가 있다.

대부분의 영업 사원은 고객 기업의 담당자가 만나자고 하면 즉시 달려가지만, 챌린저형은 윗사람과 만나지 않고서는 안건이 진행되지 않음을 알고 있다. 그래서 먼저 이렇게 말한다.

"저희 회사의 솔루션을 구매하는 데는 경영 간부의 결정이 필요한 것으로 압니다. 언제 만나 뵐 수 있습니까? 직접 만나 뵙고 저희 솔루션의 가치를 이해하셨는지 확인하지 못한다면 저희끼리 대화한들 의미가 없다고 생각합니다."

챌린저형은 고객의 과제에 관해 독자적인 통찰을 제공하고, 건설적으로 자기주장을 하며, 가설을 굽히지 않고 때때로 신랄한 말도 한다. 그리고 영업 프로세스를 주도하며 간소화한다. 승률도 높다. "그런 건 무리야. 그랬다가는 출입 금지를 당할걸?"이라고 말하는 사람은 자신의 가치를 생각해야 한다. 영업 사원은 고객이 모르는 것을 알고 있으므로 본래 영업 프로세스를 주도할 수 있다. '고객은 왕이다.'라는 생각은 버리자.

평균적인 영업 사원은 수동적으로 고객의 요구를 받아들이며, 고객의 과세에 맞춰서 사세하게 솔루션을 제안한다. 그 결과 시간이 지나치게 걸리며 승률도 낮다. 듀폰은 영업 사원이 교섭에서 주도권을 잡기 위해 '교섭 관리 로드맵'을 한 장에 정리하고 어떤 단계에 고객과 어떤 대화를 해야 할지 명기했다. 이를 통해 영업 사원은 대책을 세우고 자신이 맡은 안건의 상황을 분석할 수 있다.

[Book 36] 《당신의 세일즈에 SPIN을 걸어라》의 저자인 닐 라컴은 이 책의 앞머리에서 "최근 10년 사이, 관계 중심형 영업 사원은 효과를 내지 못하고 있다. 지금은 고객에게 생각하게 하고 창조적인 방법으로 고객을 지원하는 영업 사원이 높게 평가 받는다."라고 말했다.

이 책은 통찰을 만드는 지도에 관해서는 정성을 들여서 설명했지만, 맞춤과 지배 부분은 솔직히 말해 조금 부족하다. 그래서 저자들이 그 두 가지에 관해 자세히 설명한 책이 속편이자 이어서 설명할 [Book 38] 《챌린저 커스터머》다.

POINT

B2B 영업에서는 고객에게 과제를 물어보면 안 된다. 고객에게 과제를 가르쳐 줌으로써 자사의 강점으로 고객이 유입되도록 인도해야 한다.

Book 38

챌린저 커스터머

B2B 영업이 진전되지
않는 원인은 '고객의 구매
프로세스'에 있다

《The Challenger Customer:
Selling to the Hidden Influencer
Who Can Multiply Your Results》

매튜 딕슨·브렌트 애덤슨

Matthew Dixon·Brent Adamson

매튜 딕슨은 세계 유수의 자문 회사인 CEB의 이그
제큐티브 디렉터, 브렌트 애덤슨은 역시 CEB의 매
니징 디렉터였다. CEB는 수천 개에 이르는 클라이
언트 기업의 성공 사례와 선진적인 조사 수법, 인재
분석을 조합해 경영진에게 사업 변혁을 위한 통찰
과 솔루션을 제공하며, 그 독자적인 접근법으로 전
세계의 경영자들로부터 주목을 받고 있다. 이 책의
공저자로는 그 밖에 닉 토만과 팻 스펜서가 있다.

내가 IBM에서 영업 일을 하던 20여
년 전, 영업 사원들의 구호는 이것
이었다.

"고객 기업의 내부에 존재하는
IBM에 호의적인 핵심 인물을 찾아
내라. 그를 우리 편으로 만들면 반
드시 이길 수 있다."

그러나 지금의 B2B 영업은 이것만으로는 성공할 수 없다.
[Book 37]《챌린저 세일》의 속편인 이 책은 그 이유를 분석하
고 승률을 높이기 위한 대책을 가르쳐 준다. 이 책도 저자들이
소속되어 있었던 CEB사의 풍부한 조사와 분석 데이터에 기반
을 두고 있다.

오늘날에는 B2B 영업에서 구매 결정에 관여하는 사람의 수가 평균 5.4명에 이른다. 구매 가능성은 구매 관계자가 1명일 때 80퍼센트, 2명일 때 55퍼센트, 6명일 때는 31퍼센트로 급감한다. 이제 고객 기업의 의사 결정자는 혼자서 결정을 내리지 못한다. 리스크를 두려워하고 사내 합의를 중시하기 때문이다. 그래서 영업 사원은 평균 5.4명과 개별적으로 만나 전원 설득을 시도한다. 그러나 그들의 관심사는 각자의 위치에 따라 전혀 다르다. 관리 부문 관심사는 '비용 절감', 영업 부문의 관심사는 '매출 확대', 마케팅 부문의 관심사는 '시장 인지도 향상'이다. 서로 상반되는 관심사인 까닭에 전원을 설득하기는 매우 어렵다. 마치 접시 여러 장을 동시에 돌리는 곡예와도 같다.

전원을 설득했지만 계약에 실패하는 경우도 많다. 영업 사원은 개개인과 상담을 나누면서 상대와 관계가 있는 부분을 강조한다. 그러나 마지막에 관계자 전원이 모여서 승인할 때, 상대는 설명되지 않은 전체의 크기를 처음으로 알고 "이야기가 다르잖소? 계약서에 사인할 수 없소."라며 태도를 바꾼다. 개별 설득은 관계자의 차이를 확대해 합의를 방해하는 것이다.

문제는 또 있다. 362쪽 그림을 보자. 고객의 구매 프로세스에서 사내 논의가 가장 대립하는 때는 37퍼센트까지 진행된 '②해결책 책정'의 시점이다. 그리고 고객이 영업 사원을 찾는 때는 57퍼센트까지 진행된 '③거래처 선정'의 시점이다. 이 시점에서

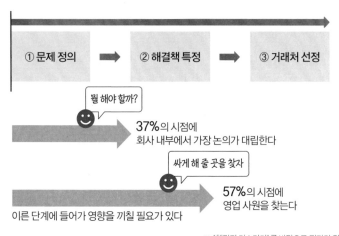

고객 기업의 B2B 구매 프로세스

① 문제 정의 ➡ ② 해결책 특정 ➡ ③ 거래처 선정

뭘 해야 할까?

37%의 시점에
회사 내부에서 가장 논의가 대립한다

싸게 해 줄 곳을 찾자

57%의 시점에
영업 사원을 찾는다

이른 단계에 들어가 영향을 끼칠 필요가 있다

※ 《챌린저 커스터머》를 바탕으로 필자가 작성

의 관심사는 '어떤 회사를 선택할 것인가?'이므로 가격 흥정을
당한다. 요컨대 영업 사원은 이른 단계에 구매 프로세스 속으로
들어가 고객이 문제와 해결책을 결정하는 것을 지원할 필요가
있다.

그래서 CEB사는 구매 관계자 700명을 조사해 고객 관계자를
일곱 가지 유형으로 분류했다.

① **수완가**……조직을 개선하고 결과를 낸다.

② **교육자**……통찰의 전달과 공유를 중시한다. 동료들이 의지한

다. 열정과 설득력을 갖췄다.

③ **의심가**……정확함을 중시하며, 입증 책임을 요구한다. 이 사람이 지지하면 모두가 신용한다.

④ **안내자**……입수하지 못한 정보를 가르쳐 준다.

⑤ **친구**……접촉하기 쉬우며, 다른 사람을 소개해 준다.

⑥ **야심가**……자신을 돋보이게 하는 쪽을 지원한다.

⑦ **방해자**……현상 유지를 추구하며, 변화를 방해한다.

그리고 영업 사원에게 "어떤 유형이 중요하다고 생각하십니까?"라고 질문한 다음 영업 실적을 기준으로 결과를 분류했다. 기존의 정석은 안내자나 친구와 관계를 구축하는 것이었는데, 이 분석에서는 상식을 뒤엎는 결과가 나왔다.

평균적인 실적의 영업 사원은 안내자·친구·야심가와의 관계를 중시했다.

안내자·친구·야심가는 말하기를 좋아하지만 조직을 바꾸지는 못한다. 그들을 토커(말하기를 좋아하는 사람)라고 부른다. B2B 영업의 가장 큰 적은 라이벌이 아니라 고객의 현상 유지 지향이다. 평균적인 실적의 영업 사원은 토커를 상대로 영업을 하지만, 고객은 전혀 변화하지 않는다. 그래서 계약에 실패하는 것이다.

한편 우수한 실적의 영업 사원은 수완가·교육자·의심가와의 관계 구축을 중시했다. 수완가·교육자·의심가는 조직의 행동을 추진하며 결과를 중시한다. 그들을 모빌라이저(동원하는 사람)라고 부른다.

B2B 영업은 문제 해결을 판매한다. 그리고 문제를 해결하려면 고객의 변화가 필요한데, 모빌라이저는 고객의 변화를 가져오는 원동력이다. 영업을 성공시키려면 모빌라이저에게 어디에서 배워야 할지를 지도하고, 관계자별로 관계를 맺는 방식을 맞춤하며, 합의 형성 프로세스를 지배하도록 유도해야 한다.

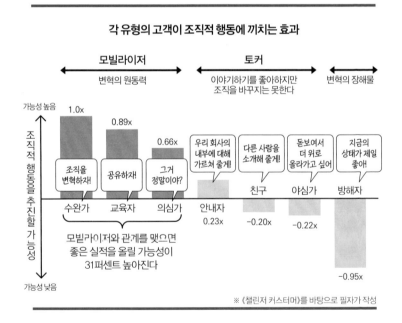

각 유형의 고객이 조직적 행동에 끼치는 효과

모빌라이저 — 변혁의 원동력
토커 — 이야기하기를 좋아하지만 조직을 바꾸지는 못한다
변혁의 장해물

가능성 높음

조직적 행동을 추진할 가능성

1.0x — 조직을 변혁하자! — 수완가
0.89x — 공유하자! — 교육자
0.66x — 그거 정말이야? — 의심가
우리 회사의 내부에 대해 가르쳐 줄게! — 안내자 0.23x
다른 사람을 소개해 줄게! — 친구 -0.20x
돋보여서 더 위로 올라가고 싶어 — 야심가 -0.22x
지금의 상태가 제일 좋아 — 방해자 -0.95x

모빌라이저와 관계를 맺으면 좋은 실적을 올릴 가능성이 31퍼센트 높아진다

가능성 낮음

※ 《챌린저 커스터머》를 바탕으로 필자가 작성

[제1단계] 통찰을 제공하고 '지도'한다

출발점은 모빌라이저가 '현재의 상태를 바꾸려면 새로운 도전이 필요하다.'라고 인식하는 것이다. 그리고 모빌라이저에게 나머지 4.4명을 설득시킨다. 이때 고객의 멘탈 모델(깊게 뿌리박힌 생각이나 선입견)을 바꿀 필요가 있다. 다음의 그림처럼 고객이 '현재의 사고방식 또는 행동(A)을 바람직한 사고방식 또는 행동(B)으로 바꿔야 한다.'고 수긍했을 때 고객의 멘탈 모델이 변화한다. 그리고 이를 위해서는 A의 단점을 확실하게 설명해야 한다.

CEB사의 조사에 따르면, 고객의 과제에 관한 의외의 정보가 고객 구매 행동에 가장 큰 영향을 끼친다. [Book 37] 《챌린저

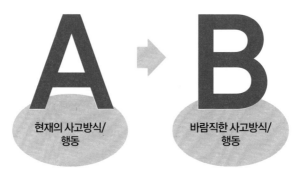

고객의 멘탈 모델을 전환시킨다

A → **B**

현재의 사고방식/
행동

바람직한 사고방식/
행동

※ 《챌린저 커스터머》를 인용

세일》에서 소개한 W. W. 그레인저사의 사례처럼 "그거 틀렸습니다."라는 통찰이다. 통찰을 이용해 고객을 자사에만 존재하는 강점으로 유도하는 것이다.

다만, 고객이 영업 사원을 찾는 57퍼센트의 시점보다 이전 단계에 모빌라이저에게 통찰을 전해 움직이게 해야 한다. 그들이 '변혁을 추진하고 싶어.'라고 생각하도록 씨앗을 뿌리는 것이다.

소셜 미디어가 보급된 결과, 모빌라이저는 판매자가 발신하는 정보보다 제삼자 전문가나 다른 고객의 의견을 참고하게 됐다. 그러므로 소셜 미디어를 활용해서 모빌라이저가 상식을 의심하도록 만들어 변화를 부추긴다. 또한 모든 콘텐츠가 '통찰'로 이어지도록 디자인한다. 이를 위해서는 다음 3단계가 필요하다.

① **자극**······모빌라이저에게 통찰을 전해 '전혀 몰랐네. 좀 더 조사해 보자.'라고 생각하도록 만든다.

② **도입**······자세히 설명한다. 동영상이나 상세한 자료를 통해 '우리 회사는 어떨까?'라고 생각하게 만든다.

③ **직면**······아픈 곳을 찌른다. 온라인 진단 등을 통해 모빌라이저가 사사의 아픔의 정도를 알게 해서 '이대로는 안 되겠어. 해결 방법을 공부해야 해.'라고 생각하도록 만든다.

상식을 파괴하는 의외의 콘텐츠는 소셜 미디어에서 공유된다. 이때 [Book 31]《절대 가치》에서 소개한 소셜 미디어 활용 방법이 참고가 될 것이다.

[제2단계] 각각의 고객 관계자에게 통찰을 '맞춤'한다

그리고 영업 사원은 지금 만나고 있는 고객이 모빌라이저(수완가·교육자·의심가)인지 아니면 토커(안내자·친구·야심가)인지 파악한다. 이때는 모빌라이저를 구분하기보다 토커를 제외하는 편이 간단하다.

① 통찰에 대한 반응은 어떤가? 통찰에 흥미를 보이지 않는다면 '안내자', '친구', '방해자'다. 그들은 변혁을 할 생각이 없기 때문에 통찰에 흥미가 없다.
② 통찰에 흥미를 보였다면 그 과제에 관해 어떻게 말하는지를 본다. 이때 자신의 이야기만 하는 사람은 '야심가'다. 조직 전체의 과제를 이야기한다면 그 사람은 모빌라이저다.
③ 나아가 커뮤니케이션 스타일을 본다. 구체성을 요구한다면 '수완가', 의견을 말한다면 '교육자', 사실을 중시한다면 '의심가'다.

[제3단계] 고객 기업의 내부 합의 형성을 '지배'한다

고객 기업의 의사 결정에 강한 영향력을 가진 모빌라이저는 영업 사원에게 귀중한 자산이다. 그들 덕분에 고객 기업의 구매 행동과 구매 프로세스를 지배할 수 있다.

그래서 필요한 것이 집단 학습이다. 고객 기업의 관계자들이 서로 대화하고 학습해서 사내의 단절을 극복하고 새로운 합의점을 모색해 공통의 의사 결정을 하며 조직 내에서 합의를 보도록 만드는 것이다. 영업 사원은 고객 기업의 관계자들이 서로를 충분히 이해하도록 도와야 한다.

집단 학습은 질이 높은 안건을 획득할 확률을 20퍼센트 높인다. 또한 다양한 관계자를 구매 전에 함께 학습시키면 '요금이 비싸도 괜찮다.'라는 고객의 의향은 70퍼센트 상승한다. 기존의 B2B 영업에서는 "고객끼리 논의하게 하지 마라. 개별 합의가 파괴된다."라고 했지만, 실제로는 논의를 통한 집단 학습이 매우 중요하다. 집단 학습에 효과적인 곳은 고객 기업 내부의 워크숍 장소다. 사내 관계자들 생각이 제각각이라는 사실에 직면하면 고객 자신이 '이 단절을 방치해서는 안 돼.'라는 절박감을 느끼게 된다. 이것은 뒤집어 생각하면 워크숍 제안이 거절당한 안건은 계약이 성공할 가능성이 거의 없다는 의미다.

고객의 집단 학습을 촉구하기 위해 영업 사원은 프레젠테이션 능력보다 퍼실리테이션 능력(논의를 활성화하고 합의 형성을 지원하는 힘)을 키워야 한다. 그리고 고객 기업의 내부에 불안감이나 우려가 있으면 숨기지 말고 대화를 나누도록 장려한다.

B2B 영업의 안타까운 '상식'

B2B 영업의 기존 상식은 이제 잘못된 상식이 됐다. 그 전형적인 예를 소개하겠다.

[수요의 창출] BANT 조건(예산, 권한, 니즈, 시기)에 입각해서 구매할 준비가 된 고객을 찾는 것이 정석이었지만, 이 시점에 고객을 만나서는 이미 늦다. 논의 단계에 만나야 한다.

[마케팅 인재] 최근의 마케팅 부문은 디지털 기술을 지나치게 중시한다. 디지털 기술은 단순한 수단에 불과하다. 중요한 것은 고객보다 먼저 가치 있는 통찰을 만들어 내는 힘이다.

[소셜 미디어] '정보를 확산하면 된다.'라고 생각한다. 그러나 가치가 없는 정보를 확산한들 잡음밖에 안 된다. 모빌라이저와 통찰을 공유하는 채널로 활용해야 한다.

[방해자에 대한 대응] '방해자는 무시한다.'는 잘못된 생각이다. 그들은 영향력이 크기 때문에 보이지 않는 곳에서 안건을 망친다. 워크숍을 활용해 고객 기업의 관계자들에게 방해자를 설득시켜야 한다.

이 책은 "어떻게 팔 것이냐가 아니라 어떻게 고객의 변혁을 지지하고 성공시킬 것이냐를 생각하라."라는 일관된 메시지를 보낸다. 언뜻 당연한 말처럼 들리지만, 현실에서는 많은 B2B 영업 사원이 대화하기는 쉽지만 조직을 바꾸지는 못하는 '토커'하고만 이야기를 나눈다. 그런 현실 속에서 이 책은 많은 것을 가르쳐 준다.

POINT

고객 중에서 수완가, 교육자, 의심가를 자신의 편으로 만들어라. 그리고 그들의 변혁을 지원하라. 고객의 변혁을 지지해서 성공시킬 때 B2B 영업이 진짜로 성공한 것이다.

Book 39

구독과
좋아요의
경제학

고객과 직접 연결되는 '구독화'가
기업 경영을 극적으로 바꾼다

《Subscribed: Why the Subscription
Model Will Be Your Company's
Future — And What to Do about It》

티엔 추오 외
Tien Tzuo

주오라의 창업자 겸 CEO. 세일즈포스닷컴
의 창업기에 입사해 CMO(최고 마케팅 책임자)와
CSO(최고 전략 책임자)를 역임했다. '구독 경제'의
도래를 일찌감치 예견하고 2007년에주오라를
창업했다.주오라는 기존의 제조 판매 모델에서
구독 모델로의 비즈니스 모델 변혁과 수익 향상
을 지원하는 서비스형 소프트웨어 프로바이더
로, 1,000개가 넘는 고객 기업을 보유하고 있다.
이 책은 게이브 와이저트와의 공저다.

"앞으로 저희 회사도 구독에 힘을
쏟을 방침입니다."

이런 이야기를 종종 듣게 되었
다. 이처럼 현재 구독(Subscription)
이 큰 주목을 받고 있다. 그러나 구
독의 본질을 오해해서 실패하는

기업이 매우 많다. 이 책은 그런 구독의 세계적인 교과서로, 저자
는 기업의 구독화를 지원하는 주오라의 창업자다.

구독이란 고객이 지속적으로 특정 상품을 구입하며 장기적
인 관계를 만드는 비즈니스 모델이다. 신문·잡지의 정기 구독은
물론이고 가스·수도·전기의 정기 계약도 넓은 의미에서는 구독
이다. 현재 구독이 주목받는 이유는 IT의 진화로 빅 데이터를 통

해 고객의 이용 상황을 자세히 파악·분석할 수 있게 되면서 고객 개개인별로 서비스를 최적화할 수 있게 되었기 때문이다.

구독은 완전히 새로운 단계로 진화했다. 구독화는 비즈니스를 고수익으로 이끈다. 매출이 안정되고, 신규 고객의 구입 장벽이 낮아지는 것이다.

구독화의 힘 1
구독화로 불황에 강해진다

애플은 시간을 들여 구독화를 진행하고 있다. 맥이나 아이폰 같은 주력 상품 매출은 신상품 인기에 따라 크게 달라지며, 크리스마스 같은 계절적 변동에 따라 회사 매출은 크게 변화한다. 그래서 애플은 클라우드나 앱 판매 등의 서비스를 확대하고 있다. 구독 중심 서비스 매출은 최근 8년 사이 4배라는 안정적인 성장을 보이고 있으며, 2020년의 연간 매출은 50조 원을 돌파했다. 하드웨어 상품은 불황이 찾아오면 구매가 줄어들지만, 서비스를 사용하는 이용자는 불황이 와도 해약을 하지 않는다.

물건 판매가 중심이면 항상 판매를 계속할 필요가 있으며, 불황이 되면 매출은 크게 떨어진다. 한편 구독 매출이 주체라면 계약분의 매출은 확보할 수 있다. 실제로 구독 매출 비율이 높은 기업은 코로나 불황 속에서도 힘을 잃지 않았다.

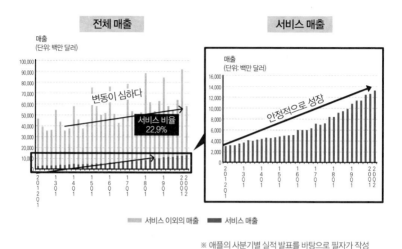

구독화를 진행하는 애플(사분기별 매출 추이)

전체 매출

매출
(단위: 백만 달러)

변동이 심하다

서비스 비율
22.9%

서비스 매출

매출
(단위: 백만 달러)

안정적으로 성장

■■ 서비스 이외의 매출　■■ 서비스 매출

※ 애플의 사분기별 실적 발표를 바탕으로 필자가 작성

구독화의 힘 2
구독화는 고객의 구입 장벽을 낮춘다

고급 백의 선택은 여성에게 큰 고민거리다. 300만 원을 주고 원하던 핸드백을 샀는데 '내가 기대했던 것과 달라······.'라고 느꼈을 때의 정신적 충격은 매우 크다. 그런 여성들에게 일본의 명품백 렌탈 업체 라쿠사스는 악마의 유혹 같은 매력적인 구독 서비스다. 월 68,000원에 300만 원짜리 여성용 고급 핸드백 3만 점을 마음껏 이용할 수 있는 것이다. 덕분에 락서스는 급성장하고 있다. 그런데 사실 락서스는 초기에 여성 사용자들에게 이런 불만을 들었다.

"구독을 해도 마음에 드는 핸드백이 없는 걸……."

핸드백이 너무 많은 나머지 마음에 드는 백을 찾지 못하는 것이다. 그래서 사용자별로 취향을 확인한 뒤 AI를 이용해 핸드백을 추천함으로써 취향에 맞는 핸드백을 스마트폰으로 손쉽게 찾을 수 있도록 만들었다. 이처럼 구독으로 고가의 물건을 저렴한 가격에 제공하면 고객은 구입 장벽이 낮아져서 계속 이용하게 되며, 그 결과 고객의 수가 증가해 매출 성장을 실현할 수 있다.

그래서 '구독화가 그렇게 좋다고 하니 우리 회사도 구독화를 하자.'라고 생각하기 쉬운데, 기존 비즈니스를 구독화하는 것만으로는 성공하지 못한다. 어느 가전제품 제조사는 매달 수만 원을 내면 대형 텔레비전을 사용할 수 있는 구독 서비스를 시작했다. 그러나 대형 텔레비전은 가격이 하락하는 속도가 빠르다. 조사해 보니, 발매한 지 몇 개월만 지나도 양판점의 판매 가격이 3년 동안의 구독료 총액보다 수십만 원은 저렴해졌다. 이래서는 무엇을 위한 구독인지 알 수 없다.

신사복 제조사인 아오키는 정장의 정액 서비스를 시작했다. 이 서비스는 순조롭게 회원을 늘려 나갔지만, 시스템 구축 비용의 부담이 의외로 컸기 때문에 아오키는 시간이 지나도 적자를 벗어날 수 없다고 판단해 조기에 사업 철수를 결정했다.

구독을 성공시키기 위한 철칙은 ①고객에게 '꼭 이용하고 싶어.'라는 생각이 들게 하는 고객 경험·편리성·이익감을 제공할 것, ②고객이 지속적으로 사용하도록 고객 경험을 높은 수준으로 유지할 것, ③수익화를 통해 운영을 계속할 수 있을 것이다.

사실 구독 모델은 진입장벽이 높다. 그러나 이 진입장벽을 뛰어넘을 수 있다면 구독은 다양한 업계에서 활용 가능하다. 이 책에 실려 있는 미국의 사례를 소개하겠다.

구독화의 힘3
정액으로 '무제한 이용' 서비스를 제공하는 항공 회사

일렉트릭 기타는 배우기가 어렵다. 1년이 지나면 초심자 중 90퍼센트가 낙오하고 10퍼센트만이 남을 정도다. 그래서 일렉트릭 기타의 명가인 펜더는 이런 생각을 했다.

'초심자의 낙오율을 80퍼센트로 낮추면 20퍼센트가 남게 되므로 매출은 두 배가 된다. 그리고 이들은 평생의 고객이 되어줄 것이다.'

그래서 정액제 온라인 교육 동영상 서비스 펜더 플레이를 시작하고, 조율용 무료 모바일 앱인 펜더 튠도 개발했다. 이를 통해 펜더는 방대한 소비자 데이터를 얻어 몇 명이 어떤 종류의 일렉트릭 기타를 사용하며 조율하는 데 몇 분이 걸리는지 파악할 수 있게 되었고, 낙오율을 낮추는 데 성공했다. 고객을 '기타 소유자'가 아니라 '기타 연주자이며 평생의 음악 애호가'로 본 것이다.

서프에어는 미국 캘리포니아주에 거점을 둔 항공 회사로, 월 200만 원의 정액을 내면 비행기를 언제라도 마음껏 탈 수 있게 해 준다. 기존 항공 회사의 경우, 출발 직전의 항공권은 가격이 비쌌으며 탑승 절차도 복잡하고 시간이 걸렸다. 그러나 서프에어는 구독화를 통해 회원이 타고 싶은 항공편을 전화로 손쉽게 예약하고 공항에 도착하면 즉시 탑승할 수 있게 했다. 마치 자가용 비행기처럼 이용할 수 있게 된 것이다.

구독화를 통해 번거로웠던 절차를 원활하게 만든 사례라고 할 수 있다.

구독화의 힘 4
《뉴욕타임스》의 매출 가운데 60퍼센트는 구독 매출

"온라인 뉴스를 무료로 볼 수 있는 시대가 되었기 때문에 신문은 죽을 것이다."라는 이야기가 많지만, 니혼게이자이신문 인터넷판의 구독자 수는 2019년 현재 70만 명을 돌파했다. 소비자는 디지털 미디어의 구독에도 거부감 없이 돈을 낸다.

종이의 시대부터 신문 매출은 광고가 과반을 차지했는데, 구독은 신문사의 수익을 안정시킨다. 《뉴욕타임스》는 광고의 급감에 직면하면서 구독화를 진행했는데, 그 결과 현재는 매출에서 광고가 차지하는 비율이 62퍼센트에서 29퍼센트로 감소하고 구독 매출이 60퍼센트를 차지하게 됐다. 인터넷 독자의 4퍼센트가 유료 이용자다. 《뉴욕타임스》는 무료 비즈니스 모델인 프리미엄(Freemium)과 구독을 조합한 수익화를 진행하고 있다.

이처럼 다양한 업계의 다양한 기업이 구독화에 성공하고 있지만, 기존의 기업이 구독 기업으로 변혁하기 위해서는 반드시

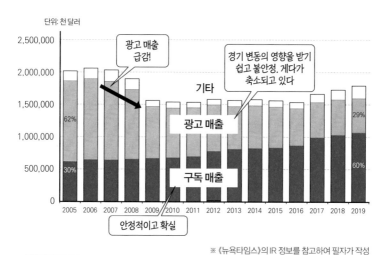

구독화에 성공한 《뉴욕타임스》

단위: 천 달러

※ 《뉴욕타임스》의 IR 정보를 참고하여 필자가 작성

넘어야 하는 장벽이 있다.

구독화의 힘 5
'물고기'를 삼켜라

디자이너용 소프트웨어를 제작하는 어도비는 정가 100만 원의
소프트웨어를 CD에 담아서 패키지로 판매해 왔는데, 2008년의
리먼브라더스 사태로 매출이 급감하자 '패키지 판매에는 미래가
없다.'라고 생각한 경영진이 구독화를 단행했다. 그러나 당시만

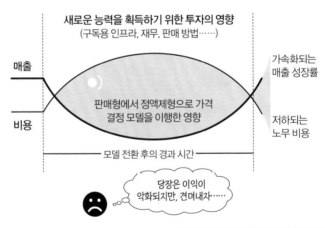

구독화로 전환할 때 모습을 드러내는 '물고기'

출처: 《구독과 좋아요의 경제학》(저자가 일부 추가)

$$ARR_{n+1} = ARR_n - Churn + ACV$$

n+1년도(이듬해) 시작 시점의 연간 반복 수익	**n년도 시작 시점의 연간 반복 수익**	**이탈(해약)**	**연간 계약 금액 신규 계약분의 금액**
	구독 사업을 위해 ARR의 일정 비율을 계속 투자한다	해약을 억제해 ARR의 감소를 방지하는 것이 중요	ACV를 늘리면 ARR도 증가한다
		① 고객 이탈을 방지한다	② 신규 계약을 획득한다

ARR: Annual Recurring Revenue(연간 반복 수익)
ACV: Annual Contract Value(연간 계약 금액)

※《구독과 좋아요의 경제학》을 바탕으로 필자가 일부 수정

해도 역사 깊은 소프트웨어 기업 가운데 구독화에 성공한 곳은 전무했다. 그림과 같은 '물고기'가 모습을 드러내기 때문에 누구도 구독화에 도전하지 않았던 것이다.

기존에는 소프트웨어 하나를 판매하면 100만 원의 매출을 올릴 수 있었다. 그러나 구독으로 전환하면 매출이 매달 2만~3만 원으로 급감한다. 게다가 구독화를 위해 제품·재무·판매 시스템을 바꾸는 비용이 들어가 수익이 악화된다. 경영진이 단기 이익을 지향할 경우 이 상황을 꺼려해 현상 유지를 계속하기 때문

에 구독화는 불가능하다.

그러나 어도비 경영진은 이 '물고기'를 삼키기로 각오하고 과감하게 구독화를 단행했다. 이에 따라 어도비의 업무는 크게 변화했다. 기존에는 점포 매출을 집계하면 그만이었지만, 구독의 경우는 매달 사용자 300만 명에게 구독료를 청구해야 한다. 또한 영업부는 단기 매출이 아니라 장기적인 수주에 힘을 쏟게 됐다. 그 결과, 구독화를 결정한 2011년에는 매출이 4조 5천억 원이었지만 3년 동안의 수익 침체기를 극복하자 2019년에는 매출이 10조 원을 돌파하기에 이르렀다.

구독의 장래 매출은 연간 반복 수익의 성장을 결정하는 공식(379페이지 도표)로 산출할 수 있다. 올해의 연간 반복 수익(ARR)에서 이탈(해약)을 빼고 연간 계약 금액(ACV)을 더하면 이듬해의 ARR이 된다. 다시 말해 구독에서는 ①고객 이탈 방지와 ②신규 계약 획득이라는 두 가지 대책을 통해 연간 반복 수익을 안정화시키고 증가시킬 수 있다. 이 가운데 고객 이탈 방지를 위한 구체적인 방법론이 다음의 [Book 40]에서 소개하는 고객 성공(Customer Success)이다.

구독은 고객의 이용 상황을 알 수 있기에 갑자기 고객이 보이기 시작한나. 높은 성확노의 고객 통잘(Customer Insight)을 입수할 수 있는 시대가 된 것이다. 사용자 1억 2,000만 명과 직접 연결되는 넷플릭스는 사용자가 어떤 콘텐츠에 관심을 갖는지 알 수 있기에 고객이 기대하는 콘텐츠를 만드는 데 연간 8조 원을 투자할 수 있다. 한편 홍보는 시청률에 거의 영향을 끼치지 않음을 알게 되어 중단했다.

서비스화가 진행되고 있는 현대 사회는 이 책에 적힌 방향으로 급속히 전환되고 있다. 어떤 업종에 몸담고 있든 꼭 읽어 봐야 할 책이다.

POINT

'구독'이 대세다. 기존 사업을 구독화하는 건 굉장히 높은 에너지를 요하는 일이다. 절치부심으로 기존 사업을 구독화해 보자. 고객과 직접 연결되어 보자.

Book 40

고객 성공

파는 것은 도착점이
아니라 출발점이다

《Customer Success: How
Innovative Companies Are
Reducing Churn and Growing
Recurring Revenue》

닉 메타 외
Nick Mehta

고객 성공 소프트웨어를 제공하는 게인사이트의 CEO. 적절한 인재를 모아서 고객, 거래처, 사원과 그 가족의 성공을 위한 최선의 체제를 만들고 있다. '다른 사람이 내게 해 줬으면 하는 것을 다른 사람에게 하라.'라는 황금률의 강한 신봉자이며, 깊은 배려심으로 사람들을 대한다. 이 책은 게인사이트의 창업자인 링컨 머피와 최고 크리에이티브 경영자인 댄 스테인만과의 공저다.

"저희 회사는 고객을 위해 최선을 다하고 있습니다."

어떤 기업이든 이렇게 말하지만, 이 책을 읽으면 해야 할 일이 아직도 산더미처럼 많음을 알게 될 것이다. [Book 39] 《구독과 좋아요의 경제학》에 나오는 구독 모델을 성공시키기 위한 열쇠는 고객 이탈의 방지인데, 고객의 이탈을 방지하기 위한 구체적인 방법이 이 책에서 소개하는 고객 성공(Customer Success)이다. 이것은 고객이 서비스를 사용할 때 발생하는 문제를 한발 앞서서 해결해 고객이 성과를 올릴 수 있도록 함으로써 고객 이탈을 막는다는 발상이다. 고객의 성공을 뒷받침하는 것이다. 이 일을 하는 직종도 고객 성공 또는 커스터머 석세스라고 불린다.

이 책은 고객 성공의 개념과 실천 방법을 소개한 바이블이다. 저자는 고객 성공 소프트웨어를 제공하는 게인사이트사의 CEO로, 고객 성공의 최전선에서 무슨 일이 일어나고 있는지 잘 아는 사람이다.

《구독과 좋아요의 경제학》의 저자인 티엔 추오도 이 책을 추천했다.

고객 이탈 방지를 위해서 탄생한 '고객 성공'

고객 성공은 세일즈포스사가 만들어 낸 개념이다. 세일즈포스사는 기업의 영업 활동을 지원하는 시스템을 클라우드상에서 구독형으로 제공하고 있다. 세일즈포스사를 이용하면 기업은 자사가 직접 IT 시스템을 보유하지 않아도 금방 시스템을 사용할 수 있다. 다른 회사에서 갈아타기도 간단하다. 이런 시스템의 편리함이 통해서 1999년에 창업한 뒤로 순조롭게 성장을 거듭했는데, 창업한 지 5년이 지났을 때 세일즈포스사는 자사 비즈니스 모델에 치명적인 결함이 있어서 이대로는 파멸이 기다리고 있을 뿐임을 깨달았다.

원인은 고객 해약률에 있었다. 당시 세일즈포스사 고객 해약률은 월 8퍼센트(연간 환산 96퍼센트)였다. 다시 말해 1년 동안 필사적으로 획득했던 신규 고객이 전부 해약을 하는 상황이었다. 상황이 이렇다 보니 아무리 열심히 영업을 해도 매출은 제로 성장이었다. '바닥에 큰 구멍이 뚫려 있는 통에 필사적으로 물을 붓고 있는 상태'임을 깨달은 것이다.

그래서 CEO인 마크 베니오프는 두 가지 지시를 내렸다.

"회사 차원에서 고객 해약률을 계측하고 철저히 줄이시오!"

"고객 성공팀을 만드시오!"

세일즈포스는 '고객이 성과를 올릴 수 있도록 온 힘을 다해서 지원하지 않는 한 회사의 미래는 없다.'라는 것을 몸으로 경험하고 고객 성공이라는 시스템을 만들어 낸 것이다.

'열심히 보살피는' 것이 일이다

고객 성공의 업무는 사용자가 서비스를 이용해서 성과를 낼 수 있도록 이 방법 저 방법을 동원해 세심하게 보살피는 것이다.

세일즈포스사는 기업의 영업 활동을 지원하는 시스템을 제공하고 있다. 고객이 원하는 것은 계약 성공의 증가다. 그래서 세일즈포스의 고객 성공 담당자는 먼저 고객과 '계약 성공률' 등의 목표를 정하고 그 목표를 달성하려면 소프트웨어를 어떻게 사용해야 할지 고객에게 제안한다. 그러나 사용자가 실제로 서비스를 사용하지 않는다면 목표 달성은 불가능하며, 그 상태를 방치하면 고객은 해약을 해 버린다.

그래서 세심한 보살핌을 시작한다.

이를테면 사용자의 로그인율과 데이터 갱신 빈도를 끊임없이 감시하고 사용 상황을 추적한다. 사용 상황을 알면 곤란을 겪고 있는 부분을 알 수 있으며, 한발 앞서서 적절한 사용법을 조언할 수도 있다. 항상 한발 앞서서 보살핌 서비스를 제공해 최대한으로 이용케 함으로써 해약을 방지할 뿐만 아니라 계약 갱신이나 추가 구매로도 연결시킬 수 있는 것이다. 서비스를 최대한으로 이용하는 사용자가 조금씩 늘어나면 매출도 점차 증가한다. 물이 새지 않는 컵이라면 한 방울씩 떨어지는 물로도 넘칠 만큼 물을 채울 수 있다.

잘못된 구독 서비스는 판매 후에 고객을 방치한다. 그 결과 고객은 해약한다. 말 그대로 소쿠리에서 물이 새는 상태다. 그런데 고객이 차례차례 해약하고 있다는 사실도 모르고 신규 고객 획득에 몰두한다. 그리고 '죽어라 일하는데 왜 매출이 떨어지는 거지?'라며 고민한다.

[Book 39]《구독과 좋아요의 경제학》에서 소개한 고급 핸드백 구독 서비스 라쿠사스는 고객 유지율을 가장 중시한다. 그래서 라인업을 강화하고 AI를 이용해 취향에 맞는 핸드백을 소개하는 등의 방법으로 고객 만족도를 철저히 추가해, 9개월 이상 이용하는 사용자의 고객 유지율이 95퍼센트 이상이라고 한다.

고객 성공과 비슷한 말로 고객 지원이 있는데, 양자는 전혀 다르다. 고객 지원은 '망가지는 고치는 것'으로, 문의나 요청에 부응하는 수동적인 업무다. 효율을 중시해서 한정된 인원수로 문의에 대응한다. 한편 고객 성공의 업무는 '고객의 성공을 실현하는 것'이다. 무슨 일이 일어날지 예측해 고객을 움직이는 능동적인 업무다. 고객의 성공을 중시하며, 계약 갱신이나 추가 구매를 추구한다. 그리고 고객의 평소 상황을 분석해서 해약을 예측해 미리 방지한다.

구독의 성패를 결정하는 '고객 성공'

※《고객 성공》을 바탕으로 필자가 작성

본래의 '감동 서비스'를 제대로 실현한다

고객 성공을 사내에 도입하려면 기존 사고방식을 바꿔야 한다.

기존의 영업 사원은 파는 것을 도착점으로 여겼다. 파는 데 성공하면 다음 고객에게는 어떻게 팔지 궁리하는 것이 우수한 영업 사원의 자세였다. 그러나 고객 성공은 팔았을 때가 시작이다. 고객을 철저히 돌봄으로써 계속 이용하게 하는 데 집중한다.

기업도 고객 성공의 기업 문화를 회사 전체에 확산시킬 필요가 있다.

영업 부문은 '닥치는 대로 팔아라.'라는 사고방식에서 '장기적으로 성공할 수 있는 고객 생애 가치가 높은 고객에게 판다.'라는 사고방식으로 진화해야 한다.

제조 부문은 '경쟁에서 이길 수 있는 상품을 개발하자.'라는 사고방식에서 '설치의 용이성과 사용의 편의성을 추구하며, 기존 고객의 유지를 최우선으로 삼자.'라는 사고방식으로 진화해야 한다.

서비스 부문은 '고객이 계약하면 서비스를 제공한다.'라는 사고방식에서 '고객의 문제를 신속히 해결해 계약의 갱신을 실현하자.'라는 사고방식으로 진화해야 한다.

이를 위해서는 최고 경영자의 명확한 메시지가 필요하다. 어떤 회사는 간부 평가 기준이 '신규 고객 획득'과 '갱신율'의 두 가지뿐이라고 한다. 그리고 간부 전원이 해약 방지에 온 힘을 기울이고 있다.

인터넷의 보급 덕분에 고객은 서비스를 자유롭게 선택하고 손쉽게 갈아탈 수 있게 됐다. 고객의 기대에 부응하지 못하는 기업은 금방 버려진다. 고객이 정말로 왕이 된 것이다. 이러한 현상이 온갖 업계에서 일어나고 있다. 그러나 두려워할 필요는 없다. 첨단 기술을 이용하면 왕이 무엇을 하고 있는지 볼 수 있는 시대이기도 하다. 바로 그 방법이 이 고객 성공이다.

일본인은 고객에 대한 '감동 서비스'를 중시해 왔는데, 지나치게 정신론으로 치우치는 경향이 있었다. 가령 온천 여관에 온 숙박객은 빨리 온천에 들어가고 싶은 마음으로 가득한데 '감동 서비스'라는 명목으로 종업원이 마실 차를 가져오기도 하고 여관 내에서 입을 전통 의복을 가져오기도 하면서 계속 객실을 드나든다. 수익을 도외시한 채 지나치게 품질에 집착하는, 그리고 때로는 고객을 생각하지 않는 '감동 서비스'인 것이다.

바람직한 모습은 올바른 고객에게 적절한 품질의 서비스를 제공하고 고객의 성공을 지원하는 것이다. 고객이 무엇을 바라고 있는지 파악하고 이해한 다음 첨단 기술을 활용해 고객의 성공을 실현시키는 것이 고객 성공이다. 고객 성공을 이해하고 현재의 문화에 맞춰 노입한나녠 잃어버린 본래의 '감동 서비스'를 되찾을 가능성도 높을 것이다.

첨단 기술을 비즈니스에 활용하는 데 부담감을 느끼는 사람도 많다. 그러나 첨단 기술의 벽을 뛰어넘는다면 고객을 소중히 여기는 문화가 자리 잡혀 있는 기업은 고객 성공의 사고방식을 문제없이 활용할 수 있을 것이다.

POINT

고객은 왕이다. 서비스는 감동적이어야 한다. 이것은 단순한 경구가 아니다. 고객은 정말로 왕이 되었다. 고객의 성공을 실현시키지 못하는 회사는 버려질 것이 분명하다. 시간문제다.

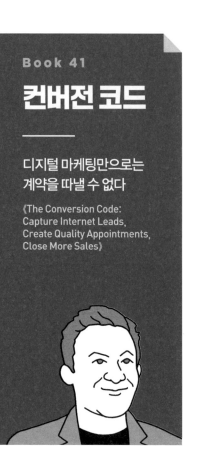

Book 41

컨버전 코드

디지털 마케팅만으로는
계약을 따낼 수 없다

《The Conversion Code:
Capture Internet Leads,
Create Quality Appointments,
Close More Sales》

크리스 스미스

Chris Smith

마케팅 컨설팅 회사인 큐레이터의 공동 창업자. 컨
버전 코드를 활용해 3년도 되지 않는 기간에 벤처
캐피털로부터 자금 조달도 없이 회사를 연간 경상
수익 500만 달러 이상으로 성장시켰다. 그 후에도
소셜 미디어, 디지털 마케팅, 영업 코칭을 통해 비즈
니스의 성장 가속을 지원하고 있다. 창업 전에는 시
가 총액 약 10억 달러의 상장 기업, 1억 800만 달러
에 인수된 스타트업 기업에서 근무한 경험이 있다.

어느 날, 회사에 영업 전화가 왔다.

"귀사의 인재 채용을 도와드리겠
습니다."

채용 계획은 없었기 때문에 정중
히 고사했다. 무작정 거는 영업 전
화는 상대방의 귀중한 시간을 빼앗

을 뿐만 아니라 성공률도 매우 낮다. 그래서 나는 '이 세상에서
영업 전화를 없앨 방법은 없는 걸까?'라는 생각을 자주 한다.

현대의 주류는 스마트폰 광고로 가망 고객을 발굴하는 디지
털 마케팅인데, 이 방법에도 한계가 있다. 한끝이 모자라서 좀처
럼 계약을 성사시키지 못하는 것이다. 저자는 "이때가 전화를 걸
타이밍이다."라고 말한다. 디지털 마케팅을 통해 발굴한 '지금

390

당장 저게 필요해.'라는 가망 고객으로 대상을 좁혀서 전화를 걸면 높은 확률로 계약을 성사시킬 수 있다는 말이다.

이 책에는 디지털 영업과 아날로그 영업을 연결하는 방법이 구체적으로 소개돼 있다. 저자는 이 책의 제목이자 방법론인 '컨버전 코드(Conversion Code)'를 만들어 내 성과를 올렸으며, 큐레이터사를 창업해 수많은 기업을 지원하고 있다. 이 책을 읽으면 디지털 마케팅으로 성과를 내기 위한 비결도 알 수 있다.

컨버전 코드 1
영업은 분업으로 진행한다

'가망 고객 발굴→약속 잡기→상담 후 계약 성공'을 혼자서 진행하는 영업 사원이 많은데, 각 과정마다 필요한 기술이 다른 까닭에 효율이 나쁘다. 자신이 잘하는 작업에 전념한다면 효율은 상승한다. 야구에서 '선발 투수→중간 계투→마무리 투수'로 이어 던지는 것과 마찬가지다.

선발 투수는 마케터다. 디지털 마케팅을 구사해 인터넷의 가망 고객을 발굴하고 키운다.

중간 계투는 어포인터다. 가망 고객이 문의를 하면 약속을 잡는다. 그러면 마무리 투수인 클로저가 가망 고객과 전화로 이야기를 나누고 계약을 양산한다.

어포인터와 클로저는 고객을 찾아가지 않고 전화나 화상 회의 등의 수단으로 가망 고객과 상담을 나눈다. 그들을 인사이드 세일즈라고 한다. '사내(인사이드)에서 영업(세일즈)을 하는 사람'이라는 의미다.

그렇다면 구체적으로 어떻게 진행하는 것일까? 오늘날에는 가망 고객을 인터넷에서 발굴한다. 그러므로 먼저 웹사이트를 만드는 것부터 시작한다.

그런데 여러분은 뭐가 뭔지 알 수 없는 웹사이트에 들어가면 금방 창을 닫아 버릴 것이다. 저자가 인터넷 검색을 하는 사람들

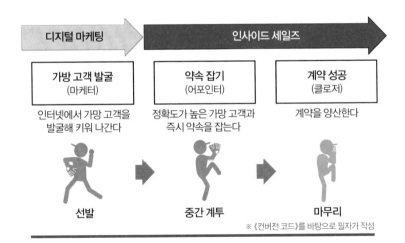

현대의 마케팅은 디지털과 전화로 양질의 계약을 양산한다

디지털 마케팅 → 인사이드 세일즈

가방 고객 발굴 (마케터)	약속 잡기 (어포인터)	계약 성공 (클로저)
인터넷에서 가망 고객을 발굴해 키워 나간다	정확도가 높은 가망 고객과 즉시 약속을 잡는다	계약을 양산한다
선발	중간 계투	마무리

※ 《컨버전 코드》를 바탕으로 필자가 작성

을 대상으로 조사한 바에 따르면, 사이트에 들어간 순간 '이 사이트는 글렀어. 신용이 안 가.'라고 느낀 이유는 디자인이 94퍼센트였으며 콘텐츠는 6퍼센트에 불과했다. 오늘날에는 훌륭한 웹 디자인이 비즈니스로 직결된다. 어느 정도 돈을 들이더라도 제대로 디자인을 할 수 있는 전문가에게 사이트의 제작을 의뢰해야 한다. 저자도 전문 웹 디자이너에게 웹사이트를 다시 만들게 한 결과 페이지뷰가 3배로 증가했다고 한다. 이처럼 웹사이트는 비용 대 효과가 매우 높다.

더 중요한 것은 랜딩페이지(Landing Page)다. 인터넷 광고를 클릭했을 때 표시되는 한 장의 웹페이지를 랜딩페이지라고 부른다. 가망 고객은 이곳에서 문의를 하고 상품을 구입한다. 가망 고객을 빠르게 획득하기 위한 지름길은 랜딩페이지 디자인을 개선하는 것이다.

문의 양식에 질문 항목이 많으면 상대는 그 시점에 포기해 버리므로 질문 항목을 최소화한다. 또한 분명하고 간결한 문장으로 상대에게 바라는 것을 알기 쉽게 적는다. 예컨대 "○○을 사용해 보십시오."보다 "지금 당장 무료 다운로드"가 더 낫다. 단추는 크고 밝은 색으로 눈에 잘 띄게 배치한다.

현대인은 성질이 급하다. 최근의 조사에 따르면, 사람은 8초 안에 관심을 느끼지 못하면 다른 곳으로 떠난다. 이것은 2000년보다 4초 짧아진 결과다. 뇌는 문장보다 시각적 이미지를 6만 배

더 빨리 처리한다. 그러므로 디자인에 철저히 신경을 써야 한다.

컨버전 코드 2
마케터는 페이스북에서 가망 고객을 키워 나간다

모두가 페이스북을 장시간 사용하고 있다. 오늘날 페이스북은 인터넷 그 자체다. 페이스북의 광고는 타깃 고객을 세밀하게 지정할 수 있으며, 타깃으로 삼은 고객의 눈앞에 아주 자연스러운 형태로 최적의 광고를 보여준다. 현시점에서 이런 광고 미디어는 페이스북밖에 없다.

구체적으로는 그림처럼 3단계의 광고를 세 종류의 타깃 고객에게 표시한다.

[제1단계] 콘텐츠 광고

목적은 가망 고객에게 브랜드를 인지시키고 신뢰를 얻는 것이다. 여기에서는 수가 중요하다. 폭넓은 가망 고객에게 광고를 표시한다. 페이스북 광고는 지역·연령·학력·소득·자산·세대구성·관심 분야 등 광고의 타깃을 상세하게 설정할 수 있다. 타깃 고객의 내락적인 수노 알 수 있다. 제1단계에서는 수십만 명에서 100만 명 규모의 타깃 고객에게 광고를 표시한다.

그런데 여러분은 어떤 사이트에서 상품 소개를 본 뒤로 페이

페이스북 광고로 가망 고객을 추적하고 타깃을 좁힌다

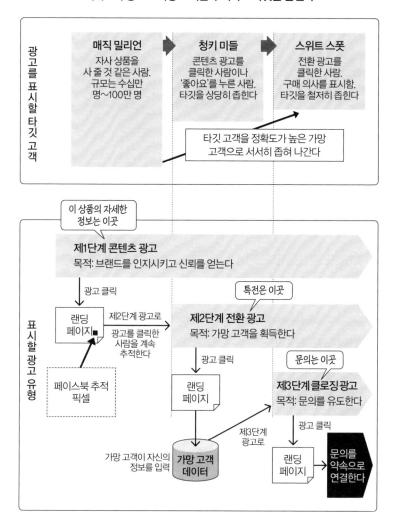

광고를 표시할 타깃 고객

매직 밀리언
자사 상품을
사 줄 것 같은 사람.
규모는 수십만
명~100만 명

청키 미들
콘텐츠 광고를
클릭한 사람이나
'좋아요'를 누른 사람.
타깃을 상당히 좁힌다

스위트 스폿
전환 광고를
클릭한 사람.
구매 의사를 표시함.
타깃을 철저히 좁힌다

타깃 고객을 정확도가 높은 가망
고객으로 서서히 좁혀 나간다

표시할 광고 유형

이 상품의 자세한
정보는 이곳

제1단계 콘텐츠 광고
목적: 브랜드를 인지시키고 신뢰를 얻는다

광고 클릭

랜딩
페이지

제2단계 광고로
광고를 클릭한
사람을 계속
추적한다

페이스북 추적
픽셀

특전은 이곳

제2단계 전환 광고
목적: 가망 고객을 획득한다

광고 클릭

랜딩
페이지

문의는 이곳

제3단계 클로징 광고
목적: 문의를 유도한다

광고 클릭

가망 고객이 자신의
정보를 입력

**가망 고객
데이터**

제3단계
광고로

랜딩
페이지

문의를
약속으로
연결한다

※ 《컨버전 코드》를 바탕으로 필자가 작성

스북에 그 상품 광고가 계속 표시되었던 경험이 없는가? 사실 그 메커니즘은 쉽게 만들 수 있다. 먼저 광고 랜딩페이지에 페이스북이 제공하는 추적 픽셀이라는 데이터를 심는다. 랜딩페이지를 본 사람은 상품에 흥미가 있는 사람이므로 추적 픽셀이 그들을 계속 추적해 광고를 표시하는 것이다.

[제2단계] 전환 광고

목적은 자사의 상품을 살 생각이 있는 가망 고객 획득이다. 소책자나 동영상 등을 선물해서 가망 고객의 환심을 사고, 등록하게 해서 고객 정보를 입수한다. 타깃 고객은 제1단계보다 좁힌다. 먼저 제1단계의 콘텐츠 광고를 클릭한 사람, 그리고 이 상품의 페이스북 페이지에 '좋아요'를 누른 사람도 추가한다.

[제3단계] 클로징 광고

목적은 구입·문의나 세미나 참가 등 구체적인 행동을 이끌어내는 것이다. 제2단계의 광고를 보고 문의를 한 스위트 스폿의 타깃 고객에게만 표시한다. 이 고객이 지속적으로 흥미를 갖게 하기 위해, 구입이나 문의를 할 때까지 콘텐츠 광고와 전환 광고, 클로징 광고를 계속 표시한다.

이와 같이 삼중의 그물을 쳐서 최종적으로 가망 고객이 문의를 하도록 유도하는 것이다. 그리고 가망 고객이 문의를 하면 인사이드 세일즈에게 인계한다.

컨버전 코드 3
문의가 오면 5분 이내에 전화를 건다

가망 고객이 문의를 하면 어포인터가 가망 고객에게 연락해서 약속을 잡고 클로징 전문 영업 사원에게 연결시킨다. 이때 중요한 것이 신속한 대응이다. 가망 고객이 문의를 하고 5분 이내에 전화를 걸었을 때 연락이 될 확률은 30분 후에 전화를 거는 경우의 100배다.

몇 번이고 계속해서 연락하는 끈질김도 중요하다. 첫 번째 연락에서는 가망 고객 48퍼센트가 연락을 받지 않지만, 여섯 번을 연락하면 93퍼센트가 연락을 받는다. 이것만으로도 안건의 수가 2배가 된다.

첫 번째 연락을 받지 않는다면 1분 후, 다음에는 10분 후, 30분 후, 3시간 후, 그리고 다음날에 다시 연락해야 한다. 그러나 저자가 기업을 상대로 조사한 바에 따르면 첫 번째 전화는 평균 3시간 8분 후였으며, 심지어 문의한 고객 중 47퍼센트에게는 한 번도 전화를 걸지 않았다. 황금 같은 기회를 살리지 못하고 있는 것이다. 여러분의 회사는 어떤가?

가망 고객이 문의를 했을 때 "○○씨, 안녕하십니까. ××에 등록해 주셔서 감사합니다. 지금 통화 가능할까요?"라는 문자 메시지를 자동 송신하는 것도 효과적이다. 이메일 수신함은 안 보는 사람도 많지만 문자 메시지는 볼 확률이 높기 때문이다.

여기에서는 문의를 한 가망 고객을 절대로 놓치지 말고 철저히 연락해 클로저에게 연결시킨다.

컨버전 코드 4
계약 성공을 이끌어내는 심층 질문

이제 드디어 클로저가 등장한다. 전화 상대는 어떤 시점에 개인 정보를 제공하고 연락을 기다리는 가망 고객이다. 약속도 잡지 않고 무작정 거는 영업 전화와는 전혀 다른 상황이다. 계약에 성공할 확률은 훨씬 높다.

저자에 따르면, 계약에 이르는 평균 전화 시간은 약 40분이라고 한다. 누구보다 일찍, 누구보다 길게 상대와 이야기를 나누면 계약에 성공할 수 있다. 그래서 필요한 것이 심층 질문이다. 저자는 "심층 질문도 하지 않고 계약을 성공시키는 것은 무리다."라고 말한다. 상대의 상황에 순수하게 흥미를 갖고, 상내의 이야기를 귀 기울여 들으며 메모를 해야 한다.

대화는 상품의 특징과 상대의 편익(Benefit)이 연결되도록 구성한다. 예를 들면 "제품·서비스는 이러이러합니다. 그러므로 귀사에는 이런 형태로 이익이 될 것입니다."와 같은 식이다. 이 때 중요한 점은 열의를 담아서 이야기하는 것이다. '상대에게 도움이 되고 싶다.'라고 진심으로 생각하면서 이야기하면 열의가 담긴다. 인사이드 세일즈의 전문가는 상대의 기대를 조금씩 높이면서 그 기대가 판매할 상품의 가격보다 높아지는 순간을 파악한다. 영업에서는 감정이 중요하기에 디지털 마케팅에만 의지하지 않고 전화로 이야기할 필요가 있는 것이다.

이 책은 내게도 많은 공부가 됐다. 만든 지 오래된 회사의 홈페이지를 내가 직접 다시 만들려고 생각하고 있었는데, 이 책을 읽고 '전문가에게 외주를 주자.'고 생각하게 되었으며 개선할 점도 다수 발견할 수 있었다.

또한 이 책은 전화 영업이 전제이지만 온라인 영업이나 대면 영업에서 활용할 수 있는 힌트도 많이 담겨 있다.

이 책이 집필된 시점인 2016년 이후로 상황이 변한 부분도 있다. 디지털 마케팅의 세계에서는 하루가 다르게 새로운 수법이 탄생하고 있다. 그리고 한편으로는 추적 픽셀에 대해 "다른 사이트에서 본 상품의 광고가 따라다니는 게 왠지 불쾌해."라고 말하는 사람도 늘어났다. 페이스북은 변함없이 이용되고 있고 광고 효과도 높지만, 여론의 역풍은 점점 강해지고 있다.

그러나 아날로그 영업과 디지털 영업을 연결한다는 발상을 제시한 이 책은 노하우의 보물 창고다. 변화가 극심한 디지털 마케팅이기에 더더욱 이 책의 발상을 이해해 뒀으면 한다.

POINT

온라인과 디지털을 이용해 가망 고객을 최대한 키워 내라. 그런 뒤에는 인사이드 세일즈를 도입하라. 이것이 확실한 수확의 왕도다.

Chapter 6

시장과 고객
Market and Customers

21세기에 들어선 지 오래다. 세상은 크게 변화했다. 그러나 아직도 인간은 세상을 있는 그대로 이해하지 못한다.
인간의 인지 능력에 한계가 있다. 게다가 요즘에는 예상치 못했던 사건들이 막대한 영향을 행사하고 있다. 앞으로도 커다란 변화가 계속될 것이다.
여기에서는 앞으로의 시장과 고객을 이해하는 데 도움을 주는 필독서 4권을 소개한다.

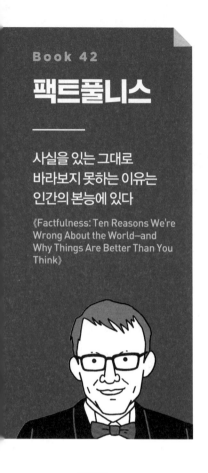

Book 42

팩트풀니스

사실을 있는 그대로
바라보지 못하는 이유는
인간의 본능에 있다

《Factfulness: Ten Reasons We're
Wrong About the World—and
Why Things Are Better Than You
Think》

한스 로슬링 외
Hans Rosling

한스 로슬링은 의사이며 글로벌헬스 연구소 교수이자 교육자였다. 세계 보건 기구와 유니세프의 고문을 맡았고, 스웨덴 국경 없는 의사회와 갭마인더 재단을 설립했다. 《타임》지가 선정한 '세계에서 가장 영향력 있는 100인'에 선정되었으며, 그의 TED 강연은 3,500만 회 이상 재생됐다. 2017년에 타계했다. 이 책은 아내인 안나 로슬링 뢴룬드, 아들인 올라 로슬링과의 공저다.

우리는 사실에 입각해서 생각한다고 생각하지만 의외로 그러지 못하고 있다. 이 책의 저자인 한스 로슬링은 강연회에서 이런 질문을 했다.

[질문]

"현재 세계에는 15세 미만의 아동이 20억 명 있습니다. 유엔의 예측에 따르면 서기 2100년에는 몇 명이 될까요?"

① 40억 명 ② 30억 명 ③ 20억 명

※ 정답은 후술한다.

무작위로 고르더라도 정답률은 33퍼센트이지만, 전 세계의 정답률은 평균 9퍼센트에 그쳤다. 머리가 좋은 사람들인 다보스 포럼 참석자들의 정답률도 26퍼센트에 불과했다. 이러한 상황은 다른 질문에 대해서도 크게 다르지 않았다. 훌륭한 정치가, 경영자, 관리자도 잘못된 지식으로 생각하며 문제를 해결하려 한다. 이 책은 사람이 사실을 있는 그대로 바라보지 못하는 근본적인 원인을 해명해 세계적인 베스트셀러가 됐다.

의사로서 미국의 의료 현장에서 바이러스로 인한 전염병 대책에 힘을 쏟던 저자 한스 로슬링은 선진국의 지원책이 사실을 제대로 파악하지 못하고 있다는 현실을 알게 됐다. 이 일을 계기로 '세상의 많은 문제는 사람들의 인지 부족이 원인이다.'라고 생각하게 되었고, 사실에 입각해서 세상을 바라보는 방법[팩트풀니스(Factfulness)]을 확산시키는 활동을 시작했다. 그리고 아들 올라, 아내 안나와 함께 이 활동을 정리한 것이 이 책이다.

사람이 사실에 입각해서 세상을 바라보지 못하는 원인은 공부 부족이 아니다. 그 원인은 인간의 본능에 있다. 우리의 뇌에는 수렵 시대의 선조들에게 필요했던 본능이 심어져 있다. 위험을 순간적으로 판단하고 회피하는 것도 그런 본능 덕분이다. 본능은 오늘날을 살아가는 데도 필요하지만, 모든 것을 본능에 맡기면 있는 그대로의 세상을 바라보지 못하게 된다.

이 책은 열 가지 본능과 그 대책을 소개하고 있다. 마케팅에서도 사실에 입각해서 시장과 고객을 이해할 필요가 있지만, 잘못

이해해서 실패하는 경우도 많다. 그래서 이 책에 소개된 열 가지 본능과 그 대책 가운데 마케팅에 도움이 될 네 가지를 마케팅 사례로 치환해 소개하려 한다.

인식 본능 1
두 개의 그룹으로 나누고 싶어 하는 '간극 본능'

'결국 인간은 두 종류밖에 없어. 좋은 사람과 나쁜 사람.'

이와 같이 사람은 사물이나 사람들을 서로 대립하는 둘로 나누고 싶어 한다. 이것이 간극 본능이다.

타깃 고객을 생각할 때도 간극 본능이 모습을 드러낸다. 이를테면 '중·저소득자를 타깃으로 삼는 패션=고소득자는 사지 않는다.'라고 생각한다. 그러나 고소득자도 유니클로를 애용한다. 시장에는 다양한 사람이 존재하며, 모두가 다르다. 숫자는 중요하지만 수입 등의 평균값만으로 분류하면 고객 다양성이 보이지 않게 된다. 현장에서 실태를 세심하게 관찰해야 한다.

일본 최대 크래프트 맥주 제조사인 야호 브루잉은 새로운 맥주 '수요일의 고양이'를 만들 때 먼저 고객의 구체적인 인물상(페르소나)을 그렸다.

'30세 전후의 여성. 독신 또는 기혼. 자녀는 없다. 도큐 도요코선 또는 도쿄메트로 히비야선의 역세권에 거주. 패션과 소지품에 까다롭다. 책임 있는 위치에서 업무를 척척 처리해 내며, 집에 돌아오면 술을 마시며 있는 그대로의 자신으로 돌아간다. 그것이 다음날의 활력.'

여기에서 샴푸 광고에 나올 것 같은 세련되고 자립한 리더층 여성을 타깃 고객으로 가정하고 '능력 있고 세련된 여성이 일을 마치고 오프타임에 자신을 리셋하는 맥주'라는 콘셉트를 생각했다. 실제로 능력 있고 세련된 여성에게 어떤 때 술을 마시고 싶은지 물어보니 "일주일의 딱 중간인 수요일에 한숨 돌리면서 마시고 싶다."라는 대답이 많았고, 좋아하는 것은 '고양이'였다. '수요일의 고양이'라는 상품명은 여기에서 탄생했다.

누구도 싫어하지 않는 상품은 동시에 '열렬히 좋아하는' 사람도 없는 상품이다. 찬반양론이 벌어지더라도 20~30퍼센트의 사람이 '열렬히 좋아하는' 상품이야말로 큰 사랑을 받는다. 실제로 '수요일의 고양이'는 발매된 지 수년이 지난 지금도 매출이 성장하고 있다.

인식 본능 2
직선적 증가가 계속되리라고 믿는 '직선 본능'

제2차 세계 대전이 끝나고 수십 년 동안, 사람들은 '일본의 땅값은 영원히 오를 것이다.'라고 믿었다. 그러나 그 후 땅값은 크게 폭락했고, 일본 전체가 장기간의 불황에 빠지는 계기가 됐다. 이처럼 많은 사람은 '직선적인 증가는 계속될 것이다.'라고 생각해 버리는데, 이것이 직선 본능이다.

앞에서 소개한 "현재 세계에는 15세 미만의 아동이 20억 명 있습니다. 유엔의 예측에 따르면 서기 2100년에는 몇 명이 될까요?"라는 문제의 답은 'C 20억 명'이다. 인구도 폭발적으로 증가하고 있다고 생각하기 쉬운데, 현실에서 아동의 수는 최근 20년 사이 그다지 변화하지 않았다. 인구 문제 전문가들은 세계 인구가 100~120억 명에서 안정될 것으로 예측하고 있다. 이것은 일급 기밀 같은 것이 아니라 유엔이 공식적으로 발표한 사실이다.

현실에서 직선적인 증가가 계속되는 일은 거의 없다. 무슨 일이든 어딘가에서 S자 곡선을 그리게 되며, 정점을 찍은 뒤 하락한다. 이것은 전략에서 시장의 성장을 생각할 때도 중요하다.

내가 IBM의 마케팅 책임자였을 때 담당했던 콜센터 업계는 당시 10년 가까이 연간 수십 퍼센트의 고성장을 계속하고 있었다. 그러나 어떤 시점에 거의 모든 영업 안건이 갑자기 연기 혹은 중지되었다. 대기업이 투자 대비 효과를 일제히 재검토한 결과 시장 성장이 멈춘 것이다. 그리고 반년 후, 시장 조사 기관이 "시장의 성장이 횡보 상태에 접어들었다."라고 발표했다.

시장의 변화를 다른 회사보다 먼저 파악한 덕분에 나는 새로

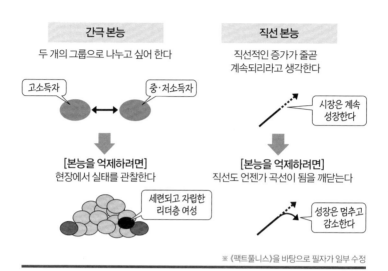

잘못된 판단으로 이끄는 본능①

간극 본능
두 개의 그룹으로 나누고 싶어 한다

고소득자 ↔ 중·저소득자

[본능을 억제하려면]
현장에서 실태를 관찰한다

세련되고 자립한
리더층 여성

직선 본능
직선적인 증가가 줄곧
계속되리라고 생각한다

시장은 계속
성장한다

[본능을 억제하려면]
직선도 언젠가 곡선이 됨을 깨닫는다

성장은 멈추고
감소한다

※ 《팩트풀니스》을 바탕으로 필자가 일부 수정

운 마케팅 전략을 책정, 실행해 성과를 올릴 수 있었다. 항상 시장을 주의 깊게 관찰해서 일찌감치 변화를 간파해 내면 반대로 기회를 잡을 수 있는 것이다.

인식 본능 3
매사에 선입견을 적용하는 '일반화 본능'

'정치인은 전부 거짓말쟁이야.', '요즘 젊은이들은 인내심이 없어.'

이런 생각을 하기 쉬운데, 실제로는 성실한 정치가도 결코 적지 않으며 끈질기게 노력하는 젊은이도 많다. 그러나 사람은 깊게 생각하지 않고 사물을 일반화해 온갖 상황에 적용하려 한다. 이것이 일반화 본능으로, 쉽게 말해 선입견이다. 효율적인 사고로 이어지는 이점도 있지만, 틀린 일반화를 하면 사물을 올바르게 이해하지 못하게 된다.

유니참은 2000년에 인도네시아에서 유아용 기저귀를 판매했다. 처음에는 프리미엄 제품을 판매해 나름대로 잘 팔리기는 했지만 시장 점유율은 증가하지 않았다. 가격이 현지 제조사의 두 배로 너무 비쌌던 것이다. 그래서 중·저소득자가 구입할 수 있는 저가 제품을 투입하기로 결정했다. 그러나 고품질과 저가격은 서로 모순된다. 해결의 실마리는 없는 것일까?

이에 담당자가 일반 가정 200곳을 방문해 기저귀를 어떻게 사용하는지 관찰했는데, 그 결과 기존 상식이 전혀 통하지 않는다는 사실을 알게 됐다. 당시 인도네시아 가정은 바닥에 기저귀를 갈 수 있는 청결한 장소가 적었기 때문에 아기를 세운 채로 팬티형 천 기저귀를 채웠던 것이다. 그래서 기본 기능만 남기고 추가 기능은 전부 없앤 저렴한 가격의 팬티형 종이 기저귀를 개발했다. 또한 당시 인도네시아에서는 기저귀를 묶음으로 구매하지 않았다. 종이 기저귀는 개별 포장이 선호됐다. 개별 포장한 기저귀를 점두에 진열하면 어머니들이 시험 삼아 한 개만 사서 외출했을 때 등에 사용하는 것이 가능해진다.

그 결과 인도네시아의 종이 기저귀 사용률은 30퍼센트에서 50퍼센트로 상승했고, 유니참의 점유율은 65퍼센트가 됐다. 현장에서 고객을 철저히 조사해 일반화를 피한 것이다.

'뭔가 이상한데……'라는 생각이 들었다면 '상대에게는 그렇게 해야 하는 이유가 있을 거야.'라고 생각하며 호기심을 품고 조사해야 한다. 그러면 고객의 진실에 다가갈 수 있다.

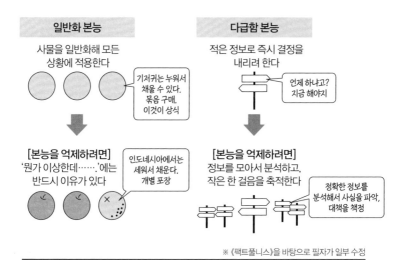

잘못된 판단으로 이끄는 본능②

일반화 본능

사물을 일반화해 모든 상황에 적용한다

기저귀는 누워서 채울 수 있다. 묶음 구매. 이것이 상식

[본능을 억제하려면]
'뭔가 이상한데……'에는 반드시 이유가 있다

인도네시아에서는 세워서 채운다. 개별 포장

다급함 본능

적은 정보로 즉시 결정을 내리려 한다

언제 하냐고? 지금 해야지

[본능을 억제하려면]
정보를 모아서 분석하고, 작은 한 걸음을 축적한다

정확한 정보를 분석해서 사실을 파악, 대책을 책정

※ 《팩트풀니스》을 바탕으로 필자가 일부 수정

적은 정보로 즉시 결정을 내리는 '다급함 본능'

'언제 하냐고? 지금 해야지.', '즉단즉결'……. 이런 사고방식이 다급함 본능을 끌어낸다. 다급함 본능은 사람의 몸속에 배어 있다. 숲에서 커다란 곰이 나타났을 때 생각한 다음에 도망쳐서는 잡아먹히고 만다. 생각하기 전에 도망쳐야 한다. 그러나 현대 사회의 문제는 복잡하다. 어중간한 분석으로 즉시 결정을 내리고 실행하면 큰 피해를 볼 수 있다.

일본의 온라인 쇼핑몰인 조조타운은 2017년에 체형 데이터를 자세히 측정할 수 있게 해 주는 바디 슈트인 '조조 슈트'와 그 측정 데이터를 활용해 체형에 딱 맞는 정장을 만드는 새로운 자사 브랜드 '조조'를 대대적으로 발표했다. '더욱 세분화한 사이즈를 준비해서 시착해 볼 필요도 없이 상품을 고를 수 있도록 한다면 새로운 시장을 만들어낼 수 있을 것'이라고 생각한 것이다. 또한 사용자 조사를 실시해 고객의 니즈도 검증했다.

- 정장을 살 때 사이즈가 맞느냐 맞지 않느냐는 중요하다. → 98퍼센트
- 인터넷에서 옷을 살 때 사이즈가 맞을지 알 수 없어서 구매를 포기한 적이 있다. → 89퍼센트
- 똑같은 S·M·L 표기여도 사이즈가 다른 것에 불만을 느낀 적이 있다. → 89퍼센트

- 시착을 해 보는 것이 귀찮다. → 58퍼센트

조조슈트는 커다란 반향을 불러일으켰다. 100만 명이 넘는 고객의 시착 데이터가 모였다. 새로운 브랜드인 조조의 주문량도 많았다. 그러나 생각지 못한 장애물이 나타났다. 생산 공정과 품질에서 문제가 발생하면서 납기가 지연됐다. 이에 따른 적자 총액은 1,250억 원에 이르렀다. 새 브랜드를 런칭하고, 방대한 여러 사이즈를 준비했으며, 조조슈트를 배포하는 등 한꺼번에 일을 크게 벌였다가 실패한 것이다.

조조는 이 실패에서 '하이 리스크 하이 리턴으로 만루 홈런을 노리다 큰 적자를 냈다. 처음에는 안타를 노리며 수지를 맞추는 것을 목표로 삼아야 한다.'라는 교훈을 얻었다. 그 일환으로 발 사이즈를 측정할 수 있는 조조매트를 배포했다. 측정 데이터를 이용해 조조가 취급하는 기존 브랜드의 구두를 추천하는 서비스다. 구매자로부터 "종이 한 장과 스마트폰으로 발 사이즈를 간단하고 정확하게 측정할 수 있다니 대단해!", "추천한 구두를 샀는데 전혀 발이 아프지 않았어!"라는 호평을 받고 있다. 이처럼 다급함 본능을 억누르기 위해서는 작은 한 걸음을 내딛는 것이 중요하다.

사실에 입각해서 세상을 이해하는 데 필요한 것은 겸손함과 호기심이다. 겸손해지면 마음이 편해진다. 호기심이 있으면 새로운 정보를 적극적으로 찾고 자신과 성향이 맞지 않는 정보도 받아들일 수 있게 된다. 자신의 잘못에 관심을 가지면 깨닫지 못했던 사실을 이해할 수 있게 된다.

오늘날에는 기존의 상식도 10~20년만 지나면 시대착오적 발상이 된다. 과거의 상식을 갱신하지 않은 채 일하는 사업가가 많은데, 현실에서는 새로운 상식을 의외로 쉽게 입수할 수 있다. 이《MBA 마케팅 필독서 45》도 최근 10~20년 사이에 크게 바뀐 새로운 마케팅 상식의 전체상을 파악할 수 있도록 정리한 책이다.

자신의 생각이 세상의 현실과 정반대라면 아무리 애를 써도 성과를 낼 수 없다. 먼저 겸손해지며, 호기심을 갖고 사실을 알려 하는 것부터 시작하기 바란다.

POINT

인간은 본능 때문에 사실에 입각해 세상을 바라보지 못한다. 사실에 입각해서 시장과 고객을 이해할 수도 있지만 인간의 본능에 입각해 시장과 고객을 이해해 보자.

니시우치 히로무
西內啓

도쿄대학교 의학부(생물 통계학 전공)를 졸업했다. 이후 도쿄 대학교 대학원 의학계연구과 의료커뮤니케이션학 분야의 조교수와 대학병원 의료정보네트워크 연구센터 부센터장 등을 거쳤으며, 현재는 데이터를 바탕으로 사회에 이노베이션을 일으키기 위한 프로젝트에서 조사, 분석, 시스템 개발과 전략 입안을 컨설팅하고 있다. 저서로는 《빅데이터를 지배하는 통계의 힘: 실무 활용편》 등이 있다.

Book 43

빅데이터를 지배하는 통계의 힘

통계 리터러시가 없으면 자신도 모르는 사이에 큰 손해를 본다

《統計学が最強の学問である》

브래드 피트 주연의 〈머니볼〉은 정말로 재미있는 영화다. 스몰마켓 메이저리그 구단이 새로운 통계 기법을 구사해서 승리 공헌도에 비해 낮은 평가를 받는 저연봉 선수들을 발굴, 저예산으로 우승 경쟁에 뛰어드는 이야기다. 읽고 쓰는 능력을 리터러시(Literacy)라고 하는데, 통계 리터러시가 있으면 이처럼 비즈니스의 승률을 높일 수 있다. 반대로 통계 리터러시가 없는 사람은 손해를 본다. 마케팅의 경우도 통계 리터러시를 익혀서 엑셀을 활용하면 큰 힘이 된다.

통계학에 관한 책은 내용이 어려운 경우가 많은데, 이 책은 매

우 이해하기 쉬우면서 포괄적인 내용을 담고 있어 통계학 관련 서적으로는 드물게 베스트셀러가 됐다. 저자는 도쿄 대학교 의학부와 동 대학원 의학계 연구과의 조교수를 거쳐, 현재는 분석 서비스를 제공하는 회사의 이사로 활약하고 있다.

빅데이터 핵심 포인트 1

시청률에서 소수점 이하는 의미가 없다

2019년 럭비 월드컵의 일본 대 남아프리카 경기는 일본에서 뜨거운 관심을 불러 모았다. 간토 지역 시청률은 41.6퍼센트였는데, "방송을 보셨습니까?"라는 질문을 직접 받은 사람은 아마도 없을 것이다. 시청률은 모든 세대를 조사하는 것이 아니라 무작위로 선정된 세대를 표본 조사하는 방식이기 때문이다.

간토 지역에서는 2,700세대를 조사한다. '아니, 간토에는 4,000만 명이나 되는 사람이 사는데 고작 2,700세대를 조사한다고?'라고 생각하겠지만, 어느 정도의 오차를 허용한다면 2,700세대로도 통계학을 이용해 진정한 시청률을 추정할 수 있다. 이 오차의 범위를 나타내는 지표가 표준 오차와 95퍼센트 신뢰 구간이다. 95퍼센트 신뢰 구간이란 다음의 그림처럼 '진짜한 값은 95퍼센트의 확률로 이 범위 안에 있습니다.'라는 범위를 의미한다.

'일본 대 남아프리카 경기' 95퍼센트 신뢰 구간은 39.7~43.5 퍼센트다. 의외로 범위가 넓은데, 사실 시청률에서 소수점 이하를 비교하는 것은 거의 의미가 없다.

오차를 줄여서 정확도를 높이고 싶을 때는 표본 수를 늘리면 된다. 정확도를 두 배로 높이려면 표본 수는 4배가 필요하다. 간토 지역이라면 1만 800세대다. 물론 비용도 4배가 된다. 이와 같이 통계 리터러시의 첫걸음은 '오차'의 개념을 이해하는 것이다.

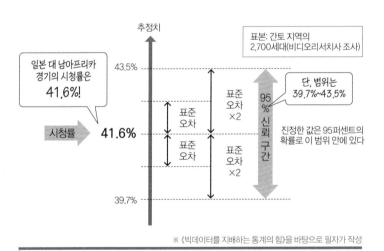

통계 리터러시의 첫걸음은 '오차'의 개념을 이해하는 것

추정치

표본: 간토 지역의 2,700세대(비디오리서치사 조사)

일본 대 남아프리카 경기의 시청률은 **41.6%**!

43.5%

단, 범위는 39.7%~43.5%

표준 오차 ×2

95% 신뢰 구간

진정한 값은 95퍼센트의 확률로 이 범위 안에 있다

시청률 ▶ **41.6%**

표준 오차

표준 오차

표준 오차 ×2

39.7%

※ 《빅데이터를 지배하는 통계의 힘》을 바탕으로 필자가 작성

'그러니까 그게 무슨 의미지?'라는 안타까운 분석

비즈니스 현장에는 '그러니까 그게 무슨 의미지?'라는 안타까운 분석이 많다. '판촉 캠페인 평가 보고서'라며 이런 데이터를 제시하는 마케터가 있다.

> Q. 당신은 과거 1개월 사이 저희 회사가 실시한 ○○캠페인의 광고를 본
> 적이 있습니까?
>
> 봤다……8%   아마도 봤을 것이다……38%
>
> 모르겠다……41%   보지 않았다……13%
>
> (상품 구매 후의 설문 조사 결과를 집계)

→ "부장님! 절반에 가까운 46퍼센트의 인지율을 획득했습니다! 판촉은
성공입니다!"

마케팅 현장에서 볼 수 있을 법한 광경인데, 이것이 '그러니까 그게 무슨 의미지?'인 상황이다. '광고는 잘 알고 있지만 항상 다른 상품을 산다.'라는 사람은 많다. 많은 사람이 판촉 캠페인을 알고 있더라도 '구매'라는 행동으로 이어지지 않는다면 의미가 없다. 일면만을 들여다본 단순 집계가 무의미하다는 것은 이런 사례를 생각해 보면 금방 이해할 수 있다.

"심근 경색으로 사망한 일본인 95퍼센트 이상이 생전에 이 음

식을 먹었습니다. 흉악범 70퍼센트 이상이 범행 전 24시간 이내에 이 음식을 먹었습니다. 이 음식을 금지해야 할까요?"

이 음식은 '밥'이다. 일면만을 들여다본 단순 집계로는 '흰쌀밥 금지'라는 멍청한 결론이 나올 수 있다. 정말 필요한 것은 '충분한 데이터로 적절한 비교를 하는 것'이다.

빅데이터 핵심 포인트 3
'무작위 비교 시행'으로 인과관계를 알아낸다

'광고 효과'에 관한 분석으로서 이런 사례를 생각해 보자.

Q. 당신은 과거 1개월 사이 저희 회사의 광고를 본 적이 있습니까?

상품 구입자(100명)	봤다…62%	보지 않았다…38%
상품 비구입자(200명)	봤다…21%	보지 않았다…79%

이 분석에서는 '광고를 본 사람은 상품을 구입하고 있다.'라는 인과관계를 해석할 수 있다. 인과관계란 'A가 발생하면→B가 발생한다.'라는 관계를 의미한다. 그러나 '상품을 구입했기 때문에 광고를 보게 됐다.'라는 반대의 인과관계로도 해석할 수 있다.

그래서 인과관계가 있는지 없는지 분석할 때는 무작위 비교 시행을 활용한다. 이것은 [Book 28]《꽂히는 광고》에서도 소개했듯이 A/B 테스트라고도 부른다. '현대 통계학의 아버지'로 불리는 로널드 피셔는 1920년대에 세계 최초로 무작위 비교 시행을 실시했다. 영국 신사와 부인 몇 명이 홍차를 즐기고 있는데, 한 부인이 "'홍차를 먼저 따른 밀크티'와 '우유를 먼저 따른 밀크티'는 맛이 전혀 다르기 때문에 금방 알 수 있답니다."라고 말했다. 그 자리에 있었던 신사들은 '홍차와 우유는 일단 섞으면 화학적 성질은 변하지 않는다.'가 상식이었기 때문에 이 이야기를 웃고 넘겼다.

그러나 피셔는 "그러면 실험을 해 볼까요?"라고 제안했다. 찻잔 여러 개를 나란히 놓고 부인에게 안 보이는 장소에서 순서를 바꿔 탄 홍차를 네 잔씩 합계 여덟 잔 준비했다. 그리고 무작위 순서로 부인에게 밀크티를 마시게 한 다음 답을 적게 했는데, 부인은 전부 정답을 맞혔다고 한다. 여덟 개 중에서 네 개를 고르는 방법은 70가지다. 전부 맞힐 확률은 70분의 1이므로 약 1.5 퍼센트다. 이 정도의 확률이라면 '그 부인은 밀크티의 맛을 식별할 수 있다.'라고 생각하는 것이 자연스럽다.

2003년에 영국 왕립 화학 협회에서 발표한 '완벽한 홍차 한 잔을 타는 법'이라는 언론 보도 자료를 보면, '우유 단백질은 섭씨 75도 이상이 되면 변질된다. 먼저 우유를 따르고 다음에 홍차를 부어서 변질을 방지해야 한다.'라는 내용이 있다. 신사들은 과학적으로 틀린 상식을 가지고 있었던 듯하다.

이 방법은 비즈니스에서도 활용이 가능하다. 어떤 통신 판매 회사의 담당자가 '재봉틀을 두 대 사면 10퍼센트를 할인해 주는 캠페인을 하면 어떨까?'라고 생각했다. 상식적으로 생각하면 '재봉틀은 한 집에 한 대만 있으면 충분하기 때문에 두 대를 사는 일은 있을 수 없다.'라며 비웃겠지만, 이 회사는 판촉 캠페인을 실시할 때 복수의 안을 A/B 테스트를 무작위로 시험해 보고 있었다. 회의에서 갑론을박을 벌이기보다 '일단 빠르게 시험해 보고 아니다 싶으면 철회한다.'라고 생각하는 편이 빠르고 합리적이다. 실제로 A/B 테스트를 해 보니 고객 1명당 매출이 3배가 되는 성공적인 캠페인임이 확인됐다. 캠페인을 본 고객들이 '마음에 드는 재봉틀을 10퍼센트 할인된 가격에 판다고?'라며 이웃이나 친구에게 이야기해 공동 구매를 했던 것이다.

현대에는 웹사이트를 이용하면 저렴한 비용으로 무작위 비교 시행을 실시할 수 있다. 일단 무작위화해서 정기적으로 평가하면 빠르고 저렴하게 확실한 답을 얻을 가능성이 높은 것이다.

빅데이터 핵심 포인트 4
통계학은 만능이 아니다.
하지만 생산적이지 않은 논쟁을 피할 수 있다

여기에서는 이 책에 나오는 통계의 기본 개념 부분을 중심으로 소개했다. 이 책에서는 여기에서 더 나아가 회귀분석이나 중회귀분석 등의 통계학을 사용자의 눈높이에서 알기 쉽게 소개한다.

한편으로 통계학은 만능이 아니다. 가령 A/B 테스트에서는 비교할 A와 B 이외의 조건을 동일하게 만들어야 하는데, 현실 세계는 그런 상황이 매우 적기 때문에 엄밀하게 A/B 테스트를 실시하기는 어렵다(웹사이트처럼 방대한 수의 표본을 얻을 수 있다면 A/B 테스트는 유용하다). 또한 통계학에는 '한정된 조건에서만 효과가 있는 방법이다.'라는 비판도 있다. 자세한 내용은 [Book 44]《블랙 스완》에서 소개하겠다.

그러나 통계학은 효과가 있는 분야에서는 큰 힘을 발휘한다. 일본에는 정보를 경시하는 분위기가 있다. 경험이나 감에만 의지해 생산성 없는 토론을 하는 경우도 많다. 예를 들어 텔레비전에 출연한 평론가는 실업 문제에 관해 "열심히 노력하는 사람이 보답을 받는 사회를"이라는 감정에 호소하는 발언을 한다. 그러나 실업 문제에 관해서는 이미 수많은 통계 분석이 있다. 통계 리터러시를 배우고 인터넷상에 공개된 논문을 검색해 보면 '직업 훈련이나 일자리 찾기 지원, 기업에 대한 고용 보조금이 고용 대책에 효과적'임을 알 수 있다. 조금만 조사해 보면 건설적인 논의가 가능한 것이다.

정보를 올바르게 다루는 기초 능력을 키우기 위해서도 이 책의 내용을 꼭 파악해 두기 바란다.

POINT

통계 리터러시가 만능은 아니다. 하지만 승률을 분명히 높인다. 숫자에 약하다면, 통계 숫자들을 이해하고 인식하는 적절한 방법만 알고 있어도 보다 효율적이고 확실하게 정답에 도달할 수 있음을 기억하자.

Book 44

블랙 스완

커다란 영향을 끼치는
'예상 밖의 사태'에
어떻게 대응해야 할까?

《The Black Swan: The Impact
of the Highly Improbable》

나심 니콜라스 탈레브
Nassim Nicholas Taleb

문예 평론가, 실증주의자이며 비정한 금융 파생 상품 트레이더. 레바논의 그리스 정교회 가정에서 태어났으며, 와튼스쿨에서 MBA를 수료하고 파리대학교에서 박사 학위를 취득했다. 트레이더로 근무하며 가운데 뉴욕대학교의 쿠란트 수리과학연구소에서 리스크 관리를 위한 확률론 응용을 가르쳤다. 매사추세츠공과대학교 애머스트 캠퍼스에서는 학장 선임 교수로서 불확실성 과학을 연구하고 있다. 다른 저서인 《행운에 속지 마라》는 세계 30개국에 번역된 베스트셀러다.

"하얀 까마귀가 있다."라고 말하면 많은 사람이 "말도 안 되는 소리."라며 웃을 것이다. 그러나 정말로 하얀 까마귀가 있으면 상식은 뒤집힌다. 실제로 과거에 똑같은 일이 있었다. 과거에는 '백조는 희다.'가 상식이었는데, 오스트레일리아에서 검은 백조가 발견됐다. 그야말로 '예상 밖의 사태'가 벌어진 것이다.

마케터의 업무는 미래를 예측해 선수를 치는 것이다. 그러나 오늘날에는 상상도 하지 못했던 큰 사건이 자주 일어나기 때문에 예측이 빗나가는 일이 많다. 코로나 팬데믹도 세계에 생각지 못했던 큰 타격을 입혔다.

이 책에서는 상식에서 벗어난 예상 밖의 충격적인 사건을 '검은 백조(블랙 스완)'라고 명명했다. 소수의 검은 백조가 사회에 지대한 영향을 끼치며, 그 영향력은 점점 더 거대해지고 있다. 현대에는 예상 밖의 검은 백조를 '예상'하고 전략을 생각할 필요가 있다.

그러나 검은 백조는 과거의 경험이나 지식으로 예측할 수가 없기 때문에 통계학이 도움이 되지 않는다. 그렇다면 예상할 수 없는 것에 어떻게 대응해야 할까? 그 힌트가 이 책에 있다. 저자인 탈레브는 레바논 출신 트레이더로, 현재는 불확실성 과학을 연구하고 있다.

| 예상치 못한 사태를 이해하는 법 1
행복한 칠면조는 어느 날 갑자기 살해당한다

매일 사람이 주는 먹이를 먹으며 사는 칠면조는 '매일 먹을 걸 주다니, 인간은 친절하구나.'라고 생각하지만, 생후 1,000일이 지난 추수 감사절 전날에 그때까지 먹이를 주던 사람에게 목이 잘리고 만다. 오늘까지 일어난 사건을 통해 내일을 어느 정도 예측할 수는 있지만, 그 정확성은 자신이 생각하는 것보다는 조금 부족하다. 그리고 그 '조금'의 차이가 이야기를 완전히 바꿔 버린다.

칠면조처럼 우리도 과거에 입각해서 논리적으로 결론을 이끌어내려 한다. 이렇게 해서 얻은 지식이 귀납적 지식이다. [Book 43] 《빅데이터를 지배하는 통계의 힘》에서 소개한 통계학도 귀납적 지식을 이끌어내는 방법인데, 귀납적 지식에는 한계도 있는 것이다.

과거 경험에 입각한 분석은 의외로 도움이 되지 않는다. 이것을 귀납의 문제라고 부른다. 마케팅에서도 다음의 그림처럼 과거의 시계열 데이터의 연장선상에서 미래를 예측하는 사람이 많다. 그러나 다른 예측도 가능하며, 장기적으로 보면 현실은 전혀 다를지도 모른다.

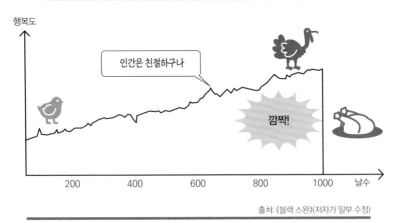

칠면조의 운명

1,000일 동안 행복했다고 해서 그 다음날도 행복하리라는 보장은 없다

출처: 《블랙 스완》(저자가 일부 수정)

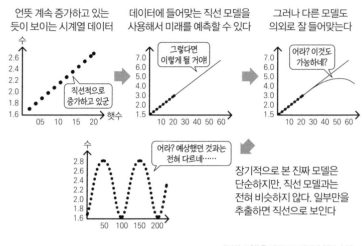

**단기적으로는 직선으로 보이지만,
장기적으로 보면 직선이 아닐 때가 많다**

언뜻 계속 증가하고 있는
듯이 보이는 시계열 데이터

직선적으로
증가하고 있군

데이터에 들어맞는 직선 모델을
사용해서 미래를 예측할 수 있다

그렇다면
이렇게 될 거야!

그러나 다른 모델도
의외로 잘 들어맞는다

어라? 이것도
가능하네?

어라? 예상했던 것과는
전혀 다르네……

장기적으로 본 진짜 모델은
단순하지만, 직선 모델과는
전혀 비슷하지 않다. 일부만을
추출하면 직선으로 보인다

※ 《블랙 스완》을 바탕으로 필자가 일부 수정

예상치 못한 사태를 이해하는 법 2
편향이 검은 백조를 보이지 않게 만든다

여성들을 모아 놓고 나일론 스타킹 12벌 가운데 마음에 드는 것
을 고르게 한 다음 그 이유를 물어보는 실험이 있었다. 여성들은
소재, 감촉, 색 등 다양한 요소를 이유로 꼽았는데, 사실은 12벌
모두 같은 제품이었다. 피험자들은 그 스타킹을 고른 이유를 나
중에 지어낸 것이다.

우리는 무의식중에 주장을 뒷받침할 사실을 찾아내고 의미를

부여해 해석하는 경우가 있다. 애초에 주장을 뒷받침하는 사실이 있다 해도 반드시 그것이 증거가 된다는 보장은 없다. 실제로 흰 백조를 수백만 마리 봤다 해도 이것이 '검은 백조는 없다.'라는 주장을 증명하지는 못한다.

또한 언뜻 인과관계가 있어 보여도 실제로는 인과관계가 존재하지 않는 경우도 많다. 성공한 억만장자에게는 용기가 있고 리스크를 두려워하지 않으며 낙관주의자라는 공통점이 있다. 그러나 큰 실패를 한 사람에게도 용기가 있고 리스크를 두려워하지 않으며 낙관주의자라는 공통점이 있다. 다시 말해 양자의 특징은 똑같다. 양자를 가른 것은 사실 순수한 운이다.

여러 명이 가위바위보를 하면 반드시 10회 연속으로 이기는 사람이 나온다. 물론 그 사람이 가위바위보의 재능이 뛰어난 것은 아니며 단순히 운이 좋았을 뿐이지만, 우리는 존재하지 않는 인과관계를 머릿속에서 멋대로 만들어 내고는 '나는 가위바위보를 잘해'라고 생각한다.

이상과 같이 사람은 '나는 모든 것을 알고 있어. 모르는 것은 없어.'라고 믿는 경향이 있다. 예상하지 못한 미지의 세계, 즉 미지의 미지가 있다고는 생각하지 않기 때문에 예상 밖의 사태가 일어나는 것이다.

예상치 못한 사태를 이해하는 법 3
평범의 왕국과 극단의 왕국

세계는 '평범의 왕국'과 '극단의 왕국'으로 나뉘어 있다. 역사상 가장 몸무게가 무거웠던 사람의 몸무게는 635킬로그램이었다고 한다. 그러나 전 세계에서 무작위로 1,000명을 고른 다음 635킬로그램인 사람을 추가해도 평균 체중에는 거의 영향을 끼치지 않는다. 이것이 '평범의 왕국'이다. 그래프에서 가로축을 몸무게, 세로축을 사람의 수라고 하면 몸무게의 분포는 평균 체중인 사람이 가장 많고 평균에서 멀어질수록 수가 급격히 줄어드는 종형 곡선을 그린다. 몸무게가 1톤인 사람이 존재할 확률은 0이 아니지만, 일단은 거의 불가능하다. 그래서 종형 곡선을 사용해 여러 가지 확률을 계산할 수 있다. 통계학은 이 '평범의 왕국'에서 유효한 방법론이다.

한편 2020년에 세계 최고 부자는 아마존 창업자인 제프 베조스로, 자산은 약 140조 원에 이른다. 세상에서 무작위로 1,000명을 고른 다음 베조스를 추가하면 전체 자산에서 베조스가 차지하는 비중은 99.9퍼센트 이상이 된다. 자산의 평균값은 베조스가 있느냐 없느냐에 따라 완전히 달라져 버린다. 이것이 '극단의 왕국'이다. 격차가 큰 세계로, 평균에서 벗어난 하나가 압도적인 영향을 끼친다.

평범의 왕국에서는 [Book 43] 《빅데이터를 지배하는 통계의 힘》의 시청률 조사에서 소개했듯이 데이터가 많아질수록 예측이 정확해진다. 그러나 극단의 왕국에서는 데이터가 많아져도 예측이 아주 조금 정확해질 뿐이다. 많은 사람의 데이터를 모아서 평균 연 수입을 계산해도 베조스가 추가되는 순간 평균값이 급변한다. 하나의 사건이 너무나도 거대한 영향을 끼치는 것이다. 검은 백조는 이 '극단의 왕국'에 있다. 게다가 오늘날은 많은 것이 밀접하게 연결되어 있는 까닭에 '극단의 왕국'의 영역이 넓어지고 있다. 그렇기 때문에 전 세계에서 예상치 못했던 검은 백조가 빈번하게 출현하고 있는 것이다.

카지노는 언뜻 불확실한 세계처럼 보이지만, 사실은 평범의 왕국이다. 승률은 계산이 가능하고, 규칙도 확률도 변하지 않는다. 베팅 상한도 있다. 고객이 많을수록 종형 곡선에 입각해 수익을 정확히 계산할 수 있기 때문에 카지노 경영자들은 확실히 돈을 번다. 그러나 현실의 비즈니스 세계는 승률을 계산할 수 없으며 규칙도 수시로 바뀐다. 카지노의 세계와 비즈니스의 세계는 전혀 다른 것이다.

저자는 뉴욕 대학교에서 확률론을 가르친 경험이 있으며 통계학에 정통하지만, "통계학은 장대한 지적 사기다. 통계학자는 '우리는 평범의 왕국에서 살고 있다.'라고 믿는 불쌍한 사람들이다. 통계학은 온실 속의 화초와도 같은 학문으로, 범죄 통계나 사망률처럼 극히 일부의 평범의 왕국에서만 사용할 수 있다."라고 신랄하게 비판했다. 실제로 극단의 왕국에서 살고 있으면서 '평범의 왕국에서 살고 있다.'라고 착각하면 큰 낭패를 보게 된다.

새로운 금융 이론을 개발해 노벨 경제학상을 받은 마이런 숄즈와 로버트 머튼은 금융 이론을 실천하는 헤지펀드인 LTCM을 설립했는데, 처음에는 큰 수익을 올렸지만 몇 년 후에 일어난 러시아 금융 위기를 계기로 회사가 망해 금융 시장에 큰 영향을 끼쳤다. 그들의 이론은 '평범의 왕국'의 종형 곡선 분포를 전제로 한 것으로 커다란 이상 수치가 나올 가능성을 무시했지만, 현실의 금융 시장은 예상치 못했던 커다란 금융 위기가 10년에 한 번꼴로 일어나는 전형적인 '극단의 왕국'이었던 것이다.

'평범의 왕국'과 '극단의 왕국'

평범의 왕국	극단의 왕국

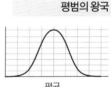 확률에 따라 종형 곡선의 형태로 분포한다

평균

검은 백조에 좌우된다. 우연에 지배당한다

예 키, 몸무게, 자동차 사고, 카지노의 수익
- 전형적인 멤버는 평균값
- 승자는 극히 일부분을 얻는다. 평등
- 선조가 살았던 환경에서 많이 발견된다
- 검은 백조에 좌우되지 않는다
- 과거의 정보를 바탕으로 어느 정도 예측이 가능하다 (통계학이 유효)

예 재산액, 소득, 지명도, 재해 피해, 기업 규모, 가격, 경제 데이터
- 전형적인 멤버는 없다. 거인 아니면 소인
- 승자 독식. 불평등
- 현대의 환경에서 많이 발견된다.
- 검은 백조에 휘둘린다
- 과거의 정보를 바탕으로 예측할 수 없다 (통계학은 쓸모가 없다)

※ 《블랙 스완》을 바탕으로 필자가 일부 수정

통계학으로는 '미지의 세계'를 예측할 수 없다. 그렇다면 어떻게 해야 할까?

'예측할 수 없음'을 무기로 삼는다

현실의 인간은 현명하지 않다. 출발점은 '나는 지식이 없다.'는 사실을 부끄럽게 생각하지 않는 것이다. 예측할 수 없다면 예측할 수 없다는 점을 이용하면 된다.

저자는 자신이 트레이더 시절부터 실천해 온 바벨전략을 추천한다. 바벨 전략은 초 보수적 투자와 초 적극적 투자를 조합한 전략이다. 돈의 85~90퍼센트를 초 안전 자산(미국 단기 국채 등)에 투자하고, 10~15퍼센트는 지극히 투기적인 도박(옵션거래 등)에 투자한다. 이렇게 하면 어떤 검은 백조가 오더라도 안전 자산은 지킬 수 있으며, 최악의 사태에는 이르지 않는다.

이 발상은 비즈니스에서도 응용이 가능하다. 먼저 나쁜 검은 백조와 좋은 검은 백조를 구분한다. 나쁜 검은 백조란 예기치 못한 사태로 큰 타격을 입어 심각한 손해가 발생할 위험성이 있는 기존 사업이다. 나쁜 검은 백조에는 최대한 조심스럽게 접근하며 귀중한 기존 사업을 철저히 보호한다. 한편 좋은 검은 백조란 승률은 낮지만 크게 성장할 가능성이 있는 신규 사업이다. 좋은 검은 백조에는 최대한 자신을 드러내 보자. 손해를 보더라도 잃을 것이 적고 성공하면 이익이 큰 신규 사업에 최대한 손을 대보는 것도 괜찮다. 애초에 검은 백조는 예측이 불가능하다. 그러므로 사소한 것은 신경 쓰지 않는다. 불확실성의 구조는 모르더라도 전혀 상관 없다.

세상의 발명 중 대부분은 세렌디피티(Serendipity, 우연히 좋은 일을 겪는 능력) 덕분에 탄생한 것이다. 발기부전 치료약인 비아그라는 고혈압 약으로 개발하던 중에 발기부전의 치료 효과가 발견됐다. 다시 말해 미지야말로 커다란 기회인 것이다.

좋은 검은 백조를 만나려면 먼저 투자 상한을 정하고, 리스크는 오히려 환영하며, 우연과 만날 기회를 철저히 높여야 한다. 기회나 기회로 보이는 것에 계속해서 손을 뻗으면 된다. 나쁜 영향과 좋은 영향에 초점을 맞추고 대략적으로 생각하며 나쁜 영향을 최소화하고 좋은 영향을 최대화할 방법을 궁리하면 된다. 확률을 엄밀히 계산할 필요는 없다. [Book 8]《리드 앤 디스럽트》에서 소개한 지의 심화, 지의 탐색과도 상통하는 발상이다.

이 책은 [Book 43]《빅데이터를 지배하는 통계의 힘》과는 정반대의 주장을 하는 것처럼 보인다. 그러나 확률을 따라서 분포하는 평범의 왕국(시청률 등)에서는 통계학을, 검은 백조가 지배하는 불확실한 세계에서는 이 책의 발상을 사용하면 된다고 생각하면 된다.

앞으로 우리가 검은 백조와 조우할 가능성은 점점 더 높아질 것이다. 그렇기에 더더욱 저자가 추천하듯이 초 보수적 투자로 나쁜 검은 백조의 영향을 최소화하면서 초 적극적 투자로 좋은 검은 백조와의 만남을 늘려 나가는 '바벨 전략'을 비즈니스에 도입해야 할 것이다.

POINT

검은 백조의 존재처럼 상식에서 벗어나는 예상 밖의 사안은 소수이지만 사회에 지대한 영향을 끼친다. 예상 밖의 일을 늘 예상하고 선략을 준비해 두자. 예상 밖의 일은 기존의 경험이나 지식, 통계학이 무용하다. 예측 불가능성을 무기로 삼자.

Book 45

한계비용 제로 사회

———

코로나 이후의
세계에서 살아남기
위해 필요한 것은?

《The Zero Marginal Cost
Society》

제레미 리프킨
Jeremy Rifkin

문명 평론가. 유럽 위원회, 메르켈 독일 총리를 비롯해 세계 각국의 수뇌와 정부 고관의 자문을 맡고 있으며, TIR 컨설팅 그룹의 대표로서 협력적 공유 사회를 위한 IoT 인프라의 형성에 기여하고 있다. 펜실베이니아대학교 와튼스쿨의 경영 간부 교육 프로그램의 상급 강사이기도 하다. 넓은 시야와 날카로운 통찰력, 미래 구상을 제시하는 능력에서 높은 평가를 받고 있다. 저서인 《유러피언 드림》은 코린 국제도서상을수상했다.

기존의 상식으로는 이해할 수 없는 일이 일어나고 있다. GAFA라고 불리는 구글, 애플, 페이스북, 아마존의 시가 총액은 5,800조 원(2020년 9월 기준)으로 한 국가의 GDP 수준이다. 게다가 코로나 팬데믹이 발생한 반년 동안 50퍼센트 이상 증가했다.

이 수수께끼를 풀 열쇠가 바로 이 책의 한계비용 제로라는 개념이다. 본서의 마지막에 이 책을 소개하는 이유는 현대 사회에서는 한계비용 제로의 개념을 필수적으로 이해해야 하기 때문이다. 이 책은 미국의 미디어에서 "무서운 결말을 제시한, 시사하는 바가 많은 책", "많은 사람에게 어떻게 살아야 할지를 재정의하도록 촉구하는 책"이라는 평가를 받았다.

한계비용이란 생산량을 1단위 늘렸을 때의 비용 증가분을 의미한다. 어떤 빵집을 예로 생각해 보자. 임대료는 월 200만 원, 빵 1개의 재료비는 100원이라고 가정한다. 만드는 빵이 1개든 10개든 임대료는 똑같다. 한편 재료비는 빵을 2개 만들면 200원, 3개 만들면 300원이 든다. 이처럼 생산량을 1개 늘릴 때 들어가는 비용 100원이 한계비용이다.

지금 다양한 세계에서 이 한계비용이 제로에 가까워지고 있다. 예를 들어 여러분이 웹사이트를 만들었을 경우, 사이트를 제작하고 운영하는 데는 비용이 들어가지만 사이트의 사용자 수가 조금 증가하더라도 비용은 거의 달라지지 않는다. 다시 말해 한계비용은 거의 제로가 된다.

왜 이런 일이 일어나고 있는지를 이해하려면 '지수 함수적'의 의미를 이해해야 한다.

한계비용 제로 법칙 1
미래는 '지수 함수적인 세계'의 연장선에 있다

여러분은 다음 중 하나를 받을 수 있다면 어느 쪽을 선택하셨는가?

① 매일 1,000만 원씩 적립해서 365일 후에 받는다.

② 10만 원에 매일 3퍼센트씩 이자(복리)를 붙여서 365일 후에 받는다.

30일 후를 비교하면 ①은 3억 원이고 ②는 24만 2,720원이다. 90일 후를 비교하면 ①은 9억 원이고 ②는 143만 50원이다. 그러나 365일 후를 비교하면 ①은 36억 5,000만 원이고 ②는 48억 4,820만 원이 된다. 참고로 2년 후를 비교하면 ①은 73억 원이고 ②는 235조 570억 원이다.

②가 지수 함수적인 세계다. 지수 함수적인 변화는 처음에는 아주 작지만 시간이 지나면 엄청난 차이가 된다. 그리고 오늘날에는 지수 함수적인 변화가 늘어나고 있다.

IT의 세계에는 집적 회로의 소자 수가 2년마다 두 배로 증가한다는 '무어의 법칙'이 있다. 컴퓨터의 심장부인 집적 회로의 연산 능력은 소자 수에 따라 결정된다. 그래서 컴퓨터의 가격 대비 성능(가성비)은 2년마다 절반이 된다.

내가 IBM에 입사한 1984년 당시, 최고성능 컴퓨터의 가격은 200억 원이었다. 그러나 지금은 이것보다 연산 능력이 훨씬 높은 스마트폰을 실질 가격이 0원에 살 수 있다. 컴퓨터의 연산 비용은 지수 함수적으로 하락했다. 사용자가 다소 증가하더라도 비용은 늘지 않는다. 한계비용이 거의 제로인 것이다. 그래서 구글은 수십억 명이나 되는 사용자에게 무료로 서비스를 제공할 수 있다. 무어의 법칙은 이미 전 세계에도 널리 알려져 있지만, 사람들이 그 본질적인 의미가 충분히 이해하고 있다고는 말하기 어렵다.

1993년, 미국에서 군사용으로 사용하던 GPS가 민간에 개방되고 미국의 한 연구소가 군사용 GPS를 탑재한 자동차를 개발했다. 세계 최초의 자동차 내비게이션이다. 그런데 이것을 본 일본의 고참 자동차 기술자는 이렇게 말했다고 한다.

"미국의 군사 기술자 놈들은 바보인가? 저 자동차에 탑재한 GPS는 자동차 본체 가격보다 비싸다고. 그런 게 팔릴 리가 없잖아."

그러나 자동차 내비게이션이 대중화된 지금, 진짜 바보가 어느 쪽이었는지는 역사가 증명하고 있다. 미국의 기술자는 장래의 비용이 지수 함수적으로 하락할 것임을 제대로 내다봤다. 한편 일본 기술자의 눈에는 현재만이 보일 뿐, 미래의 비용이 극적으로 하락하는 지수 함수적인 세계를 보지 않았다.

지수 함수적인 세계에서 미래는 현재의 직선 위에 있지 않다. 미래는 지수 함수적인 연장선에 있다. 그림의 왼쪽처럼 그래프의 세로축 눈금이 10, 20, 30, 40으로 똑같은 간격을 유지하는 것이 아니라 그림의 오른쪽처럼 1, 10, 100, 1000으로 한 자리씩 올라가는 세계인 것이다. 참고로 오른쪽과 같은 그래프를 '반대수 그래프'라고 한다.

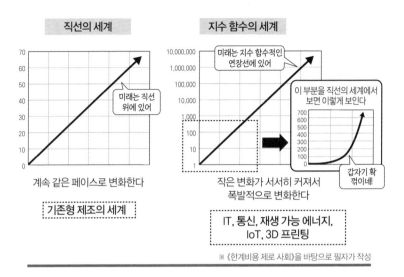

'직선의 세계'와 '지수 함수의 세계'

직선의 세계

미래는 직선 위에 있어

계속 같은 페이스로 변화한다

기존형 제조의 세계

지수 함수의 세계

미래는 지수 함수적인 연장선에 있어

이 부분을 직선의 세계에서 보면 이렇게 보인다

갑자기 확 꺾이네!

작은 변화가 서서히 커져서 폭발적으로 변화한다

IT, 통신, 재생 가능 에너지, IoT, 3D 프린팅

※《한계비용 제로 사회》을 바탕으로 필자가 작성

　지수 함수적인 세계에서는 시간의 경과와 함께 가격 대비 성능이 비약적으로 상승하며, 한계비용은 제로에 가까워진다. 이 미래를 내다보고 최적의 타이밍에 묘수를 내는 비즈니스가 성공한다. 유튜브는 2005년에 피자 판매점과 일식 레스토랑이 있는 건물의 2층에 위치한 작은 사무실에서 창업했다. 당시는 컴퓨터 성능과 통신 회선이 열악해 동영상을 취급하는 것이 커다란 부담이었고, 동영상 전송을 뒷받침할 서버와 회선을 유지하려면 막대한 비용이 필요했으며, 심지어 수익화의 전망도 서지 않은 상태였다. 그러나 이듬해인 2006년에 구글이 약 1억 7,000억

원을 들여서 유튜브를 인수했고, 그 후 서버와 회선의 성능이 비약적으로 향상되면서 동영상을 당연한 듯이 사용할 수 있게 되었다. 그리고 현재 유튜브는 구글의 커다란 수익원이다.

이런 미래를 보지 못한 채 기존의 직선적인 세계에서 노력을 계속하며 경쟁하면 어떻게 될까? 이것은 근육량이 매년 2배가 되는 괴물 같은 라이벌과 올림픽에서 경쟁하는 꼴이다. 지수 함수적인 세계를 내다보며 준비를 갖춰서 시간이 지날수록 기하급수적으로 능력을 키워 나가는 라이벌에게 승리할 가능성은 제로다. 노력으로 극복할 수 있는 범위가 아닌 것이다.

한계비용 제로 법칙 2

에너지의 한계비용도 거의 제로에 가까워진다

'하지만 그건 IT의 세계에나 해당되는 이야기 아니야?'라고 생각할지도 모른다. 그러나 지수 함수적으로 성능이 향상되며 한계비용이 제로에 가까워지는 세계는 점점 확대되고 있다. 재생 가능 에너지도 그중 하나다. 태양 전지의 가격은 1977년에 1와트당 76달러였다. 그러나 2015년에는 30센트까지 내려갔다. 200분의 1이 된 것이다. 풍력 발전에 사용하는 풍력 터빈의 생산성도 과거 25년 사이 100배 증가했고, 성능은 10배 이상 향상되었으며, 비용은 크게 감소했다.

재생 가능 에너지의 비용이 지수 함수적으로 하락한 결과, 에너지 전체에서 재생 가능 에너지가 차지하는 비율은 2000년 이후 급증해 2019년에는 5퍼센트를 돌파했다. 앞으로는 에너지의 주역이 될 것이며, 에너지의 한계비용은 거의 제로에 가까워질 것이다.

커뮤니케이션 매개체 세계에서도 IoT(사물 인터넷)가 폭발적으로 확대되고 있다. 2007년에 전 세계의 센서 수는 1,000만 개였는데, 2030년에는 100조 개가 될 것으로 예상되고 있다. 23년 사이에 1,000만 배가 되는 것이다. 온갖 것들에 센서가 달리면 생산성은 극적으로 상승한다. 공장을 센서 내장 로봇으로 자동화하면 무인화가 가능해져 노동의 한계비용이 거의 제로가 된다. 2003년에 1억 6,300만 명이었던 전 세계 공장 노동자의 수가 2040년에는 수백만 명으로 줄어들 것이라는 예측도 있다. 아마존은 자사의 창고를 자동화하고 배송도 드론을 활용하는 등 물류의 무인화를 추진하고 있다. 자율 주행이 보급되면 배송은 한계비용이 거의 제로인 자율 주행 자동차가 담당하게 될 것이다. 또한 공장·창고·자율 주행 자동차는 재생 가능 에너지로 작동되게 된다. 이렇게 해서 운송도 무인화·효율화됨에 따라 한계비용은 거의 제로에 가까워져 갈 것이다.

제조의 세계에서는 3D 프린터가 진화하면서 가격 대비 성능이 지수 함수적으로 상승하고 있다. 3D 프린팅은 재료를 한 층

한 층 쌓아서 제품을 만든다. 기존의 제조 방법과 비교하면 재료 비용이 10분의 1밖에 안 되며, 낭비가 없기 때문에 생산성도 높다. 자동으로 작동되는 3D 프린터는 노동 비용도 들지 않는다. 재생 가능 에너지를 사용하면 거의 한계비용 제로로 제품을 생산할 수 있다. 앞으로 30년 후에는 더욱 복잡한 제품을 저렴한 비용으로 제조할 수 있게 될 것이다.

이처럼 지수 함수적인 세계가 확대되는 미래에는 사유 재산이 서서히 의미를 잃어 갈 것이다.

한계비용 제로 법칙 3
젊은이의 새로운 가치관이 사회를 바꿔 나간다

자동차는 사유 재산의 상징인데, 최근 들어 젊은이들이 자동차로부터 멀어지는 현상이 지적되고 있다. 오늘날의 젊은이들은 자동차보다 인터넷 접속을 선택한다. 나도 10년 전에 자동차를 처분했지만 전혀 불편함을 느끼지 못하고 있다.

지금은 많은 사람이 물건 소유에 집착하지 않고 있다. 현재의 젊은이들은 어른 세대로부터 '욕망이 없다.'고 비난을 받지만, 젊은 세대는 상대에 대한 공감 능력이 강하고 협동 작업을 중시하며 다양한 시각을 존중하고 다양성에 대한 이해도 깊다. 환경 보호에도 신경 쓰고, 돈으로 행복을 살 수 없음도 알고 있다. 이런 젊은 세대의 특징은 전 세계에서 공통적으로 발견된다. 이 가치관은 물질주의 증후군에서 탈피한, 한계비용 제로 사회에 최적화된 가치관이라고도 할 수 있다.

코로나 팬데믹으로 디지털화가 5~10년 정도 앞당겨지면서 한계비용 제로 사회가 확대되고 있다. 나도 코로나 팬데믹을 계기로 돈을 쓰지 않게 됐다. 예전에는 매일 장거리 출장을 가느라 호텔에서 숙박을 하고, 회의장을 빌려 세미나를 개최했으며, 빈번하게 외식을 했다. 그러나 지금은 온라인으로 사람들과 회의 또는 연수를 하고, 간단한 미팅도 한다. 집에서 평상복을 입고 생활하며, 외식도 하지 않는다.

이런 세상이 되면서 젊은이들을 중심으로 '시간과 장소에 얽매이지 않고 프리랜서로 자립해서 일하며 성장하고 싶다.'라고 생각하는 사람이 늘고 있다. 텔레비전을 트니 프리랜서의 커뮤니티가 소개되고 있었다. 교외의 단독 주택에 20~40대의 남성 5명과 여성 3명이 살고 있었는데, 전원이 프리랜서 디자이너 또는 엔지니어였다. 각자 자신의 방을 가져 사생활을 확보하면서 월세와 공과금으로 68만 원씩을 낸다. 또한 개인적으로 일거리를 찾지 못해도 기업의 홈페이지 제작 같은 일을 입주민이 공동으로 진행하고 있었다. 개인이 프리랜서로서 일을 시작하는 데 도움이 되고자 이런 셰어하우스를 만들었다고 하는데, 현재 입주 희망자가 100명 정도 대기하고 있다고 한다.

지금은 컴퓨터만 있으면 최신 기술을 거의 공짜로 활용할 수 있다. 옷은 지유나 유니클로, 일용품은 다이소에서 조달하면 충분하다. 어느 정도 능력이 있으면 커뮤니티 속에서 즐겁게 살 수 있다. 이 책에서는 이렇게 다양한 것을 공유하는 모델을 '커먼스(Commons, 공유)'라고 명명했다. 커먼스란 예를 들면 아파트의 관리 조합처럼 자주적으로 공유 관리하는 방식을 가리킨다. 젊은이들에게 매력이 없는 대기업이 직장으로 선택받지 못하게 되는 시대가 조만간 찾아올 것이다.

여기에 코로나 팬데믹으로 수요가 크게 변화했다. 이 책은 '10퍼센트 효과'를 소개하고 있다. 일반적으로 생각하는 것보다 훨씬 낮은 역치를 넘어선 순간 괴멸적인 파급력이 만들어진다는 것이다. 예를 들어 소비자가 소비를 10퍼센트 줄이고 동료와의 공유를 10퍼센트 늘리는 것만으로도 기존형 기업의 이윤에 막대한 파급력을 발휘한다. 이 변화에 대응하지 못하는 기존의 기업은 소비자로부터 선택되지 못하고, 젊은이들로부터 직장으로 선택받지 못하게 되며, 시장에서도 사라질 것이다. 이제 기업은 변혁을 할 것인지 아니면 도태될 각오를 할 것인지 결정을 내려야 하는 상황에 몰리고 있다.

저자는 이 책에서 "온갖 것이 무료가 되는 한계비용 제로 사회는 2050년에 찾아올 것이다."라고 예상했다. 코로나 팬데믹으로 디지털화가 빠르게 진행됨에 따라 이 시기가 더욱 앞당겨질 가능성도 있다. 앞에서 소개했듯이 GAFA의 시가 총액이 코로나 팬데믹 속에서 50퍼센트나 증가한 것도 세계의 디지털화가 진행됨에 따라 디지털화를 선도하는 기업이 더욱 성장할 것이라는 주식 시장의 기대감이 반영된 결과다.

시대는 분명히 이 책이 제시하는 한계비용 제로 사회를 향해 진행되고 있다. 이런 시대이기에 더더욱 스스로 유연하게 변화할 수 있는 자가 커다란 기회를 잡을 것이다.

스스로 변화할 수 있는 사람이 되자.

POINT

현대 사회의 시장과 분투하며 살아가기 위해서는 한계비용이라는 개념을 분명히 알아야 한다. 그리고 한계비용이 제로가 되는 상황을 분명히 이해하고 있어야 마케팅 업무를 재정비할 수 있다. 한계비용 제로의 이유는 지수 함수에 답이 있다. 지수 함수적인 세계를 이해해 보자. 그래야 새로운 세계에서 기회를 잡을 수 있다.

옮긴이 김정환

건국대학교 토목공학과를 졸업하고 일본외국어전문학교 일한통번역과를 수료했다. 21세기가 시작
되던 해에 우연히 서점에서 발견한 책 한 권에 흥미를 느끼고 번역 세계에 발을 들였다. 현재 번역
에이전시 엔터스코리아 출판기획자 및 일본어 전문 번역가로 활동하고 있다.

경력이 쌓일수록 번역의 오묘함과 어려움을 느끼면서 항상 다음 책에서는 더 나은 번역, 자신에게
부끄럽지 않은 번역을 하기 위해 노력 중이다. 공대 출신 번역가로서 논리성을 살리면서도 문과적
감성을 접목하는 것이 목표다. 야구를 좋아해 한때 iMBC스포츠(imbcsports.com)에서 일본 야구 칼
럼을 연재하기도 했다. 번역 도서로는 《이익을 내는 사장들의 12가지 특징》, 《회사 개조》, 《버려야
채워진다》, 《사장을 위한 MBA 필독서 50》 외 다수가 있다.

MBA 마케팅 필독서 45

초판 1쇄 발행 2021년 7월 26일
초판 9쇄 발행 2024년 9월 16일

지은이 나가이 다카히사
펴낸이 정덕식, 김재현
펴낸곳 (주)센시오

출판등록 2009년 10월 14일 제300-2009-126호
주소 서울특별시 마포구 성암로 189, 1707-1호
전화 02-734-0981
팩스 02-333-0081
메일 sensio@sensiobook.com

디자인 Design IF

ISBN 979-11-6657-031-5   03320

소중한 원고를 기다립니다. sensio@sensiobook.com